# 지방행정론

권영주 · 김용철 · 배정환
안성수 · 양대웅 · 이건식
조유행 · 주정연 · 진종순
천대윤 · 한세억

도서출판 대영문화사

# 머리말

우리나라는 1991년 본격적인 지방자치와 더불어 지방행정의 시대가 실질적으로 열리게 되었다. 따라서 서구 선진국의 지방자치에 대한 역사에 비하면 참으로 일천하기 짝이 없는 상황이지만 나름대로의 정치, 사회 문화적 환경에 맞게 20여년 동안 큰 발전을 거두어 온 것도 사실이다. 그러나 중앙정치와 행정에 비해 아직도 지방정치와 행정은 권한과 예산 및 업무 범위 등에서 선진국 수준의 지방자치라 할 만한 진정한 지방분권적 차원의 지방 자체의 특수한 행정 결정과 집행이 이뤄지고 있다고 보기는 어렵다.

이러한 점을 감안하여 이 책에서는 특히 지방행정이론에서 강조되어야 할 중앙정부와 지방정부 관계 및 지역 발전문제, 지방의 특수한 인사정책 등의 주제에 강조점을 두어 집필했고, 또한 최근 관심을 불러일으키고 있는 지역정보화 정책, 지방정부 예산과 재정, 도시정책 등의 주제도 포함하여 종합적인 지방행정이론의 체계화가 가능하도록 구성했다.

또한 이 책의 특징 중 하나는 직접 지방행정의 일선에서 행정을 결정하고 집행한 경험이 있는 지방자치단체장들의 현장 행정 사례들을 묶어서 생생한 지방행정의 현장 목소리를 독자 여러분께 간접적이나마 전달하고자 하는 데 또한 큰 관심을 두고 출간되었다는 것이다. 그래서 이 책은 기본적으로 일반 대학생은 물론이고 지방정치와 행정에 관심을 둔 지방의원이나 지방공무원 그리고 정당인 및 관련 전문가들이 두루 이해할 수 있도록 폭넓은 독자층을 위해 구성되었다. 그리고 각 분야별 학계 전문가들이 독자적으로 집필하여 그들의 원고 체계가 하나의 큰 틀에서 연계될 수 있도록 이론의 적실성과 경험적 실천성이 조화되도록 노력했다.

기존의 저서들과 차별화 관점에서 이론과 현실의 괴리를 좁히고 독자들이 지방행정의 실제를 쉽게 이해하는 데 주안점을 두고 집필했으며, 또한 앞으로 우리나라 지방행정의 발전에 독자들이 조금이나마 기여할 수 있기를 바라는 마음으로 출간했다.

한 권의 책이 나올 때까지는 일일이 열거할 수 없는 수많은 사람의 숨은 공로와 도움이 절대 필요하고 아울러 그분들의 기여와 헌신이 있었기에 좋은 결실 또한 맺을 수 있지 않았을까 생각한다.

바쁜 가운데도 이 책의 집필에 적극 참여해 좋은 옥고를 보내 주신 모든 집필진 여러분과 성원해 주신 학계 선배, 동료 후배 교수들에게 감사의 마음을 전한다. 또한 언제나 기꺼이 자신의 일처럼 적극 지원해 주고 도와 주신 대영문화사 임춘환 사장님과 임직원 여러분께도 무한한 감사의 말씀을 드린다.

2010년 7월

저자 씀

# 차 례

# 제 1 장 지방자치와 지방행정

## 제 1 절 | 지방자치와 지방행정의 개념

지방화 시대의 정치적 의미는 중앙집권적 정치구조에서 탈피해 지방정치 혹은 지방자치의 활성화를 추구함에 있다. 그러나 세계적으로 국가의 시대는 이미 그 정점을 지나 초국가 시대 혹은 지방화 시대로 나아가고 있다. 그러므로 지방의 논리를 지원하고 지방의 도전을 수용하는 탈국가 중심의 지역 발전 모델을 강구하지 않으면 안 된다.

따라서 지금부터 우리의 과제는 지방자치의 부정적 결과를 우려하여 침소봉대할 것이 아니라 민주화의 최선책인 지방자치제가 이 땅에 제대로 뿌리내리도록 지원하는 것이다.

물론 지방자치가 제대로 되기 위해서는 첫째 자치단체에게 적절한 자치조직 권능이 보장되어야 하고, 둘째 자치단체가 지역사회의 특정 이해관계 세력으로부터 비교적 자율적으로 그 권한을 행사할 수 있어야 하며, 셋째 좀더 창의적인 운영을 할 수 있는 경영 능력이 확보되어야 함과 동시에, 넷째 적절한 시민 통제가 확보되어야 한다.

여기서 지방자치의 개념은 "일정한 지역을 기초로 하는 지방자치단체가 국가 권력의 위임을 받아서 그 권능에 속하는 자치사무를 주민 스스로의 자율에 의해 처리하고 실현하는 것"으로 규정지을 수 있다.

이렇게 볼 때 지방행정의 개념은 "일정한 지역 내에서 행해지는 일체의 행정, 즉 지방자치단체 내에서 처리되는 일체의 자치행정이나 위임행정 전부"를 말한다.

이러한 지방행정이 갖는 특징은 다음과 같다

첫째, 지역 행정이다.

지방행정은 국가 내의 일정한 지역이나 지방을 단위로 하는 지역성의 요청에 입각해 그 지역 주민의 이익 도모와 지역 개발에 목표를 둔다.

둘째, 종합 행정이다.

지방행정은 그 지방자치단체가 처리하는 모든 행정을 말하며, 따라서 포괄적이고 종합적이다.

셋째, 생활 행정이다.

주민의 일상생활에 직결되는 사무와 지역 주민의 복지 증진에 관한 생활사무를 처리하는 행정이다.

넷째, 대화 행정이다.

지방행정은 지역 주민의 면대면 접촉에 의해 실시되는 풀뿌리 행정의 기초 행위다.

정치·행정제도로서의 지방자치는 국가적 상황에 따라 각각 다른 목적에 봉사하게 된다. 일반적으로 주민자치제가 발달된 서구에서는 지역사회의 보수 세력인 기득권층의 이익 보호를 위해 봉사하는 반면, 중앙집권적 정치행정 체제가 발달한 일본과 같은 나라에서는 진보주의적 성향의 사회개혁 수단으로 이용된다. 우리나라의 경우에는 여러 가지 여건을 감안해 볼 때 후자를 지향해야 할 시점에 와 있다. 비록 사회가 개인을 구제하는 데 실패했다는 역사적 사실을 인정한다 하더라도, 행정이 포기하지 않아야 할 최소한의 공공성 책임을 수행해야 한다. 그러자면 지방자치제는 생활정치 중심의 사회를 가꾸어 가는 '참여와 자율'의 마당이 되도록 해야 한다.

## 제 2 절 | 지방자치의 기본 인식

한국에서 지방자치의 문제는 지방자치제의 정착과 함께 내면적으로는 지역공동체주의(communalism)를 지향해야 할 것이며, 외면적으로는 광역행정에 대한 욕구를 수렴하면서 연방제적 국가 체제(federal state system)로의 개혁을 시도할 필요가 있다. 왜냐하면 지방정부 또한 과거 국가관료제의 한계나 시장경제주의의 실패를 답습할 가능성이 크기 때문이다. 그리고 연방 체제로의 전환은 지방사회의 정치적 자율성을 확보함으로써 자주적이고 특성 있는 지역 발전을 가능하게 하며, 나아가 불균형 성장전략의 한계에 직면한 한국 경제의 회생에 기여할 뿐만 아니라 통일 한국을 전망하고 준비하는 데도 필요하다. 이를 위해서는 지방정부의 자율성을 최대한 보장해야 한다.

한편 프랑스의 지방자치는 1884년에 시작됐으나 현행의 광역자치단체 지역(région), 중간단체도(道: départment), 기초단체 코뮌(commune) 체제가 정착된 것은 1982년이었다. 프랑스 지방자치제도의 특색은 중앙정부의 권한을 지방정부에 충분히 이양, 지방정부의 자율성을 최대한 보장하는 것으로 요약된다. 현행 지자제가 정착된 지 오래되었지만 아직도 수많은 관련 입법이 추진되고 있기 때문에 프랑스 사람들은 지자제가 완성됐다고 말하지 않는다.

국가의 고유 권한으로 남아 있는 검찰·경찰과 지방정부의 관계는 관련 법령에 의해 명확히 규정돼 있다.

법무부에 따르면 지난 1991년 우리 지방의회 의원선거가 부활된 이후 지방자치단체장선거가 시작된 시기 이전인 1994년까지 각 범죄 혐의로 수사를 받은 의원은 시도의원 109명과 시군구의원 366명 등 모두 475명이나 된다. 이는 당시 전체 지방의회의원 5,170명의 9.18%가 수사를 받았다는 얘

기다.

그러나 검찰권의 지나친 권한 행사는 지방자치의 취지를 퇴색시킬 우려도 있다. 특히 더욱 중요한 것은 정치 목적으로 개입될 때에는 자치제도 취지를 흐리게 할 수 있다는 것이다.

물론 지방정부의 비리 가운데는 분명 검찰, 경찰만이 파헤칠 수 있는 분야가 있는 것이 사실이라면 혹시 중앙정부의 정치적 고려에 따라 발동되는 일이 없도록 철저하게 균형을 유지하는 것이 중요하다.

한국의 민주화 과정에서 제기되는 중요한 변수는 정치 엘리트의 자질 향상과 제도적인 충원을 정착시키는 것이다. 1961년의 5・16혁명, 1972년의 10월유신 및 1979년의 12・12선언을 거치면서 정치 체제의 비정상적인 개편으로 인한 정치 엘리트의 충원은 정치 엘리트의 자질 문제를 제기하게 되었다. 또한 정치 엘리트의 충원 기회를 제도적으로 정착시키기 못함으로써 정치 발전에 갈등을 야기한다.

이에 따라 정치집단에 참여하는 정치 지향적인 인력에 대한 충원이 국민의 의사에 반해서 선택되는 경우보다는 정치 체제의 유지를 위해 통치자가 조직화하기 위해 선택되는 기준에 의존하게 되었다. 이에 따라 정치인들에 대한 자질 문제가 제기되고 동시에 최고 권력자에 의존하는 정치 인력을 충원하게 되었다. 이러한 정치 권력 구조는 정치사회화의 안정적인 변화에 역기능적으로 작용되었다.

또한 지역적인 기반 없이 충원되는 정치 인력은 중앙정치의 지도자에게 의존하는 행태를 발생시켜 왔으며, 더 나아가 정치집단 내에서 권위주의 행태가 정당 내에서도 존재했다. 따라서 작금의 광역 및 기초를 둘러싸고 벌어지는 정당 공천 문제는 당내 민주주의와 당권 경쟁의 노출에서 빚어진 결과라고 본다.

기초자치단체의 의원 입후보에 정당 공천을 허락했고 광역 및 기초자치단체 의원들에게 유급제를 실시했다. 그럼에도 불구하고 실시 시기에 따른 논쟁으로 지방자치의 본질적인 내용에 대해 정치적인 토론을 하지 못한 것이 지방자치제도의 실제적인 실시에 앞서 문제를 제기하고 있다.

정치행정의 발전과 지역 개발을 기치로 부활된 지방자치는 2010년 6월 선거를 치른 지금 정치 엘리트의 자질 문제와 제도적 정착에 한국 민주주의의 미래가 걸려 있음을 국민 모두가 재인식해야 한다.

## 제 3 절 | 선진국 지방자치의 소개

장기간에 걸쳐 세계 각국은 다양한 형태의 지방화된 지역정치·행정 구조를 실험해 왔다. 그러나 만일 진지한 사례연구 및 검증 없이 선진국의 지방자치 구조를 한국에 적합한 모델로 생각하는 것은 재음미해 보아야 할 것이다.

그것은 정치행정 문화가 서로 다른 나라 간에는 정치사회화에서 오는 정치의식이 다르고 경제적 창조물의 직접적 이전이 발생하기 어렵다는 한 가지 이유 때문이다.

그러나 선진국의 지방자치 구조를 살핌으로써 한국적 상황에 유용할 수도 있는 경험과 교훈을 얻을 수 있다.

### 1 영국

영국의 지방정부는 일류 기업을 지향한다. 경쟁과 능률이라는 기업식 개념을 도입해 지역의 비약적인 발전을 꾀하는 곳이 바로 영국이다. 우리의 지방자치단체장에 해당하는 지방자치단체의 최고책임자는 수석집행관이다. 시장이 있기는 하지만 유명무실하다. 행정권이 없고 책임도 갖지 않는다.

시장은 외부 또는 외국의 손님이 왔을 때 지역 주민을 대표해 접견하는 정도의 역할이 거의 전부다. 그 때문에 지역자치단체의 대표라는 상징적인 의미밖에 없고 다수당 의회의 의원들이 1년을 임기로 사이좋게 번갈아 가며 시장을 맡는다.

지방의회의 지휘를 받아 행정을 총괄 감독하고 운영하는 수석집행관은 이런 지역사회의 얼굴인 시장 밑에서 실질적으로 자치단체의 살림을 맡은 전문경영인이다. 시청의 각 국장보다 높은 정도의 자리지만 능력에 따라 지역 발전 여부가 결정된다. 이러한 수석집행관은 공무원에서 발탁되기도 하지만 경영 능력이 뛰어난 일반 기업의 우수한 전문경영인을 대상으로 스카우트 경쟁도 치열하다.

개인별로 차이는 있지만 비교적 높은 연봉을 받고 있으며 일부는 영국 국무총리보다 많은 경우도 있다. 지방자치단체들은 또 지방공무원 감원이나 우수 공무원을 뽑기 위한 인턴사원제의 도입 등 일반 기업에나 가능한 조치들을 시행한다. 지방의회는 중앙정부에 대한 재정의존도만큼 철저히 통제를 받는다. 지방정부를 관할하는 중앙정부 부처는 엉뚱하게도 환경부처가 한다.

환경부는 예산 배분권을 갖는 동시에 지방의회의 조례 제정에 대한 동의권을 갖고 지방정부의 활동을 통제한다. 또 일반 중앙부처는 지방자치단체의 주요 간부 임명에도 동의권을 갖고 있다. 그래서 어떤 지방자치 전문가는 영국의 정치는 지방자치보다는 체계에서 가장 모범적으로 꼽히는 의회정치에서 찾을 수 있다고도 말한다.

## 2 프랑스

프랑스 지방자치제도의 특색을 앞에서 약간 언급했지만, 다시 한 번 여기서 기술하는 것은 우리나라와 공통적인 강력한 중앙집권 국가에서 지방자치 국가로 변화하려는 과정에 있다는 점 때문이다.

프랑스는 중앙에서 지방에 이르는 각 단위마다 국민의 선출기관인 의회와 국가가 임명하는 행정기관이 병존하는 것이 우리나라와 크게 다른 점이다.

첫째, 중간 지방자치단체인 도의회는 각 도의원 선거구(canton)당 1인씩 주민의 직접선거에 의해 구성된다. 의장은 독자적인 집행기관의 장을 겸한다. 즉 집행기관은 우리나라의 도의회 사무처와 도정의 기능을 겸한다.

둘째, 시·읍·면은 기초자치단체인데 불어로는 코뮌(commune)으로 같은 법적 성격을 지닌다. 이 지자체의 의장은 선출된 의원들의 투표로 지명되며 그는 집행부의 장을 겸한다. 시·읍·면장은 국가 업무(예: 호적관리)를 담당하므로 이에 관한 한 도지사의 하부기관이다.

셋째, 정치인 등의 복수 이상 의원직 겸직이 금지되어 있지 않다. 수상 또는 장관뿐 아니라 상원·하원 의원이 시·읍·면장을 겸하는 것이 보통이다.

넷째, 중앙의 각 부처는 각 도에 하부기관을 두고 있다. 특히 건설부와 농림부의 파견기관의 장들은 각각 엘리트 의식이 강한 고급 공무원단을 형성해 도지사 공무원단과는 심리적인 경쟁을 하고 있다.

오랫동안 우파 지배에 종지부를 찍고 당선된 미테랑 대통령은 1982년 기존 체제를 획기적으로 변화시켜야 할 필요성에 따라 지방자치법을 개정했다. 이 법의 핵심은 국가(즉 도지사)의 권한을 감소시키는 대신 지자체의 자치권을 증가시키자는 것이었다. 따라서 도지사의 지자체에 대한 사전감독권을 사후 통제권으로 바꿨고, 도의회 의장 산하에 독자적인 관료기구를 신설한 점, 개별적인 심사를 거쳐 배분되던 각종 국고보조금을 포괄적으로 배분하도록 한 점 등이 핵심 내용이다.

## 3 일본

지방자치의 환경이 혁명적인 변화를 겪고 있는 오늘날 이러한 사회 변화에 따른 대응책으로서 중앙정부도 지방정부에 대해 재배려(再配慮)를 하지 않을 수 없게 될 것이며, 따라서 중앙·지방 관계에도 많은 변화가 예상된다.

중앙 · 지방 관계의 모델은 각국의 정치 시스템이 어떠한 정부 시스템을 취하고 있는가에 따라 다르다. 여기서는 우리나라와 같이 단일 제도를 채택하고 있는 일본의 모델을 살펴보고자 한다.

최근 일본에서 중앙 · 지방 관계를 둘러싼 논의는 관점에 따라 상이하다. 다만 그 어느 견해도 지방정부를 종래와 같이 지방공공단체(지방자치단체)로 파악하지 아니하고, 하나의 정부 주체로서 인식하여 지방정부로서 파악하고자 하는 데에 공통점이 있다.

일반적으로 중앙 · 지방 관계의 지방자치 모델로서 관치모델 · 자치모델 · 상호의존모델의 세 가지 모델로 분류된다. 이를 상세히 서술해 보면 다음과 같다.

### 1) 관치모델

이 모델은 중앙정부가 지방정부를 완전히 포괄하고 있는 형태다. 따라서 여기서는 계층제적 국가 체제의 성격을 띠며, 중앙정부와 지방정부와의 힘의 팽창 관계는 제로섬 게임이론으로서 설명될 수 있다.

관치모델하의 중앙 · 지방 관계는 당해 지역의 중요 결정이 그 지역의 지방정부가 아니고 중앙정부에 의해 이뤄지며, 따라서 지방정부는 전적으로 중앙정부에 의존하는 형태를 취한다. 이와같이 지방에서의 정치의 배제는 결과적으로 행정만이 남게 되어 중앙과 지방 관계는 일방적인 상하 관계로 되고 만다.

### 2) 자치모델

자치모델하의 중앙 · 지방 관계는 명확한 상호 분리를 특색으로 한다. 따라서 이 모델에서는 중앙 · 지방의 각각의 정부는 서로 간의 자주성과 자율성을 인정해 독립적 · 배타적으로 운영된다. 다만 상호간에 접촉적인 관계만을 유지하고 있을 뿐이다.

자치모델하에서 각 계층의 정부는 다른 정부의 간섭 없이 전적으로 자신의 책임하에 스스로 모든 결정을 행해야 한다. 바꿔 말하면, 지방정부 권위의 원천이 상위정부가 아니고, 주민 주권에 기초한 그 정부의 관할구역 내의 해당 지역 주민이기 때문에 하나의 정치적 활동무대로서 정부가 성립된다.

### 3) 상호의존모델

앞의 두 모델이 집권과 분권의 양극에 놓여 있다고 한다면 상호의존모델은 집권과 분권의 적절한 조화 속에서 각각 정부 주체 간의 상호의존・상호협력을 중시하는 입장이다.

여기에서 상호의존이라고 하는 입장은 중앙・지방 관계를 취급할 때 각 정부 주체 간의 자율과 자주를 인정한 후 현대 사회에 요구되는 제반 사회적 필요에 적절히 대응하기 위해서는 정부 상호간의 협력이 국민(주민)을 위해서도 바람직스럽다고 생각하는 사고 방식이다.

중앙과 지방과의 근본적인 변화에는 오랜 세월과 시행착오가 있어 왔다. 중앙과 지방과의 바람직한 관계를 정립하기 위한 방안이 여러 가지 있을 수 있지만 가장 핵심적인 것은 의회 중심의 정치문화를 하루빨리 정착시키는 것이다.

# 제 2 장 지방행정의 이념과 가치

## 제 1 절 | 지방행정의 이념

### 1 지방행정 이념의 개념

#### 1) 지방행정 이념의 의미

일반적으로 행정이란 "공익을 위해 서로 협동하는 행위"라고 할 수 있는데(Simon, Smithberg, & Thomson, 1973: 4), 이러한 구성원 간에 행해지는 협동행위는 합리적인 과정을 거쳐서 일어나야만 한다. 만약 합리적인 과정을 거치지 않고 행정행위가 일어날 경우 독단적 · 전제적 행위가 되어 행정이 추구하는 최고 가치 즉 궁극적 목적을 달성하기가 어렵게 된다. 행정이 추구하고자 하는 궁극적 가치나 최고의 지도정신을 행정 이념이라고 한다. 이때의 이념은 정치학에서 흔히 말하는 사회주의, 자본주의 등 이데올로기의 측면이 아니고 앞서 언급한 바와 같이 행정이 추구하는 방향, 규범, 이상 등을 말한다. 행정은 이러한 이념적 가치를 가질 때야말로 그 사회구성원에 대해 정당성이 부여된다. 하지만 이러한 행정 이념은 시대적 ·

역사적·정치경제적·환경적 여러 요인에 영향을 받아 그 이념적 논점이 변화되기도 하고 그 존속과 유지에 제약을 받기도 한다. 즉 이것은 행정 이념도 시간적·공간적 상황을 초월해서 존재하는 선험적인 가치가 아니라 경험적으로 변화될 수 있는 현실적·사실적 가치라는 것이다.

이러한 지방행정 이념에는 합법성, 민주성, 능률성, 효과성, 생산성, 중립성, 효율성, 형평성, 합목적성, 안정성, 공평성, 인간존엄성, 책임성 등 여러 가지가 있다. 그러나 행정 이념에 대해 무엇이 더 중요하고 덜 중요한지에 대한 평가는 쉬운 일이 아니며, 시대적 역사적 상황 속에서 그 의미와 내용을 판단할 뿐이다. 그러면 여러 가지 행정 이념 중 주요한 몇 가지 행정 이념을 중심으로 미국 등 선진 국가에서 행정 이념은 어떠한 형태로 발전해 왔는지 역사적인 변천 과정을 살펴보고자 한다.

### 2) 지방행정 이념의 변천 과정

앞서 언급한 여러 가지 행정 이념 중 주요한 몇 가지를 중심으로 시대적 변천 과정을 간략히 알아보면 다음과 같다.

우선 19세기 자유주의 국가 또는 입법국가 시대에는 서구나 미국 등지에서 국민의 의사를 의회가 제정한 법률에 의해 국가 활동의 전반적인 상황이 추진되고 결정되던 시대였기 때문에 이때에는 행정의 법률적 안정성이 가장 강조되었다. 즉 행정은 합법적이고 법의 테두리 안에서 그 존재 가치가 인정되었고 이것이 곧 국민의 권리와 권익을 보장할 수 있다고 믿었던 것이다.

그리고 19세기 후반 이후 20세기에 들어와서 행정 기능이 강화되고 확대되어 행정국가가 대두함에 따라 이제는 능률성이 행정에서 가장 큰 가치 기준으로 자리잡게 되었다. 그리고 1930년대 이후에는 능률성의 강조로 행정에서 무관심했던 인간관계적 측면이 중시되면서 조직관리에서의 인간화와 정치 과정에서의 민주화 등이 강조되어 민주성의 행정 이념이 중시되었다. 그리고 1960년대 이후 제2차 세계대전으로 독립했던 여러 신생독립국을 중심으로 하여 행정의 목표 달성에 큰 비중을 두게 되어 이제는 행정에서의 효과성 이념이 크게 강조되었다. 이상에서 잠깐 살펴본 행정 이념의 시대적 변천은 정치와 행정의 관계, 공행정과 사행정의 관계 그리고 행정의 기술성의 강조, 인간적 가치와 민주주의의 확립 등 여러 가지 요인에 영향을 받으면서 그 당시의 시대적 요청에 따라 이념적 가치의 비중이 변화되어 나타나게 되었다.

## 2 지방행정 이념의 내용

### 1) 지방행정 이념의 필요성

행정이 추구하는 가치란 행정 발전의 평가 기준으로서 행정은 어떠한 형태로 발전되어야 한다는 철학적 당위성을 내포하고 있다. 여기서 말하는 철학적 당위성은 신념, 가치, 규범, 의식 등의 개념을 내포하게 되는데 만약 행정에서 행정공무원이 어떤 업무상 결정을 할 때에도 그 사람은 자기자신의 경험과 신념에 바탕을 두고 결정하게 된다.

어떤 결정을 하려면 여러 대안을 고려하기 때문에 행정공무원은 첫째, 의사결정에서 여러 대안이 존재한다는 것 자체를 믿어야 한다. 둘째, 행정공무원 개인의 신념이 합리적 결정을 위한 근거가 되는 것은 어떤 결정에는 반드시 합리성이 고려된다는 것이다. 어떤 결정에는 이유가 있으며, 바로 그 이유가 합리성이 되며, 이 합리성은 그 결정자의 신념에서 나오는 것이다(박용희, 1992: 142-143).

이와같이 어떤 행정공무원 개인이 자신의 신념을 기초로 어떤 합리적 이유에 근거하여 의사결정을 하는 것은 곧 논리적 사고에 기초한다. 그러나 각 개인이 가지고 있는 자기자신의 신념이나 가치 체계가 모두 다르기 때문에 개인의 논리적 사고는 그 내용이나 방향은 같더라도 의사결정의 형태는 달리 나타날 수 있다. 즉 똑같은 상황에서 다른 의사결정 즉 행정행위가 일어날 수 있다는 것이다. 그러면 이러한 수많은 행정결정의 바람직함 또는 정당성 내지 합리성 등의 판단은 무엇에 의해 일어나야 하는 것인가?

여기에 바로 행정 이념의 필요성이 제기된다. 행정 이념은 행정행위의 철학적 가치를 시대적·역사적·환경적 상황에 따라 어떠한 의미를 가지고 있는지를 판단해 주는 하나의 행정 척도로서 역할하게 된다고 볼 수 있다.

### 2) 지방행정 이념의 주요 내용

#### (1) 합법성

행정의 합법성이란 19세기 입법국가 시대에 행정의 법률집행 기능이 강조되었던 시기에 주로 관심을 받았으며, 이때 행정은 법률에 적합한 행정을 구현해야 한다는 의미를 내포한다. 즉 법치행정의 원리를 실현하고 이를 통해 국민 개개인의 권리 보호와 권리구제를 실현할 수 있다고 생각함으로써 행정의 법률적합성이 강조되었다. 이 당시 행정의 기능은 야경국가의 상황하에서 최소한의 법률 유지 기능이 강조되었던 이유로 인해 현실적으로 행정은 법적인 테두리 안에서 소극적인 본연의 업무만 수행하면 된다고 생각했다. 예를 들어, 우리 동네 골목길에 가로등이 고장나 전기가 들어오지 않아 골목이 캄캄해서 동네 사람들이 다닐 수가 없다고 가정하자. 이 경우 동네 주민 한 사람이 관할 동사무소에 전화를 걸어 가로등을 고쳐달라고 동사무소 직원에게 요구했다고 하자. 동사무소 직원은 주민의 전화를 받고 법전과 규정집을 뒤져보고 나서 그 전화를 한 주민에게 대답하기를 "규정과 법률에 가로등을 고쳐 주라는 조항이 없어서 못해 주겠다"고 대답했다면 이는 행정의 합법성이 강조되던 시기의 시대 상황이라 할 수 있다. 즉 법률상 작위, 부작위[1]의 조항이 명백히 규정되어 있을 경우에만 그 범위 내에서 행정이 기계적으로 집행될 뿐이며 그래서 적극적인 행정 업무 추진이 가능하지 않은 시대였던 것이다. 그러나 이와같이 행정이 지나치게 법률적 조항에 얽매여 집행될 경우 행정의 법률만능주의를 초래해 오히려 앞서 논의한 바와 같이 신축적이고 융통성 있는 행정 서비스의 제공이 불가능하게 되는 현상이 야기될 수도 있다.

---

1) 작위, 부작위는 행정법상 용어로서 작위는 무엇무엇을 해라 하는 것이고, 부작위는 무엇무엇을 하지 마라 하는 의미를 가진다.

### (2) 능률성

행정 이념 중 능률성은 정치적으로 당시 미국 사회에서 나타나고 있는 국민의 세금 부담에 대한 더 많은 행정 서비스를 요구하는 상황에서 제기되었다. 즉 행정부 예산이 증가하면서 주어진 예산 한도 내에서 더 많은 행정 서비스를 국민에게 제공하기 위해서는 행정이 과거에 가지고 있던 비능률적이고 낭비적인 요인을 제거하고자 하는 시정개혁운동이 일어나면서 능률성의 행정 이념이 강조되었다. 여기서 능률성이란 행정의 투입에 대한 산출의 비율을 의미한다. 즉 행정 활동이나 업무 과정에서 투입되는 비용-노력, 시간, 금전적 비용 등-을 최소한 줄이는 대신에 그 결과적인 최종 산출물을 극대화하자는 것이다. 여기서 초기의 이러한 능률 관념을 '기계적 능률관'이라고 부르는데 즉 기계적 능률관에서는 행정을 경영 현상의 일환으로 여겨 행정은 목표 달성을 위한 가치중립적・기술적 수단 관념으로 이해되었다. 즉 행정이 달성하고자 하는 목적과 가치, 규범 등의 측면은 고려되지 않고 오히려 수단의 합리성에만 초점을 맞추고 있다. 이럴 경우 행정과정에서 인간적 가치를 무시하게 되어 행정의 이윤성, 상업성에만 지나치게 관심을 가지게 되는 폐단을 낳게 된다. 이와 같은 논리에 대해 행정의 기계적 능률관을 비판하면서 디목(M. Dimock)은 사회적 능률을 주장했는데 이것은 인간의 자유와 개인의 발전이나 창의력을 중시하고 국민에 대한 봉사정신을 강조하며 능률의 평가는 평가자의 규범의식에 따라야 한다는 것이다(Dimock, 1936: 116-133).

### 3) 민주성

1930년대 행정학에서 인간관계론자의 영향을 받으면서 기존의 능률성 위주의 행정 이념이 과연 누구를 위한 능률성인가, 그리고 무엇을 위한 능률성인가에 대한 비판이 일기 시작했다. 이와 함께 정치와 행정을 동일시하여 행정에 대한 조직 내외적 민주성을 강조했다.

여기에서의 행정의 민주성이란 결국 국민을 위한, 국민에 의한 행정을 하자는 것을 말한다. 그러기 위해서는 국민 또는 조직구성원 간의 심리적 만족감이나 사기 제고, 의사결정에 대한 참여의 강조, 권한의 위임, 정치적인 권력의 분권화, 국민 여론의 중시 등을 강조하기 시작했다. 행정의 민주성을 실현하기 위해 전제되어야 할 몇 가지 조건을 살펴보면 다음과 같다.

**(1) 정치의 민주화**

행정 발전과 정치 발전은 동시에 일어날 수 있어야 하는데 우리나라의 경우 행정 발전은 과대 성장하여 오히려 정치 발전의 장애 요인이 되어 왔다. 정치 발전이 없는 행정 체제의 과대 발전은 행정의 독단성과 폐쇄성을 가져오고, 결국은 국민의 정부에 대한 불신감을 초래하게 된다.

**(2) 행정 과정에 대한 주민참여**

행정기관의 의사결정 과정에 지역 주민의 의사 및 요구를 적극적으로 반영함으로써 행정의 반응성(responsiveness)을 유도하고 주민 선호에 맞는 행정을 실현하고자 하는 것이다. 아무리 많은 예산을 투입하여 지역 주민에게 행정 서비스를 제공했다 하더라도 주민이 원하지 않는 행정 서비스가 제공된다면 행정기관의 의사결정 및 행정 업무 수행에 대한 당해 지역 주민의 불만은 커져갈 것이다.

**(3) 행정정보의 공개**

행정기관이 가지고 있는 모든 행정 업무와 관련된 자료와 서류 등의 정보는 모든 국민에게 똑같은 조건에서 공개되어야 한다. 권력이 있는 특수한 계층이나 집단에게만 행정정보가 공개되어 그들에게만 특별한 혜택이 돌아간다면 이는 행정의 비민주성이 점점 커져가는 것이다.

**(4) 행정의 분권화**

행정 권한이 중앙정부 또는 한 조직의 상층부에 지나치게 집중될 경우 중앙정부와 지방정부 또는 조직의 상하 계층 간에 의사소통이 원활하지 못하게 되고 권한의 집중으로 인한 특수 계층 공무원의 부정과 부패가 조장된다. 행정은 그 권한과 업무가 분권화되어 모든 계층에게 그 직위에 맞는 권한과 업무가 분산 위임될 경우 행정의 민주성이 촉진될 것이다.

### (5) 공직윤리와 행정책임성 확립

행정기관에 종사하는 공무원은 국민 위에 군림하고 명령한다는 생각을 지양하고 국민에게 봉사하고 서비스한다는 윤리의식을 가지고 자기가 맡은 일에 대한 책임감을 가지는 자세가 필요하다. 만약 행정이 국민에게 봉사한다는 생각을 저버리고 무사안일한 태도를 지향할 경우 행정의 권위주의가 강화되어 국민과 행정의 거리감은 점점 더 커질 수밖에 없다.

# 제 2 절 | 지방행정문화

## 1 지방행정문화의 의미

테일러(E. Taylor)는 "문화는 인간의 지식, 믿음, 예술, 도덕, 법, 관습 그리고 인간이 사회구성원으로서 획득한 온갖 능력과 습관을 포함하는 복잡한 전체(complex whole)이다"라고 정의한다(Kulckhohn, 1964: 165-168).

또한 사회학자들은 사회나 조직구성원이 소유하는 가치, 신념, 규범, 이데올로기, 언어 등의 혼합체로 보고 있다. 이 중 특히 행정 체제 내부에 존재하는 문화를 행정문화라 할 수 있는데, 백완기는 "행정문화는 특정 국가의 행정관료들의 의식구조, 사고방식, 가치관, 태도와 일반국민의 행정에 대한 가치의식의 총합이다"라고 말한다(백완기, 1996: 210). 즉 행정문화는 쉽게 말해 "여러 사회문화 중에서 행정공무원 사회에서 독특하게 나타나고 있는 그들 나름대로의 가치 의식 체계를 통틀어서 일컫는 개념"이다.

우리는 이러한 지방행정문화를 통해 여러 가지 측면에서 관료사회의 특성을 살펴볼 수 있는데, 이는 다음과 같다(백완기, 1980: 3-8).

첫째, 지방행정문화는 지방행정관료의 행위를 이해하고 예측케 하는 데 최선의 방편이 된다.

둘째, 지방행정문화는 행정행위를 규제하고 그 용납 여부를 판단한다. 즉 행위의 규범 역할을 한다.

셋째, 지방행정문화는 현실의 물리적 세계에 가치성과 의미성을 부여하기 때문에 엄밀한 의미에서 어느 현실이나 가치중립적이고 무색투명한 입장에서 인식되는 경우란 없다. 즉, 현실에 대한 문화적 의식의 필요성을 고취시켜 준다.

넷째, 지방행정문화는 관료사회에서 상대방의 행위가 어떻게 나타날 것인가를 기대할 수 있게 하고 예측할 수 있게 한다.

다섯째, 지방행정문화는 상이한 집단끼리 우의를 나누면서 공존할 수 있는 계기를 마련해 준다.

## 2 지방행정문화의 주요 내용

### 1) 선진국 행정문화의 특성

#### (1) 사실지향주의

선진국 사회에서의 행정행위나 의사결정은 여러 다른 요인보다 그 현상의 사실(facts)에 입각하여 판단된다. 현상에 대한 가치판단의 제일 우선은 객관적인 사실이며, 그 외 다른 요인은 그 후에 고려된다는 것이다. 이러한 사실에 근거한 행정행위는 국민의 동의나 지지를 확보하는 데 신뢰성을 줄 수 있고 특별한 감정이나 편견을 줄일 수 있는 장점이 있다.

#### (2) 성취주의

일반적으로 미국 등 선진국 사회에서는 흔히 학벌보다 개인의 능력이 중시되는 것으로 이야기하고 있다. 이때 개인의 능력이라는 것은 개개인이 가지고 있는 외형적 의미의 학력이나 출신지, 인종, 종교 등의 요인보다 과거부터 현재까지 어떠한 경험적 과정을 거쳐 지금 어떤 일을, 어느 정도 할 수 있는가를 중시한다는 의미다. 다른 말로 바꾸면, 앞서 언급한 개인의 외관적 조건–학력, 출신지, 종교–등에 의해 능력이 있으면서도 그렇지 못한 사람에 대해 차별을 받아서는 안 된다.

(3) 합리주의

여기서 말하는 합리주의는 행정 과정에서 합리성을 추구하려는 태도를 말한다. 이것은 즉 객관적인 지적 기반을 통해 최선의 의사결정을 한다는 뜻이다. 이러한 합리주의가 강조되는 사회에서는 행정행위가 앞으로 어떻게 행해질 것이라는 예측이 가능해지고 거기에 따라 국민은 대비할 수 있게 된다. 그렇지 못하고 합리주의가 약한 사회의 경우 국민은 행정행위의 방향과 내용을 예측할 수 없어 국민은 행운 또는 불행의 운명에 의해 자신의 미래 상황을 예측할 수밖에 없다.

(4) 상대주의

선진국 사회에서는 영원히 불변하는 어떠한 가치는 없다고 생각하며 어떤 현상에 대한 신념은 그 신념이 다른 반대 작용에 의해 항상 깨질 수 있다는 유동성을 가지고 있다고 생각한다. 후진국 사회에서는 어떤 신념과 가치는 종교적 색채를 띠게 되어 대부분의 사람이 불변하다고 믿는 진리와 같은 그 어떤 것이 존재한다고 본다. 그러나 선진국 사회에서 이러한 불변의 현상은 단속적이며 분절적으로 어떠한 환경 속에서도 바뀔 수 없는 현상이라고 생각하지 않는다. 즉 절대적인 진리보다 상대적인 유동성을 더 좋아하는 것이 선진국 사회구성원들의 사고 태도라 할 수 있다.

## 2) 후진국 지방행정문화의 특성

(1) 권위주의

권위주의는 모든 것을 등급화시켜 보려는 태도를 말하는데, 특히 조직 내에서 구성원들 간의 관계를 수직적·정적 서열 관계로 인식하고자 하는 것을 말한다. 권위주의 성향이 강한 사회에서 상하 관계는 동반자적-협조적 관계이기보다는 지배-복종 관계가 형성되어 행정은 국민의 선호를 수용하기보다 그들 나름대로의 일방적 의사결정규칙에 의해 행정이 행해진다.

이러한 권위주의는 공사의 구별을 어렵게 하여 상급자는 하급자를 전인격적(全人格的) 관계로 간주하여 공적이든 사적이든 모든 부분에서 자신의 명령과 지시를 따를 것을 요구하며, 이에 반하는 행위를 할 경우 그 의사를 수용하려 하기보다 무시하거나 배척하는 감정이 훨씬 더 크게 작용하게 된다. 관존민비 사상이 강하게 작용하는 유교 질서의 사회에서는 이러한 권위의식이 가정에서나 사회조직 어느 곳에서나 보편적으로 행해지며 오히려 대부분의 사회구성원은 이러한 위계질서에 순응하게 된다. 그러나 국가적 차원에서 볼 때 이러한 권위주의는 행정의 대민봉사 정신이나 국민에 대한 서비스 정신을 반감시키고 오히려 그들 조직 나름대로의 전문성과 특수성을 내세워 조직 이익을 극대화하는 정신적 지주로서 역할하게 된다.

### (2) 운명주의

운명주의 의식이 강한 사회에서 사회 개개인은 자신의 사회생활이 이미 주어진 운명에 의해 결정되어 있다고 생각한다. 이러한 운명주의 의식은 요행과 한탕주의 의식을 조장하고 자신의 불운을 노력과 능력의 탓으로 돌리기보다 팔자 탓으로 생각하여 신비한 점성의식에 자신을 내맡기길 좋아한다. 객관적인 사실에 근거한 합리적 사고보다 상황에 따라 부딪치게 되는 운에 의해 모든 것이 결정된다고 생각하며, 따라서 몇 번 노력하다가 자신의 목표가 달성되지 않으면 쉽게 좌절하여 더 이상 노력하려 하지 않는다. 쉬운 과정과 절차를 통해 비정상적인 행운이 따라 주길 기대하며 목표달성과 관련되는 노력과 시간 등 비용의 투입을 주저하고 아까워하며 자신이 가지고 있는 실질적 재능이 모두 발휘되지 않는 상황이 많이 나타난다고 생각하는 경향이 강하게 내재되어 있다.

### (3) 형식주의[2)]

형식주의는 인간이 사회적 위치나 권위 또는 위신을 지키고 체면을 유지하기 위해 전통적 관습이나 선례 또는 의식에 집착하려는 성향을 말한다. 즉 내용이나 실리보다는 형식과 절차, 선례를 지나치게 강조한 나머지 오

---

2) 이 부분은 백완기(1986), 「한국의 행정문화」, 서울: 고려대출판부, 1986 참고.

히려 행정의 목적과 수단이 뒤바뀌는 현상이 일어나게 된다.

이러한 형식주의와 결부되어 나타나는 행정 행태에는 첫째, 법적 절차가 모든 요소에 우선한다. 즉 행정관료들은 행정상의 모든 문제를 소송사건처럼 법적 절차를 철저히 따르면서 결정하고 집행한다.

둘째, 행정은 보수성과 집착성에 빠진 나머지 변화나 형식에 대해 둔감하다. 전통적인 관습이나 선례를 강조하다 보니 변화나 새로운 개혁 등을 좋아하지 않는다.

셋째, 의식주의가 강조되는 사회에서는 질서 유지와 법규 집행이 행정의 전체를 이룬다. 즉 행정사업, 실적, 계획적 변화, 목표의 성취성 등의 측면에서 발전적인 추진이 약해지고 형식화하여 실질적인 성과가 없다.

### (4) 가족주의

가족이란 사회집단의 기본형이며 부부를 중심으로 하여 부자근친의 혈연 관계로서 성립하며 다른 사회집단과는 다른 성원의 역할, 권위, 애정 등의 구조를 가지고 있다(김해동, 1978: 56). 그런데 이런 가족이란 의식이 행정 체제 내에서 존재하여 가족 의식을 중심으로 행정행위가 일어날 수 있다는 것이다. 즉 행정 단위를 가족 단위로 생각하여 가족 간에만 있을 수 있는 특별한 사적 결속 관계가 행정행위에서도 나타나게 된다. 그래서 공적인 업무의 행정행위가 사사로운 감정에 의해 수행됨으로써 행정의 자의성이 증가하고, 그럼으로써 원칙과 기준에 의한 행정행위가 반감된다. 그리고 이러한 가족 단위의 관념은 1차 집단－혈연, 지연, 학연 등－의 관계로 확대되어 이제는 1차 집단이 행정 또는 사회행위의 보호자 역할을 하게 된다. 이와같이 가족주의가 팽배한 사회에서 나타날 수 있는 몇 가지 특징을 열거해 보면 다음과 같다.

첫째, 혈연적, 지연적 그리고 학연 등의 귀속주의적 요소를 강하게 띠는 사회에서 정치나 행정은 배타성을 띠게 되어 보편적인 행정행위보다 예외적인 규정이나 결과가 다른 사회보다 월등히 많이 나타나게 된다.

둘째, 일반 국민 즉 행정 서비스의 수혜자들은 행정으로부터 동일한 서비스를 받는 것을 애초에 기대하지 않는다. 즉 행정공무원과 적절한 친분 관계가 있는 사람은 당연히 특별한 대우를 받아도 좋다는 것을 은연중에 인정하게 되고 당연하게 생각한다.

셋째, 가족주의가 만연된 사회에서는 각 개별 조직의 책임자는 조직관리에서 부하를 전인격적으로 지배하려고 하며 이것이 과대할 경우 공적인 신분 관계가 사적인 인간관계로 그대로 연결되어 상하 신분 관계를 형성하게 된다.

(5) 일반주의

사회가치 구조가 단일화된 사회환경에서 모든 사람은 특수한 하나의 가치에 최고의 사회적 명예를 부여하게 된다. 우리나라에서는 판사, 검사, 의사, 교수 등의 직업군이 사회적 명예와 존경을 갖는다고 일반적으로 세칭 일컫고 있는데, 이는 사회문화가 그 특수한 집단들에게 하나의 단일화된 사고, 즉 자신들만이 최고라는 의식을 심어 주게 되고, 그래서 그들 특수집단은 모든 행위를 자신들만이 할 수 있다고 생각한다.

그래서 이러한 특수집단은 조직 내에서 부하의 의견을 들으려고 하지 않고 행정의 독단성과 자만심을 갖게 하여, 행정의 다원성을 저해하게 된다. 이러한 일반주의 문화가 강한 사회에서는 상하 계층 간에 의사소통이 원활하게 이뤄지지 못함으로써 행정의 합리적 행위가 결여된다.

## 3 지방행정문화의 발전 조건

### 1) 전통적 행정문화에서 벗어나 현대적 가치관을 형성해야 한다

여기서 말하는 전통적 지방행정문화는 앞서 논의한 후진국 지방행정문화 즉 권위주의, 운명주의, 형식주의 등의 행정문화를 말한다. 즉 전통적인 서열의식과 계급의식 등에 기초한 권위의식에서 탈피해 미래 지향적이고 발전적이며 쇄신적인 사고 방식을 가져야 한다. 그리고 행정공무원은 무사

안일적이고 선례답습적인 보수적 업무 행태에서 벗어나 국민의 봉사자임을 인정하고 적극적으로 행정에 대처하려는 자세가 필요하다. 행정구성원은 특수한 신분 관계로 인해 출세하려는 한탕주의식 사고 방식을 지양하고 특별한 행운보다 자신의 노력과 경험에 의해 행정을 행하고 국민을 대한다는 사고 방식을 가져야 한다. 그럼으로써 자신만이 모든 일을 할 수 있다는 독단적 단선 가치구조를 지양하고 다른 사회구성원과 더불어 생각하고 사회문제를 해결하고자 하는 민주적 가치관을 배양해야 한다.

### 2) 바람직한 행정윤리를 확립해야 한다

바람직한 행정윤리를 확보하기 위해서는 우선 공무원 자신이 국민의 공복(公僕)으로 생각하고 업무나 행정행위에서 국민에게 봉사하는 정신과 태도를 가져야 하며, 또한 국민의 요구를 지속적으로 파악하여 그들의 뜻에 따르는 행정행위를 실천해야 한다.

인적 유대 관계를 지나치게 강조하고 법규와 규칙에만 집착하는 소극적 행정 업무 태도는 발전적인 행정문화의 형성에 저해 요인이 된다. 개인적 덕목으로서 청렴성과 도덕성, 합리성, 공익성 등을 아울러 갖춰야 함은 물론 공무원집단 나름대로의 자율적 규범을 준수할 수 있는 공직윤리를 명확히 하는 것도 또한 중요한 일이다.

### 3) 국민과 행정 간의 신뢰 체계를 구축해야 한다

국민과 행정 간의 신뢰 체계를 구축하기 위해서는 우선 국민이 행정에 대해 갖는 거리감 또는 그 반대로 행정이 국민에 대해 갖는 거리감을 해소해야 한다. 여기서의 거리감이란 상호작용을 하거나 상호 관계에 있는 구성 요소 사이에 느끼는 친소(親疏) 감정을 말한다(이종범, 1988: 186). 즉 거리감은 한 단위가 상호 관련 있는 다른 단위에 대해 느끼는 일체감, 중립적 태도, 이질감, 반발, 적대감 등을 나타내는 의미를 포함한다.

이러한 국민과 행정 간의 거리감을 나타내 주는 하위 개념으로서 불신감이 있다. 국민이 행정에 대해 불신의 정도가 높다는 것은 행정의 결과가 곧 국민의 요구나 선호를 충족시키지 못했다는 의미다. 행정과 국민 간의 신뢰 체계 구축을 위해서는 이러한 행정에 대한 국민의 불신을 최소화하고, 더 나아가 국민에 대한 행정의 불신 역시 제거해야 한다.

# 제 3 장 중앙정부와 지방정부 간 관계

## 제 1 절 | 정부간 관계의 의의

우리나라에서는 중앙정부와 지방정부(지방자치단체)라고 하는 복수 계층이 존재한다. 다른 국가에서도 일반적으로 우리나라와 같이 복수 계층의 정부가 존재한다. 예를 들면, 미국은 연방정부와 주정부, 그리고 그 밑에 여러 형태의 지방정부가 존재한다. 이와같이 복수의 정부간 관계(IGR: Inter-Governmental Relations)를 이하에서 살펴볼 것이다.

정부간 관계는 중앙정부와 지방정부 간의 관계, 지방정부 상호간의 관계로 크게 나눌 수 있다. 여기서는 주로 중앙정부와 지방정부 간의 관계에 초점을 맞출 것이다.

우선 중앙정부와 지방정부 간의 관계 모델로 외국에서 전개된 것들을 소개하여 우리나라가 지향해야 할 규범적 모델을 찾는다. 그리고 우리나라의 중앙정부와 지방정부 간의 현실적 관계가 어떠하며 문제점은 무엇인가를 살펴보고, 마지막으로 규범과 현실의 간격을 좁히기 위한 방안으로 분권개혁을 설명하고자 한다.

## 1 대두 배경

정부간 관계란 하나의 국가에서 중앙정부와 지방정부 등 복수 정부조직 간의 관계를 말한다. 이 용어는 미국에서 시작되어 오늘날에는 영국, 프랑스, 독일을 비롯한 유럽 국가와 일본 등 연구자들에게도 널리 통용된다. 그러나 우리나라에서는 정부간 관계라는 용어가 극히 제한된 범위 내에서 지방자치 연구자를 중심으로 사용하고 있다. 그리고 정부간 관계라는 용어보다는 국가와 지방자치단체 간의 관계, 중앙-지방 관계, 중앙정부와 지방자치단체와의 관계 등의 용어를 선호해 왔다.

그렇기 때문에 미국의 정부간 관계, 즉 미국의 연방, 주, 지방자치단체 간의 관계를 알아볼 필요가 있다. 유럽에서 신대륙을 찾아 미국 대륙으로 건너온 이주자들이 모여서 지방자치단체를 형성한다. 그리고 지방자치단체들이 모여서 주(州)를 형성하고, 나아가 주들이 13주 동맹을 형성하여 마침내 영국으로부터 독립을 쟁취하는 역사적 흐름이 있다. 따라서 미국에서는 '연방 있고 주인가, 주 있고 연방인가' 그리고 '주 있고 자치단체인가, 자치단체 있고 주인가' 하는 논쟁이 지금까지도 계속되고 있다. 전자의 논쟁, 즉 연방과 주의 논쟁은 남북전쟁으로 말미암아 주가 연방으로부터의 이탈이 불가능하게 되어, 주의 주권적 성격(연방헌법의 주간 계약적 성격)이 희박하게 되었다. 또한 후자, 즉 주와 자치단체 간의 논쟁도 자치단체는 주의 창조물이라고 하는 판례가 확립되어 법적으로는 종지부를 찍었다. 대부분의 유럽 국가들이 중세의 분권적이고 할거적인 봉건 체제를 극복하고 근대국가를 건설한 것과는 달리, 미국에서는 그러한 경험 없이 위와 같은 논쟁의 결과 국가의 통치구조(연방주의 시스템)를 형성했다는 점에서 유럽 국가와 분명하게 구분된다.

미국의 역사를 볼 때 위와 같은 정부간 관계가 존재했다고 해도, Inter-Governmental Relations라는 개념을 사용한 지는 그렇게 오래되지 않는다.

아이젠하워 대통령 때인 1959년 정부간 관계 자문위원회(Advisory Commission on Intergovernmental Relations)가 만들어진 후에 그 개념이 널리 사용되기 시작한다. 이 자문위원회는 연방, 주, 지방 간 재원 배분을 둘러싸고 갈등 관계에 있는 주체 간의 관계를 협력적으로 만들기 위한 것이었다. 이후 미국의 연방제를 일반적으로 협력적 연방제(collaborative federalism)라고 한다. 그 이전에서 국제(international)에 준하는 용어로 주제(州際, inter-state)라는 용어를 사용했다. 미국은 연방이며, 주가 주권국가였기 때문에 주제는 실질적으로도 국제에 준하는 것일 수가 있었다. 정부간(inter-governmental)이라는 용어는 주제라는 용어를 선례로 하여 만들어진 듯하다(西尾勝, 1990: 394).

연방정부의 권한이 확대된 오늘날에도 연방정부가 주정부나 지방정부보다 도의적으로나 능력적으로 우위에 있다고는 전제하지 않는다. 정부간 관계라고 하는 개념에는 그러한 특징을 이미 포함한다.

미국에서는 이러한 정부간 관계 외에도 연방제(federalism)라는 용어를 사용한다. 따라서 정부간 관계의 개념을 분명히 하기 위해 이들 양자간의 특징적인 차이를 분명히 할 필요가 있다(秋月謙吾, 2001: 102-103).

첫째, 미국 합중국 헌법에 정하고 있는 연방제가 주를 기본 단위로 하므로 당연히 연방제는 연방과 주의 관계에 한정하여 이해하고 있다. 그러나 정부간 관계는 좀더 복잡하고 다양한 관계의 집합으로 파악한다.

둘째, 연방제라는 용어는 어느 시기, 시민권 문제에 관해 주정부와 연방정부 간의 극심한 대립 가운데 주의 고유 권한을 과시하고 인종적 융화를 거부하는 정치 세력의 슬로건이었다. 연방주의나 주권이라는 말은 이러한 정치 이데올로기적 색채를 강하게 띠고 있다. 그러나 정부간 관계는 가치중립적으로 사용된다. 따라서 분석 용어로서는 정부간 관계가 연방제보다 우수하다. 또한 옛스러운 스타일의 연방제는 죽은 것이라는 입장도 있다.

셋째, 연방제는 연방, 주, 지방자치단체 간의 기능 분담에 관한 정태적인 것이다. 이를 대체하는 새로운 스타일의 연방제가 정부간 관계다. 고전적 연방제가 정치의 틀을 정하는 법적 개념인데 비해 새로운 연방제, 즉 정부

〈표 3-1〉 연방제, 정부간 관계, 정부간 관리의 비교

| 구분 | 연방제 | 정부간 관계 | 정부간 관리 |
|---|---|---|---|
| 조직 단위 | 연방, 주 | 연방, 주, 지방정부 | 연방, 주, 지방정부, 민간 부문 등 |
| 상호 관계 | 연방의 우월 | 완만한 계층제 | 비계층적 네트워크 |
| 분쟁 해결의 수단 | 법률, 재판, 선거 | 시장, 게임, 연합 | 교섭, 거래, 협동 |
| 가치가 되는 개념 | 목적(사명), 정치(당파), 권력(부수와 제재) | 정책(재량), 퍼스펙티브, 우선순위(트레이드 오프) | 프로그램(기능), 사업, 절차 |
| 정치적 중점 | 높은 정치(high politics) | 정책형성(조정) | 집행(문제 해결) |
| 정치가의 역할 | 대 | 중 | 소 |
| 관료의 역할 | 중 | 대 | 중 |
| 정책전문가의 역할 | 소 | 중 | 대 |

자료: Wright(1990)를 바탕으로 작성한 秋月謙吾(2001: 103)에서 재인용.

간 관계는 사회적·경제적 변화에 상응하는 동태적·정치적 개념이라고 주장한다. 그러나 많은 학자가 현재까지도 연방제와 정부간 관계를 배타적인 것이라기보다는 보완적인 것이라고 생각하고 있다.

정부간 관계의 대표적인 연구자인 라이트(Wright, 1990)는 연방제, 정부간 관계, 그리고 그 발전된 형태인 정부간 관리(intergovernmental management)라는 세 개의 체계를 개념화했다. 중점은 연방제에서 정부간 관계, 정부간 관리로 이동하면서도 중층적으로 미국의 정부간 통치 시스템을 구성하고 있다. 이들 개념을 비교하면 <표 3-1>과 같다.

## 2 구성 요소

개념의 유래에서 살펴본 바와 같이, 정부간 관계는 미국의 연방, 주, 지방이라는 다른 수준의 정부가 각각 자율적인 정치 단위인 것을 전제로 하면서, 이들 정부간에 협력적 상호 의존 관계를 형성해야 한다는 것을 표현하

고 있다. 여기서는 이러한 개념을 좀 더 명확히 하기 위해 니시오 마사루(西尾勝, 1990: 396-401)에 의거 '정부', '정부간', '정부간 관계'로 나눠 살펴보기로 한다.

(1) 정부

정부간 관계에서 '정부'란 무엇인가? 이와 관련된 몇 가지를 살펴보자.

첫째, 일반적으로 정부란 국가를 가리키는 말이다. 그러나 정부간 관계에서 정부란 국가를 포함하는 좀 더 넓은 개념이다. 국가뿐만 아니라 지방자치단체도 포함한다. 국가가 전국의 정부이고 중앙의 정부라고 할 수 있는 반면, 지방자치단체는 지방의 정부라고 할 수 있다.

둘째, 정부는 정부기구(government)를 의미할 뿐만 아니라 이 정부기구를 운영하는 통치도 포함한다. 민주주의하에서 통치는 국민의 자기통치(self-government)를 의미한다.

셋째, 자치단체가 정부라고 불러야 할 자율적인 정치 단위인 이상, 지방행정은 지방정치에 종속하는 시녀다. 또한 자치단체가 독자적인 지방행정을 하기 위해서는 광범위한 자치입법권을 가지고 있어야 한다. 바꿔 말하면 지방자치를 지방행정과 동일시하는 관념은 철저하게 불식해야 한다.

넷째, 정부란 입법, 사법, 행정 등 3권의 총체를 말한다. 지방자치단체를 지방정부로 보기 위해서는 지방자치단체가 이와 유사한 기능을 수행하고 있어야 한다. 지방자치단체에는 지방의회, 단체장을 비롯한 집행부 및 반(半)독립적인 위원회들이 있다. 이들을 총칭해 지방정부라고 할 수 있다.

(2) 정부간

정부간 관계에서 '정부간'이란 어느 정부와 어느 정부간을 지칭하는 것일까? 일반적으로 대부분의 국가에서 중층제를 채택하고 있지만, 일부에서는 단층제 아니면 3층제를 채택하는 국가도 있다.

첫째, 정부간이란 다른 수준의 정부간 관계를 가리키는 것이 일반적이다. 중앙정부와 광역정부 간, 광역정부와 기초정부 간 그리고 중앙정부와 기초정부 간의 다른 수준의 정부간 관계가 그것이다. 그러나 정부간이란 같은 수준의 정부간 관계도 포함한다. 그 좋은 예가 광역행정이다. 서구에서 metropolitan government, regional government의 논의, 일본에서 광역시정촌권(町村圈), 도주제안(道州制案)의 논의도 같은 수준의 정부간 관계의 범주에 속한다.

둘째, 일반적으로 정부간 관계는 정규의 정부들 간의 관계를 나타낸다. 그러나 이것만으로는 결코 충분하지 않다. 오늘날에는 국제연합, ILO, WHO, OECD 등 조약, 결의, 권고 또는 국제회의에서의 합의 등이 직·간접적으로 지방자치의 운용에 영향을 미치게 되었다. 또한 기초자치단체보다 좁은 지역사회 수준에서 neighborhood government를 창설하려는 논의도 있다. 따라서 정부간이란 정규의 정부뿐만 아니라 국제기구, 근린정부도 검토 대상에 넣어야 할 것이다.

### (3) 정부간 관계

정부간 관계에서 '관계'는 어떠한 관계인가? 정부간 관계라는 개념은 미국에서 전개된 intergovernmental relations의 개념을 그대로 받아들인 것이다. 따라서 정부간 관계에서의 관계는 그러한 정신을 받아들여야 한다. 미국에서의 정부간 관계는 대등한 정부간의 협력적 상호 의존 관계다. 대등한 정부간의 협력적 상호 의존 관계가 성립하기 위해서는 정부간 의사교류가 쌍방적이어야 한다. 현재 우리나라의 정부간 관계는 국가의 의사가 일방적으로 내려오는 통제 관계다. 이것을 쌍방적 의사 교류로 만들기 위해서는 국민의 의사가 지역사회 수준에서 통합되고, 이것이 기초자치단체를 거쳐 순차적으로 올라가는 자치형으로 개혁해야 한다. 각각의 정부에 자율성을 인정한 이상, 정부간 관계의 과제는 통제가 아니라 조정이고, 조정 방식은 협의나 교섭이다.

## 3 우리나라에서 정부간 관계의 적용가능성

앞에서도 살펴본 바와 같이 정부간 관계는 미국을 중심으로 하여 서구에서 전개된 이론이다. 미국 등 서구 선진국은 우리나라와 역사적 배경을 달리하며 지방자치의 전통이 강하다. 이렇게 서구에서 전개된 개념을 우리나라에서 사용해도 무방할 것인가가 문제가 된다. 우리나라는 단일국가 체제 아래 지방자치단체가 국가의 일선행정기관으로서 지위를 강하게 지니고 있다. 따라서 지방자치단체라고 불러야 하느냐, 아니면 지방정부라고 불러도 좋으냐를 놓고 적지 않은 논쟁이 일어나기도 한다(김병준, 1997: 24).

그러면서 김병준(1997: 25)은 다음과 같은 두 가지 근거로 정부간 관계라는 개념을 사용해도 큰 무리가 없다고 주장한다.

첫째, 정부간 관계라는 용어 외에 달리 사용할 적절한 개념이 없다는 점이다.

둘째, 지방정부는 지방자치단체의 통치구조로서 우리의 경우에도 별 문제 없이 사용될 수 있다고 한다.

이러한 문제에 대해 사실적 차원과 규범적 차원으로 나누어 고찰해야 한다고 생각한다.

첫째, 사실적 차원에서는 우리나라에서 정부간 관계라는 개념을 사용하는 데는 논란의 여지가 충분히 있을 수 있다. 김병준의 주장은 이러한 차원에서도 정부간 관계의 개념을 사용할 수 있다는 것이다. 그러나 우리나라의 현실은 이러한 개념을 사용할 정도로 충분히 지방자치가 성숙되어 있지는 않다.

둘째, 규범적 차원에서 정부간 관계라는 개념을 사용하는 것에는 전혀 문제가 없어 보인다. 규범적 차원이라는 것은 우리나라의 지방자치가 앞으로 나아가야 할 미래의 방향을 나타내는 것이다. 따라서 그러한 차원에서도 오히려 정부간 관계라는 개념을 권장하는 것도 바람직하다. 새로운 개념이 현실에 미치는 영향력도 무시할 수 없기 때문이다.

## 제 2 절 | 정부간 관계 모델

정부간 관계를 쉽게 이해하기 위해서는 모델을 알아야 한다. 여기서 모델이란 현상을 알기 쉽게 그 특징을 잡아서 단순화시킨 것이다. 따라서 우리나라에서 흔히 모델이라고 하면 규범적인 차원에서 어떻게 되어야 하는가라는 의미로 이해하는데 그것과는 다른 실제적인 차원의 것이다.

서구 선진국에서는 정부간 관계의 다양한 모델을 제시한다. 국가마다 역사적 배경을 달리하므로 국가 수만큼 모델의 수는 많다고 할 수 있다. 여기서는 그 대표적인 모델로서 흔히 인용되는 미국의 라이트(Wright) 모델, 영국의 로즈(Rhodes) 모델, 일본의 무라마쓰(村松) 모델과 아마카와(天川) 모델에 대해 살펴보기로 한다.

### 1 라이트 모델

라이트(Deil S. Wright)는 미국을 역사적으로 고찰하면서 정부간 관계를 모델화한다. 라이트는 미국에서 이원적 대립 연방주의가 민주당 정부의 기능 확대와 함께 집권화해 가는 과정을 1930년 이후의 협력적 시대, 다음으로 협력 중에 정책마다 전문가를 육성한 시대, 그리고 개별보조금을 통해 연방의 관여가 최고조로 달하는 1960년대로 구분한다. 1960년대 이후 연방제 운용을 지방 수준(특히 도시 지방자치단체)에서 보면, 오늘날에는 연방정부의 여러 가지 프로그램이 난립하고, 그 실시를 위해서는 연방정부 내 각 부처 간 대립, 다양한 행정 관련 단체 간의 경쟁과 조정이 불가피하게 되었다는 것을 알 수 있다(Wright, 1978: 63-65). 라이트는 이렇게 미국에서 연방, 주, 지방의 세 가지 정부가 각 시대에 어떻게 관련되어 있는가를 이해하기 위해 세 가지 모델을 제시했다. 그것은 분리모델, 하위포섭모델,

상호의존모델이다.

### (1) 분리모델

분리모델(separated authority model)은 미국의 1930년대 이전까지의 상황을 나타낸다. 이때 연방정부와 주정부는 상호 독립적인 관계에 있었다. 각각의 정부는 그가 가지고 있는 권한 내에서만 통치할 뿐 양자간의 관계는 긴밀하지 않았다. 만약 정부간의 대립과 갈등이 문제되었을 때 그 중재자는 대법원이다.

### (2) 하위포섭모델

하위포섭모델(inclusive authority model)은 미국의 1930년대 이후에서 1960년대까지 연방정부가 주정부 및 지방정부에 대해 보조금 등을 수단으로 관여의 정도를 높여가는 시기를 모델화한 것이다. 하위포섭모델을 내포형이라고도 하는데 주정부나 지방정부가 연방정부에 일방적인 의존 관계에 있는 것을 말한다. 지방정부는 자율적이지 못하고 수직적·계층적 관계에 있다. 이 모델은 세 가지 사항을 전제로 한다(오석홍, 2000: 215). 첫째, 주정부와 지방정부는 연방정부나 강력한 경제집단에 의해 수립된 전국적 범위의 결정에 완전히 의존하고, 둘째 주지사나 주의원 및 시장 등 지역 단위의 정치지도자들의 역할은 대단히 미미하며, 셋째 과거 이들이 수행하던 기능은 집권적이고 계층적인 정부 체제 내로 흡수되었다는 것이다. 즉 주 및 지방정부는 연방정부의 단순한 부하에 불과하므로 미국의 정치와 정책에 커다란 영향을 미치지 못한다.

### (3) 상호의존모델

상호의존모델(overlapping authority model)은 1970년대 이후 공화당정부에서 추구한 신연방주의에 의해 분리형을 추구했으나 사실상은 상호의존모델이 형성되었다고 한다. 이 모델에서 세 가지 전제는, 첫째 상당한 규모의 정부활동과 기능은 연방정부 및 주정부와 지방정부를 동시에 포함하며, 둘째 특정 수준의 정부가 지니는 자치 영역 내지 재량권은 상대적으로 협소할 뿐만 아니라, 셋째 특정 수준의 정부가 행사할 수 있는 권한 또는 영향력은 매우 제한되어 있어 각 정부들 간에는 협상이 이뤄진다는 것이다. 이 모델의 특성은 제한적이고 분산된 권한, 크지 않으며 불확실한 자치 영역, 상당히 높은 수준의 상호의존성, 동시에 경쟁과 협동 관계 및 동의에 도달하기 위한 전략으로서 협상으로 묘사된다(김운식, 2007: 53-54).

## 2 로즈 권력의존모델

로즈(R. A. W. Rhodes)의 권력의존모델은 영국의 중앙정부와 지방정부 간의 관계를 설명하는 모델이다. 로즈(Rhodes, 1981: 18)는 정부간 관계의 양상을 다음과 같은 다섯 가지로 명제화한다.

첫째, 모든 조직은 자원이 결핍되어 있기 때문에 그 활동은 상호의존적이다.

둘째, 각각의 목적을 달성하기 위해 각 조직은 자원을 교환한다.

셋째, 어떤 조직은 그 의사결정에서 다른 조직의 영향을 받지만, 조직 간에 동맹을 형성하는 조직은 큰 재량권을 갖는다. 그 동맹의 평가 체계가 조직 간의 관계나 자원의 교환에 영향을 준다.

넷째, 우월한 동맹은 자원의 교환 과정을 지배하기 위해 이미 알고 있는 게임의 규칙 속에서 전략을 전개한다.

다섯째, 게임의 규칙, 자원의 교환 과정, 자원의 배분 상황이 각 조직의 잠재력을 결정하고, 그것이 각 조직의 목적과 연계되어 재량의 폭이 결정된다.

로즈 모델의 첫 번째 특징은 철저하게 자원으로 환원한다는 것이다. 그는 자원을 법적 자원, 재정적 자원, 정치적 자원, 조직자원, 정보자원의 다섯 가지로 분류한다. 그는 모든 정부간 상호작용을 자원의 교환 과정으로 파악한다. 여기서 제도적인 요인은 단순한 교환 과정의 구성 요소에 불과하다. 중앙정부의 우위는 그 교환 과정의 결과이며, 교환 과정을 영속적으로 결정하는 구조적인 것은 아니라고 한다. 그리고 전략이나 평가 체계라는 용어에서도 알 수 있듯이 어느 조직에도 일정한 자율성이 있다고 전제한다.

로즈 모델은 다양한 조직에 적용할 수 있지만, 특히 국가와 지방 간의 정부간 상호작용에 적용할 것을 예정하고 모델화한 것이다. 그때 양자의 관계에 중요한 역할을 수행하는 것이 정책공동체다. 그 모델은 미시적인 조직 간의 상호작용만을 설명하려고 한 것이 아니라, 오히려 거시적인 국가 체제와의 관계를 염두에 둔다. 따라서 지방정치에서 점하는 전문가 조직이나 그 변종인 전국적 연락조직을 중요한 연구 대상으로 한다.

이와같이 로즈 모델은 중앙정부와 지방정부의 관계는 기본적으로 그 권력의 크기에 의존한다는 상호의존모델이다. 이는 지방정치 연구의 통설적 견해와 대립하는 것이다. 통설적 견해란 중앙과 지방의 이익이 서로 일치하면 지방이 중앙의 대리인으로 기능하고, 일치하지 않으면 중앙이 지방을 통제하려고 한다는 중앙집권적 모델이다. 여기서는 지방이 독자적으로 전략을 전개할 여지가 없고, 중앙이 설정한 틀 속에서 행동할 수밖에 없다는 것이다.

로즈 모델은 중앙집권적 모델에 문제를 제기한다(大森彌, 1986). 첫째, 지역 주민의 이익 표출 등을 경시하여 정치 체계 전체에 대한 이해가 부족하다는 점, 둘째 지방정부가 국가의 기능을 집행한다고 하여 자동적으로 집권을 의미하는 것이 아니라는 점, 셋째 정치가의 전략이나 집행의 정치성 등 정치적 요소를 보지 못하고 있다는 점, 넷째 지방에서 전국으로 영향을 미칠 가능성을 경시하고 있다는 점 등을 비판한다.

## 3 무라마쓰(村松) 모델

우리나라와 상황이 유사한 일본에서는 지방자치를 과정론으로 실증분석한 연구가 우리나라보다 훨씬 많다. 그 대표적인 예가 무라마쓰 미치오(村

松岐夫)의 연구다. 그는 법제도론자인 쓰지 기요아키(辻淸明, 1976)에 대한 비판으로부터 일본의 지방자치를 도출한다.

무라마쓰(村松岐夫, 1988)는 쓰지 이론을 수직적 행정통제모델이라고 불러, 자기의 수평적 정치경쟁모델 및 상호의존모델과 대치시킨다. 그는 수직적 행정통제모델을 비판하면서, 이 모델이 예상도 설명도 할 수 없었던 일본의 중앙-지방 관계나 지방자치의 현실에 주목한다. 그것은 전후 민주주의가 만들어낸 지역 출신 국회의원을 이용한 정치적 압력활동과, 시장이나 지사 등 단체장의 정치적 중요성과 영향력의 확대, 그리고 지방에서의 활발한 정치 과정이다. 이로써 그는 지방의 정치행정이 상당한 자율성을 갖는다고 본다.

일본의 지방자치 현실을 정치적인 측면에서 파악한 무라마쓰 모델은 상당한 설득력을 지닌다. 그러나 현실 분석에서 지방의 상당한 자율성이 어디서부터 오는가 하는 점에 관해 극히 불충분하다. 그것은 지방의 자율성을 규정하는 조건(독립변수) 그 자체에 관한 적극적인 분석이 없기 때문이다. 따라서 무라마쓰 이론은 지방자치에 관해 체계적인 이론을 제시했다고는 할 수 없다(水口憲人, 1985: 226).

## 4 아마카와(天川) 모델

아마카와 아키라(天川晃)는 법제도론자의 집권·분권 개념에 불만을 품고 이의 수정을 제기한다. 아마카와는 그의 논문(天川晃, 1986)에서 중앙정부와 지방정부 간의 관계를 두 개의 축을 이용해 정리할 것을 제안한다. 두 개의 축이란 집권·분권의 축과 분리·융합의 축을 말한다. 집권분권이란 지방정부가 그 구역 주민의 의사에 따라 어느 정도 스스로의 의사를 결정할 수 있는가에 관한 것이다. 지방정부에 관한 의사결정을 중앙정부가 행하는 것을 집권이라고 하고 지방정부가 스스로 행하는 것을 분권이라고 한다. 분리·융합이란 그 구역 내 중앙정부의 행정 기능을 누가 담당하는가

하는 문제다. 중앙정부의 행정 기능을 중앙정부의 기관이 독자적으로 담당하는 시스템이 분리이고 중앙정부의 기능이라도 지방자치단체 내의 것을 지방정부가 고유한 행정 기능과 함께 분담하는 시스템을 융합이라고 한다.

아마카와는 이 모델을 역사적이고 경험적으로 분석하면서 집권·분권과 분리·융합의 두 개의 축을 결합하여 [그림 3-1]과 같이 중앙정부와 지방정부의 관계를 집권분리, 집권융합, 분권분리, 분권융합의 네 가지로 유형화하고 있다. 이 유형은 정치 과정의 분석에서 각 행위자의 지향을 나타낸다. 즉 중앙정부의 각 성청은 집권분리를, 내무성(자치성)은 집권융합을, 부현은 분리·융합을, 시정촌(특히 대도시)은 분권분리를 지향한다.

아마카와는 [그림 3-1]과 같은 분석모델을 제시하고 이를 검증하기 위해 일본의 광역행정(天川晃, 1983) 및 도주제론 논의(天川晃, 1986)에 대해 역사적으로 분석하면서 이 모델의 유용성을 검증한다.

이와 같은 아마카와 모델에 대해 대부분의 일본 학자들은 일정한 평가를 내리고 있다. 니시오 마사루(西尾勝)는 그 공헌으로 다음과 같은 세 가지를 들고 있다(西尾勝, 1990: 423).

첫째 집권분권의 축에 분리·융합의 축을 추가함으로써 정부간 관계의 분석에서 집권·분권의 문제 이상으로 분리·융합의 문제가 극히 중요한 쟁점이라는 사실을 논증해 보였다는 것이다.

둘째, 집권화와 분권화, 분리화와 융합화를 행위 주체의 배치와 연결시켜 정치 과정 분석에 유용한 도구를 제공하고 있다는 것이다.

[그림 3-1] 아마카와 모델

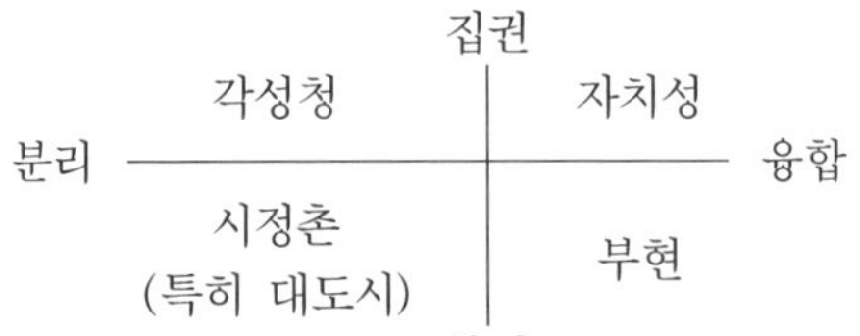

셋째, 중앙정부와 지방정부를 각각 단일한 행위자로 취급하고 있지 않다는 것이다.

그러나 이 모델에는 다음과 같은 세 가지 문제가 있다(西尾勝, 1990: 424-425).

첫째, 집권·분권의 정의가 분명하지 않다는 것이다.

둘째, 집권·분권의 개념과 분리·융합의 개념과의 관계가 분명하지 않다는 점이다. 즉 분리·융합은 집권을 전제로 한 집권의 하위 개념이 아닌가 하는 점이다.

셋째 아마카와는 분권분리형을 주장하는 행위 주체로 시정촌(특히 대도시)을 배치하고 있으나 일본에서 분권분리형을 명확하게 지향하고 있는 세력이 거의 존재하지 않는다는 점이다.

## 제 3 절 | 우리나라의 정부간 관계

여기에서는 우리나라의 정부간 관계의 현실이 어떤가를 고찰해 보기로 한다. 앞에서도 언급한 바와 같이 정부간 관계 중에서도 중앙정부와 지방정부 간의 관계가 어떠한 모습인가가 가장 중요하다. 따라서 이에 관한 고찰이 중심이 될 것이다.

중앙정부와 지방정부를 연결하는 고리는 다양한 측면이 있다. 여기서는 편의상 법제도적 관계, 행·재정적 관계, 정치적 관계로 나눠서 살펴보고자 한다.

### 1 법제도적 관계

우리나라 헌법에서는 지방자치를 보장하고 있다. 즉 우리나라 헌법 제8

장에서 지방자치에 관한 장을 두고 거기에 제117조와 제118조의 두 개 조항을 두고 있다. 여기에는 지방자치단체는 주민의 복리에 관한 사무를 처리하고 재산을 관리하도록 하고 있으며, 지방자치단체에 의회를 두도록 하고 있다. 그리고 그 구체적인 내용, 즉 지방자치단체의 종류, 지방자치단체의 조직과 운영에 관한 사항 등은 법률로 정한다고 하여 법률로 위임하고 있다.

그 법률 중에서 가장 중요한 법률이 지방자치법이다. 지방자치법은 총 10장으로 구성되어 있는데 정부간 관계를 주로 규정하고 있는 부분은 제8장과 제9장이다. 제8장이 지방자치단체 상호간의 관계를 규정한 것이라면, 제9장은 중앙정부와 지방정부 간의 관계를 규정한 것이다. 여기서는 중앙정부와 지방정부 간의 관계를 규정한 제9장에 한정하여 법제도적인 측면을 살펴보기로 한다.

지방자치법 제9장에는 지방자치단체가 처리하는 사무에 관해 조언, 권고, 지도, 자료의 제출 요구, 재정 지원, 기술 지원. 감독, 시정명령, 취소 또는 정비, 직무이행명령, 행정대집행, 행정상·재정상 필요한 조치, 지방의회의 의결에 대한 재의 요구의 지시 및 직접 제소권 등을 규정하고 있다(한국지방자치학회, 2008: 408). 우선 이들을 정리하면 <표 3-2>와 같다.

중앙행정기관의 장이나 시·도지사는 지방자치단체의 사무에 관해 조언 또는 권고하거나 지도할 수 있으며, 이를 위해 필요하면 지방자치단체에 자료의 제출을 요구할 수 있다(제166조 제1항). 지방자치단체나 그 장이 위임받아 처리하는 국가사무에 관해 시·도에서는 주무부 장관의, 시·군 및 자치구에서는 1차로 시·도지사의, 2차로 주무부 장관의 지도·감독을 받는다(제167조 제1항).

지방자치단체의 사무에 관한 그 장의 명령이나 처분이 법령에 위반되거나 현저히 부당하여 공익을 해친다고 인정되면 시·도에 대해서는 주무부 장관이, 시·군 및 자치구에 대해서는 시·도지사가 기간을 정해 서면으로 시정할 것을 명하고, 그 기간에 이행하지 아니하면 이를 취소하거나 정지할 수 있다(제169조 제1항).

〈표 3-2〉 지방자치법상 국가의 지도 · 감독

| 구분 | 자치사무 | 위임사무 | 근거 |
|---|---|---|---|
| 조언 또는 권고, 지도 | ○ | ○ | 제166조 제1항 |
| 자료의 제출 요구 | ○ | ○ | 제166조 제1항 |
| 일반적인 지도 · 감독 | | ○ | 제167조 제1항 |
| 위법한 명령 · 처분의 시정명령, 최소 또는 정지 | ○ | ○ | 제169조 제1항 |
| 현저히 부당하여 공익을 해한다고 인정되는 명령 · 처분에 대한 시정명령, 최소 또는 정지 | | ○ | 제169조 제1항 |
| 직무이행명령(관리 및 집행을 명백히 게을리하고 있다고 인정되는 경우) | | ○ | 제170조 제1항 |
| 대집행 또는 행정 · 재정상 필요한 조치 | | ○ | 제170조 제2항 |
| 법령 위반 사항에 대한 감사, 보고 요구, 서류 · 장부 · 회계감사 | ○ | ○ | 제171조 |
| 위법 또는 공익을 현저히 해치는 지방의회 의결에 대한 재의 요구 지시 | ○ | ○ | 제172조 제1항 |
| 위법한 지방의회의 재의결에 대한 제소 지시 및 집행정지 결정의 신청 | ○ | ○ | 제172조 제4항 |

자료: 한국지방자치학회(2008: 409).

지방자치단체의 장이 법령의 규정에 따라 그 의무에 속하는 국가위임사무나 시 · 도위임사무의 관리와 집행을 명백히 게을리하고 있다고 인정되면 시 · 도에 대해서는 주무부 장관이, 시 · 군 및 자치구에 대해서는 시 · 도지사가 기간을 정해 서면으로 이행할 사항을 명령할 수 있다(제170조 제1항). 주무부 장관이나 시 · 도지사는 해당 지방자치단체의 장이 제1항의 기간에 이행명령을 이행하지 아니하면 그 지방자치단체의 비용 부담으로 대집행하거나 행정상 · 재정상 필요한 조치를 할 수 있다(제170조 제2항). 행정안전부 장관이나 시 · 도지사는 지방자치단체의 자치사무에 관해 보고를 받거나 서류 · 장부 또는 회계를 감사할 수 있다(제171조).

지방의회의 의결이 법령에 위반되거나 공익을 현저히 해친다고 판단되면 시 · 도에 대해서는 주무부 장관이, 시 · 군 및 자치구에 대해서는 시 ·

도지사가 재의를 요구하게 할 수 있고, 재의 요구를 받은 지방자치단체의 장은 의결 사항을 이송받은 날부터 20일 이내에 지방의회에 이유를 붙여 재의를 요구해야 한다(제172조 제1항). 주무부 장관이나 시·도지사는 재의결된 사항이 법령에 위반된다고 판단됨에도 불구하고 해당 지방자치단체의 장이 소(訴)를 제기하지 아니하면 그 지방자치단체의 장에게 제소를 지시하거나 직접 제소 및 집행정지 결정을 신청할 수 있다(제172조 제4항).

## 2 행·재정적 관계

중앙정부와 지방정부 간의 행·재정적 관계에서 중요한 것은 기능(사무) 배분과 재정배분이다.

### (1) 사무(기능)배분

한 나라의 행정 기능과 사무는 중앙정부와 지방정부에 의해 각각 분담되어 수행한다. 즉 국가의 행정 기능과 사무를 처리할 때 중앙행정기관과 지방자치단체는 국가의 권력과 권한을 나눠 가지고 서로 긴밀한 관계를 유지하면서 국가의 기능과 사무를 효율적으로 수행하기 위해 상호 분담과 협조체제를 유지한다. 여기서 기능의 개념은 일반적으로 법령상 동일 사무명을 갖는 단위사무의 집합을 말한다. 기능은 사무를 포괄하는, 그리고 사무보다는 포괄적인 개념이라 할 수 있다.

한 나라의 사무는 국가사무와 자치사무로 구분한다. 국가사무는 중앙정부가 책임과 권한을 가지고 있는 사무를 말하며, 자치사무는 지방자치단체가 책임과 권한이 있는 사무를 말한다. 그런데 국가사무의 상당 부분은 지방 수준에서 이뤄진다. 이때 국가사무를 처리하는 방법에는 두 가지 방법이 있다. 국가가 직접 지방에 자기 기관(특별지방행정기관)을 설치하고 국가공무원을 보내어 집행하는 방법이 있는가 하면 지방자치단체에 위임하여 처리하는 방법이 있다. 후자를 위임사무라고 한다. 지방자치법 제102조에는 "시·도와 시·군 및 자치구에서 시행하는 국가사무는 법령에 다른 규정이 없으면 시·도지사와 시장·군수 및 자치구의 구청장에게 위임하여 행한다"고 규정하여 위임사무를 원칙으로 하고 있다.

위임사무는 또다시 단체위임사무와 기관위임사무로 나뉜다. 국가가 지방자치단체에 위임하면 단체위임사무이고, 지방자치단체의 단체장에게 위임하면 기관위임사무다. 이 양자의 가장 큰 차이는 지방의회의 관여가 가능한가다. 단체위임사무는 원칙적으로 지방의회의 관여가 가능하나 기관위임사무는 원칙적으로 지방의회의 관여가 불가능하다. 지방자치단체가 기관위임사무를 처리할 때는 지방자치단체의 지위를 갖기보다는 상위정부의 하위행정기관으로서의 지위를 갖기 때문에 중앙정부는 기관위임사무를 통해 지방을 통제하는 측면이 있다.

그런데 우리나라에서는 국가사무와 자치사무의 비율이 어떻게 될까? 1994년 3월 총무처(현 행정안전부)가 건국 후 처음으로 국가사무와 지방자치단체의 사무배분 비율을 파악한 『중앙·지방사무총람』을 발표했고, 두 번째 조사는 지방이양추진위원회에서 한국지방행정연구원과 한국행정연구원에 연구 용역을 의뢰하여 조사한 결과를 2002년에 보고했다. 『중앙·지방사무총람』에 의하면 정부 37개 부처에서 관장하는 국가사무는 13,664종(87%), 지방자치단체의 사무는 2,100종(13%), 국가사무 12%인 1,920종은 지방자치단체에 위임하여 처리하고 있는 것으로 분류되어 지방위임사무와 지방사무를 합쳐 25%밖에 되지 않았다. 또한 2002년 법령 3,353개에 대한 국가사무를 전수 조사한 결과에 의하면 법령상 국가와 지방의 단위사무는 총 41,603개로 이 중 국가사무가 30,240개(73%), 지방사무는 11,363 (27%)로 나타났다. 이를 정리하면 <표 3-3>과 같다.

양 조사 방법에 차이가 있어 엄격하게 비교하는 것은 불가능하나, 개략적인 특징은 파악할 수 있다.

첫째, 1994년보다 2002년도에는 지방사무가 2% 정도 증가하고 있다는 것이다. 이는 지방이양합동심의회 등을 통해 지속적으로 중앙 권한의 지방이양을 추진해 온 결과라고 볼 수 있다.

〈표 3-3〉 우리나라의 사무배분 현황

| 구분 | 1994년 총무처 조사 | 2002년 국가사무 전수조사 |
|---|---|---|
| 대상 법령 | 3,169개<br>※ 기능이 나타난 법령은 1,452개 | 3,353개 |
| 총 사무수 | □ 법령상 총 사무: 15,774개<br>• 국가수행사무: 11,744개(75%)<br>- 국가직접수행사무: 8,188개<br>- 특별행정기관사무: 2,469개<br>- 부속기관수행사무: 521개<br>• 지방수행사무: 4,030개(25%)<br>- 지방고유사무: 2,110개(13%)<br>- 기관위임사무: 1,920개(12%) | □ 법령상 총 사무: 41,603개<br>• 국가사무: 30,240개(73%)<br>- 중앙부처사무: 17,172개<br>- 특별행정기관사무: 3,798개<br>- 산하(소속)기관사무: 9,090개<br>- 국가사무 민간위탁: 180개<br>• 지방사무: 11,363개(27%)<br>- 시도사무: 5,318개<br>- 시군구사무: 2,950개<br>- 시도/시군구사무: 3,095개<br>※ 위임사무: 1,311(3.15%)개 포함 |

자료: 지방이양추진위원회 중앙행정 권한의 지방이양 확정 현황 발표(2002.4.18).

둘째, 지방사무에 비해 국가사무가 지나치게 많다는 것이다.

셋째, 지방사무 중에서 위임사무의 비중이 지나치게 높다는 것이다. 이러한 것들이 중앙정부와 지방정부 간의 관계에 영향을 미친다고 할 수 있다.

일본에서는 1999년 지방분권일괄법에 의해 지방을 통제하는 것으로 악명이 높던 기관위임사무를 완전히 폐지했다. 기존 기관위임사무의 일부는 국가사무로, 일부는 자치사무로 그리고 나머지는 법정수탁사무로 사무의 체계가 변경되었다. 우리나라도 일본의 개혁 사례를 참조하여 사무 체계의 개선이 필요하다.

### (2) 재정배분

한 나라의 국가 재정은 중앙정부와 지방정부에서 나눠 가진다. 국가 재정은 세원의 측면과 세출(예산)의 측면으로 나눠 볼 수 있다.

세입 측면에서 국가는 기본적으로 소득세, 법인세, 부가가치세 등 국세를 중심으로 한다면, 지방자치단체는 주민세 등 지방세를 중심으로 세원을 구성한다. 세원의 측면에서 국가와 지방의 배분을 <표 3-4>로 살펴보면, 2008년에 국세가 약 166조 원이고, 지방세가 44조 원이다. 이를 비율로 보면 국세가 79.2%, 지방세가 20.8%다. 하지만, 국세가 모두 중앙정부에서 지출되는 것은 아니다. 지방재정이 열악하다 보니 중앙정부는 지방자치단체에 지방교부세, 국고보조금, 국가균형발전특별회계 등을 통해 재정 지원을 하고 있다. 지방교부세는 재정적 지원에 중앙정부의 관여나 조건이 없이 지방자치단체에 지원되기 때문에 자주적 재원의 성격을 띠는 반면, 국고보

〈표 3-4〉 국가와 지방의 세입 및 세출 규모

| 연도 | 세입 규모 | | | | 세출 규모 | | | |
|---|---|---|---|---|---|---|---|---|
| | 조세(억 원) | | 비율(%) | | 재정 규모(억 원) | | 비율(%) | |
| | 국세 (A) | 지방세 (B) | 국세 대비 (A/A+B) | 지방세 대비 (B/A+B) | 국가재정 (C) | 지방재정 (D) | 국가재정 대비 (C/C+D) | 지방재정 대비 (D/C+D) |
| 1995 | 504,315 | 153,169 | 76.7 | 23.3 | 529,279 | 366,674 | 59.1 | 40.9 |
| 1996 | 570,581 | 173,964 | 76.6 | 23.4 | 602,758 | 449,953 | 57.3 | 42.7 |
| 1997 | 609,092 | 184,977 | 76.7 | 23.3 | 659,590 | 507,650 | 56.5 | 43.5 |
| 1998 | 588,376 | 171,483 | 77.4 | 22.6 | 746,413 | 509,893 | 59.4 | 40.6 |
| 1999 | 650,670 | 185,685 | 77.8 | 22.2 | 842,806 | 537,726 | 61.0 | 39.0 |
| 2000 | 819,846 | 203,616 | 80.1 | 19.9 | 926,022 | 576,532 | 61.6 | 38.4 |
| 2001 | 864,190 | 266,399 | 76.4 | 23.6 | 1,020,084 | 714,607 | 58.8 | 41.2 |
| 2002 | 942,858 | 315,835 | 74.9 | 25.1 | 1,133,800 | 845,082 | 57.3 | 42.7 |
| 2003 | 1,049,257 | 330,620 | 76.0 | 24.0 | 1,196,755 | 965,039 | 55.4 | 44.6 |
| 2004 | 1,081,704 | 341,594 | 76.0 | 24.0 | 1,196,460 | 972,310 | 55.2 | 44.8 |
| 2005 | 1,217,347 | 350,045 | 77.7 | 22.3 | 1,352,156 | 836,437 | 61.8 | 38.2 |
| 2006 | 1,353,336 | 380,712 | 78.0 | 22.0 | 1,260,843 | 899,232 | 58.4 | 41.6 |
| 2007 | 1,473,025 | 380,732 | 79.5 | 20.5 | 1,353,977 | 865,209 | 61.0 | 39.0 |
| 2008 | 1,655,623 | 435,497 | 79.2 | 20.8 | 1,523,038 | 984,446 | 60.7 | 39.3 |

자료: 행정안전부(2009: 287).

조금은 일정한 조건을 달아 지방자치단체의 경비에 충당하도록 하는 경비다. 또한 국가균형발전특별회계는 2003년에 출범한 참여정부에서 도입한 것으로 그 간 중앙부처에 흩어져 있던 7개의 회계를 이 특별회계로 통합하여 지방자치단체에 교부하는 것이다.

이러한 정부간의 재정조정을 거쳐서 지출되는 정부간 재정 규모를 <표 3-4>에서 보면 2008년도 국가재정 규모는 약 152조 원이고, 지방재정은 약 98조 원이다. 또한 국가재정의 비율은 60.7%, 지방재정의 비율은 39.3%다.

앞에서도 알 수 있듯이 지방자치단체는 지방세 등 자체재원으로 지방에 필요한 경비를 모두 충당할 수 없을 정도로 재정이 열악하다. 지방자치단체별로 이를 알 수 있는 지표가 지방자치단체의 재정자립도와 재정자주도다. 재정자립도는 지방자치단체의 총예산 중에서 자체수입(지방세+세외수입)이 차지하는 비율을 나타낸다. 또한 재정자주도는 지방자치단체의 총예산 중에서 자주성이 있는 재원(자체수입+자주재원)이 차지하는 비율이다. 여기에서 자주재원이란 중앙정부에서 오는 의존재원이지만 지방교부세와 같이 중앙정부의 조건 없이 지방자치단체에 지원되는 자주적 재원의 성격을 띠고 있는 것을 말한다.

지방자치단체의 재정자립도와 재정자주도를 <표 3-5>에서 보면 재정자립도는 평균 53.9%, 재정자주도는 평균 78.5%다. 지방자치단체의 종류별로 보면 특별시와 광역시는 재정자립도나 재정자주도가 높으나 도와 군은 상대적으로 낮은 편이다. 특히 자체수입으로는 지방자치단체의 인건비도 충당하지 못하는 지방자치단체가 상당수 있다.

〈표 3-5〉 지방자치단체의 재정자립도 및 재정자주도

| 구분 | 특별·광역시 | 도 | 시 | 군 | 자치구 | 평균 |
|---|---|---|---|---|---|---|
| 재정자립도 | 73.8 | 39.5 | 40.7 | 17.2 | 37.1 | 53.9% |
| 재정자주도 | 82.0 | 50.7 | 72.0 | 64.8 | 63.1 | 79.5% |

자료: 행정안전부(2009: 289-290).

## 3 정치적 관계

중앙정부와 지방정부 간의 관계에서 중요한 것은 정치적 관계다. 정치적으로 중앙정부가 지방을 지배하고 있는가, 아니면 지방의 이익이 중앙의 정치에 반영되기 쉬운 시스템으로 되어 있는가 하는 것이다. 즉 중앙정부와 지방정부의 정치적 영향력 관계에서 어느 쪽의 힘이 큰가 하는 문제다. 여기에서는 하나하나의 정부간 영향력 관계를 언급하기보다는 그 기반인 제도적 관계를 살펴보기로 한다. 정치적 관계를 규정하는 제도로는 다양한 것들이 있으나 가장 중요한 것은 선거제도와 정당제도다.

그런데 이 중에서 특히 우리나라에서 문제가 되는 것은 중앙정당과의 관계다. 현대 사회에서는 중앙정치의 핵심적 권력은 정당에 있다. 따라서 정당에 의한 지방정치의 지배가 얼마나 되는가가 문제다. 중앙정당이 지방정당 및 정치가를 지배한다면 지방자치는 크게 약화될 수밖에 없다. 반면에 정당이 민주화되어 의사결정이 상향적으로 형성된다면 지방의 자율성이 확보되어 지방자치에 긍정적으로 영향을 미칠 것이다.

이와 관련하여 문제의 초점은 우리나라에서 지방자치단체장과 지방의회의원 등 지방의 정치가를 누가 임명하는가가 문제다. 제도상으로는 지방선거에서 그들을 주민 직선에 의해 선출하고 있다. 따라서 형식상으로는 주민이 임명하는 것처럼 보인다. 그러나 사실상 우리나라에서는 지방선거에 출마하는 모든 선출직 후보에 대한 중앙정당의 개입을 허용하고 있다. 이에 따라 다양한 문제점이 제기된다.

첫째, 공천권을 가진 지역구 국회의원이나 원외 당원협의회 운영위원장들의 횡포 문제다. 지역구 국회의원은 공천을 미끼로 기초단체장과 의원을 손아귀에 넣고 제왕처럼 행세하고 있으며, 지방공무원 인사와 의회의 원(院) 구성 및 운영에까지 관여하는 횡포를 부리고 있어서 지방자치가 위기에 처해 있다는 비판이 존재한다.

둘째, 공천을 둘러싼 비리다. 일반적으로 '공천헌금'이라는 명목으로 사실상 '공천장사', '금권선거', '비리선거'가 저질러져 왔고, 특정 정당의 공천을 받으면 당선가능성이 높은 지역일수록 뒷거래가 더욱 심하다. 후보자들이 공천을 받기 위해 금품 제공 등 갖가지 수단과 방법을 동원하는 것은 어쩌면 당연한 일인지도 모른다. 그러나 이렇게 획득하는 후보 공천은 공정한 과정을 거친 정당한 것이라고 할 수 없다. 공천 비리는 선거 때마다 등장하는 단골 메뉴다.

셋째, 공천은 지방자치를 중앙정당에 예속시키게 한다. 지방자치에 중앙정당이 개입함으로써 중앙정당의 조직을 통해 강력한 중앙집권적 권력 형태가 지방에까지 작용하기 때문에 지방분권에 입각한 자치행정의 본 의미가 퇴색하고 있다. 지역주의 선거환경 속에서 어느 한 정당이 지방의회의 과반 의석과 지방자치단체의 장을 독점하여 지방의회와 자치단체장 간의 이른바 '견제와 균형'의 원리가 무너지고, 지방의 문제가 그 지역 주민의 의사보다는 중앙정당의 지시에 따라 좌우되는 경우가 많아 중앙에의 예속화를 벗어날 길이 없다는 것이다.

넷째, 정당 공천이 지역연고주의를 심화시킨다는 것이다. 우리나라는 정당의 지역연고성이 강하다. 이러한 성향 때문에 지역 분할 구도가 고착화되어 있는데 지방선거에서 정당 공천이 고질적인 지역연고주의를 심화시킨다는 것이다.

이와같이 중앙정당은 정당공천제를 통해 지방선거에서 지방정치가를 지배하고 나아가서는 정치적으로 지방자치를 좌지우지하는 현상이 발생한다. 이러한 현상은 지방자치의 발전에 심각한 제약 요인임에 틀림없다. 중앙정당이 지방정치를 지배하는 현상에 대한 시정 없이는 올바른 정부간 관계, 나아가서는 진정한 지방자치의 발전은 요원하다 하겠다.

## 제 4 절 | 분권개혁

우리나라의 정부간 관계의 현실을 볼 때, 중앙집권성이 강한 국가라고 할 수 있다. 즉 라이트의 하위포섭모델, 무라마쓰의 수직적 행정통제모델, 오재일의 관치모델에 가깝다고 할 수 있다.

역사적으로 볼 때, 지방의회 의원과 단체장의 선거가 새로 시작된 1990년대까지는 지방의 자율성이 전혀 존재하지 않는 강력한 중앙집권국가였다. 따라서 정부간 관계를 언급할 처지까지는 못 되었다. 지방자치단체가 자율적인 정치 단위가 되기에는 극히 부족했기 때문이다. 그러나 지방선거가 새로 시작된 1990년대부터 지방의 자율성이 증가하고 있다. 그러나 아직 서구의 경험적 모델로 설명하는 상호의존모델 내지는 자치형에는 이르지 못했다. 이에 역대 정부에서는 지방분권을 계속적으로 추진하고 있다.

중앙정부는 1991년부터 1998년까지 정부이양합동심의회를 구성하고 이를 통해 중앙행정 기능을 지방자치단체에 이양하려고 노력했다. 그 결과 1,639건의 중앙행정사무가 지방으로 이양되었다. 그러나 그 결과는 총 국가사무의 양을 기준으로 생각할 때 극히 미미한 것에 불과하다. 이에 국민의 정부에서는 1999년 '중앙행정 권한의 지방이양 촉진에 관한 법률'을 제정하고 지방이양추진위원회라는 새로운 제도적 기구를 구성하여 중앙행정 권한을 지방으로 이양하려고 했다.

지난 참여정부 때는 과거의 어느 정부 때보다도 열심히 분권화된 사회를 건설하려고 노력했다. 참여정부는 분권을 4대 국정 원리의 하나로 선정하고 12대 국정과제 가운데 하나로 지방분권을 선정했다. 그리고 이를 추진하기 위한 2003년에 5년 한시법의 '지방분권특별법'을 제정하고 그 추진체로 정부혁신지방분권위원회라는 대통령 직속의 자문기구를 설치했다. 정부혁신지방분권위원회는 "지방 활력을 통한 분권형 선진 국가 건설을 위하여 주민과 함께하는 가까운 정부, 아래로부터 지속적인 자기 혁신이 가능한 정부, 지방의 창의성과 다양성이 존중되는 사회, 자율과 책임·공동체 정신을 바탕으로 한 사회 구현"을 지방분권의 비전과 목표로 설정했다. 이러한 비전과 목표를 달성하기 위한 추진 전략으로 선분권·후보완의 원칙, 보충성의 원칙, 포괄성의 원칙 등 세 가지 원칙을 수립했다. 이를 바탕으로 지방분권 로드맵에서 일곱 가지 지방분권 추진 기본 방향과 스무 가지 주요 과제를 선정했고 더 나아가 지방분권 5개년 종합실행계획을 통해 47개 분권과제를 추진했다. 이러한 추진 결과, 일정 사무의 지방 이양, 제주특별자치도의 설치, 지방교육자치제도의 개선 등 어느 정도의 성과를 이룩했으나, 자치입법권의 확대, 자치조직권의 강화, 분권형 도시계획 체제의 구축, 특별지방행정기관의 지방 이양 등에서는 개혁과제를 제대로 시행하지 못했다.

현재의 이명박 정부에서는 지난 정부들의 분권정책을 이어받아 '지방분권 촉진에 관한 법률'을 제정했다. 여기에서 지방분권 추진 과제는 사무 구분 체계의 정비, 특별지방행정기관의 정비, 지방의정 활성화와 지방선거제도의 개선, 주민 참여의 확대, 자치 역량의 강화, 국가와 지방자치단체 간의 협력 체계 강화 등이다.

이와같이 역대 정부의 많은 노력에도 불구하고 정부간 재정적 관계와 정치적 관계의 개혁은 이뤄지지 않고 있다. 앞으로는 이러한 개혁에 좀 더 노력을 기울여 우리 모두가 열망하는 지방분권의 사회가 도래하기를 기대할 뿐이다.

# 제 4 장 지방정부 인사 체계

## 제 1 절 | 지방공무원의 정의

지방공무원에 대한 정의는 각국의 공무원을 정의하는 기준과 범위가 다르듯이 이 또한 상이하다. 같은 역할과 기능을 담당할 경우에도 어떤 국가에서는 국가공무원으로 분류되고, 또 다른 국가에서는 지방공무원으로 분류되기도 한다. 따라서 국가별 비교는 쉽지 않으나, 이론적인 개념 정의는 가능하다.

지방공무원의 좀더 명확한 개념 정의는 특히 국가공무원과의 비교를 통해 가능하다. 즉 국가에 의해 임명되고 국가사무를 집행하며 국가가 보수를 지급하는 공무원은 국가공무원이고, 지방재정에서 그 보수가 지급되는 공무원은 지방공무원이다. 이러한 견해가 지방공무원과 국가공무원을 구별하는 종합적인 기준을 제공하고 있기 때문에 타당하다고 하겠다(이규환, 2006: 355).

## 제 2 절 | 지방공무원의 종류

지방공무원은 국가공무원과 마찬가지로 크게 경력직 공무원과 특수경력직 공무원으로 분류된다. 경력직은 실적주의와 직업공무원제의 적용을 받지만, 특수 경력직은 실적주의와 직업공무원제의 적용을 받지 않는다(이학수, 2006: 238). 이 가운데 경력직 공무원은 다시 일반직, 특정직, 기능직 공무원으로 구분되며, 특수경력직 공무원은 정무직, 별정직, 계약직, 고용직 공무원으로 나뉜다. 지방공무원법 제2조에서 규정하는 이들의 정의는 다음과 같다(김병준, 2000: 388-389; 이규환, 2006: 355-357; 이학수, 2006: 239).

### 1) 경력직 공무원

실적과 자격에 의해 임용되고 특별한 사유가 없는 한 정년까지 그 신분이 보장되는 공무원으로서, 이에는 다음과 같은 공무원이 포함된다.

#### (1) 일반직 공무원

기술, 연구 또는 행정 일반에 대한 업무를 담당하며 직군, 직렬별로 분류되는 공무원이다.

#### (2) 특정직 공무원

공립의 대학 및 전문대학에 근무하는 교육공무원 및 지방소방공무원과 기타 특수 분야의 업무를 담당하는 공무원으로서, 다른 법률이 특정직 공무원으로 지정하는 공무원이다.

#### (3) 기능직 공무원

기능적인 업무를 담당하며 그 기능별로 분류되는 공무원으로서, 이들은 담당하는 기능에 따라 여러 가지로 구분된다.

### 2) 특수경력직 공무원

경력직 공무원 이외의 공무원을 말하며, 다음과 같은 공무원이 포함된다.

#### (1) 정무직 공무원

선거에 의해 취임하거나, 임명 시에 지방자치단체 의회의 동의를 요하는 공무원과 기타 다른 법령 또는 조례가 정무직으로 지정하는 공무원이다. 예를 들어, 서울특별시의 정무부시장이 이에 해당한다.

#### (2) 별정직 공무원

비서관, 비서 및 기타 다른 법령 또는 조례가 별정직으로 지정하는 공무원이다.

#### (3) 계약직 공무원

지방자치단체와 한시적인 채용 계약에 의해 일정한 기간 연구 또는 기술 업무 등 전문 지식이 요구되는 업무에 종사하는 공무원이다. 과학자, 기술자, 특수 분야의 전문가적 공무원으로 임용 시에 신축성이 요구되는 업무에 종사하는 경우가 많다. 현재, 중앙정부 및 각 지방자치단체에서 널리 활용된다.

#### (4) 고용직 공무원

단순한 노무에 종사하는 공무원으로 어느 수준까지를 단수 노무로 판단하는가에 관한 비판이 제기된다.

## 제 3 절 | 지방공무원의 현황

2008년 12월 31일 현재(2009년 1월 조직개편의 결과를 반영), 우리나라 지방공무원 정원은 274,792명이다. 그러나 실제 근무하는 인원인 현원은 275,159명이다. <표 4-1>에서 보듯이 지방자치단체에 근무하는 국가공무

〈표 4-1〉 지방자치단체의 시·도별 정·현원 현황(2008. 12)

| 구분 | 정원<br>2008.12.31 현재 ('09.1 조직개편 결과 반영) 계 | 정원 지방 | 정원 국가 | 현원 계 전체 | 현원 계 여성 | 현원 지방 전체 | 현원 지방 여성 | 현원 국가 전체 | 현원 국가 여성 |
|---|---|---|---|---|---|---|---|---|---|
| 계 | 274,871 | 274,792 | 79 | 275,231 | 80,666 | 275,159 | 80,666 | 72 | |
| 서울 | 46,325 | 46,320 | 5 | 46,270 | 13,638 | 46,267 | 13,638 | 3 | |
| 부산 | 15,914 | 15,910 | 4 | 15,752 | 4,868 | 15,749 | 4,868 | 3 | |
| 대구 | 10,700 | 10,697 | 3 | 10,799 | 2,873 | 10,796 | 2,873 | 3 | |
| 인천 | 12,669 | 12,666 | 3 | 12,964 | 4,326 | 12,961 | 4,326 | 3 | |
| 광주 | 6,438 | 6,434 | 4 | 6,473 | 1,877 | 6,469 | 1,877 | 4 | |
| 대전 | 6,692 | 6,689 | 3 | 6,762 | 1,940 | 6,759 | 1,940 | 3 | |
| 울산 | 5,164 | 5,161 | 3 | 5,134 | 1,582 | 5,131 | 1,582 | 3 | |
| 경기 | 42,835 | 42,826 | 9 | 43,068 | 13,780 | 43,059 | 13,780 | 9 | |
| 강원 | 15,719 | 15,713 | 6 | 15,716 | 4,030 | 15,711 | 4,030 | 5 | |
| 충북 | 11,889 | 11,883 | 6 | 11,906 | 3,248 | 11,900 | 3,248 | 6 | |
| 충남 | 16,246 | 16,239 | 7 | 16,198 | 4,489 | 16,193 | 4,489 | 5 | |
| 전북 | 15,414 | 15,408 | 6 | 15,283 | 4,629 | 15,278 | 4,629 | 5 | |
| 전남 | 19,257 | 19,251 | 6 | 19,361 | 5,447 | 19,355 | 5,447 | 6 | |
| 경북 | 23,343 | 23,336 | 7 | 23,215 | 6,044 | 23,208 | 6,044 | 7 | |
| 경남 | 21,287 | 21,281 | 6 | 21,349 | 6,588 | 21,343 | 6,588 | 6 | |
| 제주 | 4,979 | 4,978 | 1 | 4,981 | 1,307 | 4,980 | 1,307 | 1 | |

출처: 행정안전부(2009).

원은 총 79명이며, 여성 지방공무원은 80,666명이다. 지방자치단체별로 살펴보면, 서울특별시가 46,320명으로 지방공무원의 인원이 가장 많으며, 그 다음이 경기도로 42,826명이다. 광역시와 도 가운데 가장 적은 공무원이 근무하고 있는 곳은 제주도로 4,978명이며, 그 다음으로 적은 곳은 울산광역시로 5,161명이다. 모든 광역시와 도에는 10명 이내의 국가공무원이 근무하고 있다.

2008년 12월 31일 현재, <표 4-2>에서 보듯이 일반직 지방공무원 가운

〈표 4-2〉 지방자치단체의 직종별 정·현원 현황('2008. 12)

| 구분 | | 정원 2008.12.31 현재(2009.1 조직개편 결과 반영) | | | 현원 | | | | | |
|---|---|---|---|---|---|---|---|---|---|---|
| | | | | | 계 | | 지방 | | 국가 | |
| | | 계 | 지방 | 국가 | 전체 | 여성 | 전체 | 여성 | 전체 | 여성 |
| 계 | | 274,871 | 274,792 | 79 | 275,231 | 80,666 | 275,159 | 80,666 | 72 | |
| 일반직 | 소 계 | 194,761 | 194,706 | 55 | 190,981 | 64,068 | 190,931 | 64,068 | 50 | |
| | 고위공무원 | 39 | | 39 | 36 | | | | 36 | |
| | 1급 | 11 | 11 | | 2 | | 2 | | | |
| | 2급 | 64 | 64 | | 54 | 1 | 54 | 1 | | |
| | 3급 | 301 | 301 | | 282 | 8 | 282 | 8 | | |
| | 4급 | 2,532 | 2,532 | | 2,394 | 114 | 2,394 | 114 | | |
| | 5급 | 14,909 | 14,909 | | 14,090 | 858 | 14,090 | 858 | | |
| | 6급 | 47,639 | 47,639 | | 46,870 | 6,828 | 46,870 | 6,828 | | |
| | 7급 | 58,237 | 58,237 | | 67,888 | 27,308 | 67,888 | 27,308 | | |
| | 8급 | 43,473 | 43,473 | | 32,006 | 16,067 | 32,006 | 16,067 | | |
| | 9급 | 20,025 | 20,025 | | 20,034 | 11,022 | 20,034 | 11,022 | | |
| | 연구직 관 | 400 | 392 | 8 | 396 | 40 | 388 | 40 | 8 | |
| | 연구직 사 | 2,528 | 2,528 | | 2,354 | 775 | 2,354 | 775 | | |
| | 지도직 관 | 465 | 457 | 8 | 458 | 31 | 452 | 31 | 6 | |
| | 지도직 사 | 4,138 | 4,138 | | 4,117 | 1,016 | 4,117 | 1,016 | | |
| 특정직 | 소 계 | 33,007 | 32,985 | 22 | 32,386 | 1,948 | 32,366 | 1,948 | 20 | |
| | 소방직 | 31,597 | 31,575 | 22 | 31,082 | 1,668 | 31,062 | 1,668 | 20 | |
| | 교육직 | 1,283 | 1,283 | | 1,222 | 263 | 1,222 | 263 | | |
| | 자치경찰 | 127 | 127 | | 82 | 17 | 82 | 17 | | |
| 기능직 | 소 계 | 43,070 | 43,070 | | 44,643 | 11,122 | 44,643 | 11,122 | | |
| | 6급 | 1,725 | 1,725 | | 1,549 | 101 | 1,549 | 101 | | |
| | 7급 | 4,991 | 4,991 | | 8,099 | 1,162 | 8,099 | 1,162 | | |
| | 8급 | 9,953 | 9,953 | | 24,422 | 7,027 | 24,422 | 7,027 | | |
| | 9급 | 12,843 | 12,843 | | 7,271 | 1,830 | 7,271 | 1,830 | | |
| | 10급 | 13,558 | 13,558 | | 3,302 | 1,002 | 3,302 | 1,002 | | |
| 정무직 | | 250 | 248 | 2 | 250 | 5 | 248 | 5 | 2 | |
| 별정직 | 소 계 | 3,783 | 3,783 | | 3,521 | 2,164 | 3,521 | 2,164 | | |
| | 1급 상당 | 16 | 16 | | 16 | 1 | 16 | 1 | | |
| | 2급 상당 | 4 | 4 | | 2 | | 2 | | | |
| | 3급 상당 | 7 | 7 | | 2 | 2 | 2 | 2 | | |
| | 4급 상당 | 68 | 68 | | 49 | 5 | 49 | 5 | | |
| | 5급 상당 | 187 | 187 | | 134 | 17 | 134 | 17 | | |
| | 6급 상당 | 2,392 | 2,392 | | 2,227 | 1,757 | 2,227 | 1,757 | | |
| | 7급 상당 | 883 | 883 | | 839 | 254 | 839 | 254 | | |
| | 8급 상당 | 193 | 193 | | 213 | 99 | 213 | 99 | | |
| | 9급 상당 | 33 | 33 | | 39 | 29 | 39 | 29 | | |
| 계약직 | | | | | 3,450 | 1,359 | 3,450 | 1,359 | | |

출처: 행정안전부, 지방자치단체공무원 인사통계(2009).

데 고위공무원은 39명이며, 7급의 정원이 58,237명으로 가장 많다. 이어서 6급 47,639명, 8급 43,473명으로 6~8급이 일반직 지방공무원의 대부분을 차지한다. 나머지 일반직 가운데에서는 1997년 농촌진흥청의 지도직 공무원의 지방화로 4,138명이 큰 비중을 차지한다.[1] 특정직 가운데에서는 소방직이 31,575명으로 대부분을 차지하며, 기능직에서는 9급 12,843명, 10급 13,558명, 8급 9,953명으로 8~10급이 대다수다. 별정직의 경우에는 6급 상당이 2,392명으로 과반수 이상을 차지한다.

지방자치단체의 직책에 대한 직급 부여는 중앙행정기관의 동일 직책에 대한 직급보다 낮게 책정되어 있다. 이는 지방자치법 제22조 "직위는 직급의 종류, 난이도, 책임도에 따라 계급 및 직급별로 분류한다"고 규정되어 있음에도 불구하고 '지방자치단체의 행정기구와 정원 기준 등에 관한 규정'(대통령령) 제2장과 제3장에서 시·도와 시·군·자치구의 기구에 따른 직급 기준을 정하고 있는 데에서 알 수 있다. 결국 지방자치단체의 직급은 지방자치단체의 자치법규에 의하기보다는 대통령령에 의해 결정되고 있다. 예를 들면, 같은 국장급이면서도 중앙부처의 국장은 이사관으로 보임하도록 되어 있는 반면에 서울특별시를 제외한 다른 시·도의 국장은 부이사관으로 보임하도록 되어 있다(조창현, 1993: 100-101; 윤재선·김병국, 2007).

## 제 4 절 | 지방공무원 인력의 운영

지방자치법 제103조 제1항에 "지방자치단체에는 당해 지방자치단체의 경비로써 부담하는 지방공무원을 두되, 그 정원은 대통령령이 정한 기준에 따라 당해 지방자치단체의 조례로 정한다"고 규정되어 있기 때문에 지방공

1) 1997년 지방화 이후 농촌진흥청-도 기술원-시군센터 간 관계가 소원해지고, 도 기술원과 시군센터는 각각 도와 시·군의 직속기관으로 자치단체장의 절대적인 영향을 받고 있다.

무원의 정원도 사실상 국가 전체적인 차원에서 결정된다. 즉, 지방공무원의 정원은 지방 분권화 수준이 높은 국가에서처럼 지방자치단체 수준에서 결정되는 것이 아니라 중앙정부에서 일정한 수준을 사전에 정해 주고 지방자치단체에서는 이를 근거로 조례로 정하도록 되어 있다(윤재선·김병국, 2007: 196). 헌법 제118조에 "지방자치단체의 조직과 운영에 관한 사항은 법률로 정한다"고 하여 지방자치법 및 지방자치법시행령으로 별도 규정토록 하고 있다. 또한, 지방자치법에서는 지방자치단체의 행정기구, 직속기관, 사업소, 출장소, 한시기구 및 읍·면·동 등의 하부행정기구와 소속 공무원의 정원에 관해서는 대통령령 또는 대통령령이 정하는 바에 의해 조례로 정하도록 하고 있다. 따라서 '지방자치단체의 행정기구와 정원 기준 등에 관한 규정'에 따라 "시·군 본청의 실·국 및 실·과담당관의 설치는 당해 자치단체 조례로 정하되, 시·군의 기구 설치 및 직급 기준을 자치단체의 인구 규모에 의하여 차별화"하여 구체적으로 명시하고 있으며, 정원관리도 [그림 4-1]에서 보듯이 행정안전부령이 정하는 표준정원의 범위 안에서 정원을 책정토록 하고 있다.

지방자치의 정착을 위해서는 자치행정권, 자치조직권, 그리고 자치재정권이 부여되어야 한다. 하지만 지방자치단체의 행정기구와 정원 기준 등에 관한 규정에 의해 시에 설치할 수 있는 조직 설치의 기준이 명시되어 있어 지방자치단체의 자치권이 사실상 제한되어 있다. 행정안전부가 담당하는 지방자치단체 공무원에 대한 정원관리제도는 1988년부터 개별승인제에서 총정원관리제로 변경되면서 먼저 기준 정원이라는 용어를 사용했으며, 1995년에는 정원관리규정이 부령에서 대통령령으로 바뀌면서 총정원으로 명칭을 변경했고, 1997년부터는 표준정원제도를 도입하여 지방공무원의 총정원을 관리하고 있다(한국행정연구원, 2005).[2)]

2) 1996년에 개발된 지방공무원 표준정원모형은 지방자치단체 간의 비교를 통해 적정 인원을 산출하는 거시적 모형을 기반으로 지방자치단체의 인구 수, 행정기관 수, 일반회계 총결산액과 횡단면 고정 효과(지방자치단체별 고정 효과), 시계열 고정 효과(연도별 고정 효과)를 주된 변수로 활용하여 과거 6년간의 변화 추세를 반영했다. 지방자치단체는 자

[그림 4-1] 현행 조직·인력 운영의 법적 체계

**헌법**
자치단체의 조직과 운영에 관한 사항은 법률로 정한다.

**지방자치법**
(1) **행정기구**: 대통령령이 정하는 기준에 의거 시·도지사의 승인 후 자치단체 조례로 정함.
(2) **정　　원**: 대통령령이 정한 기준에 따라 당해 지방자치단체의 조례로 정함.
(3) **직속기관·사업소·출장소**: 대통령령이 정하는 바에 의해 당해 지방자치단체의 조례로 정함.
(4) **하부행정기구(읍·면·동)**: 시·도지사의 승인을 얻어 지방자치단체의 규칙으로 정함.

**지방자치법시행령**
직속기관사업소·출장소: 시·도지사를 거쳐 행정안전부 장관의 승인

**지방자치단체의 행정기구와 정원 기준 등에 관한 규정**
(1) **시·군의 기구 설치 기준**: 시·군의 본청의 실국 및 실·과·담당관의 설치는 당해 자치단체 조례로 정하되, 시·군의 기구 설치 및 직급 기준을 다음과 같이 정하고 있음.
▷ 인구 15만 이상 20만 미만의 시→3개 이내의 실·국, 17개 이내의 실·과·담당관
▷ 인구 10만 이상 15만 미만의 군→13개 이내의 실·과·담당관
▷ 실장(국장급)국장→4급, 실장(과장급), 과장담당관→5급, 읍·면·동장→5급, 인구 3만 이상 읍의 과장→6급, 의회사무과장→5급
(2) **정원관리**: 지방자치단체는 행정안전부령이 정하는 표준정원의 범위 안에서 정원을 책정하며, 공무원 종류별·직급별 정원 책정도 행정안전부령이 정하는 바에 의함. 다만 정원 변경의 경우 시·도지사를 거쳐 행정안전부 장관의 승인을 얻어야 함.

**자치법류**
(1) 과천시행정기구 설치조례 및 동 조례시행규칙
(2) 과천시지방공무원 정원조례 및 동 조례시행규칙

출처: 행정안전부(2005).

이러한 방법으로 산정된 '표준정원'은 객관적인 기준이 되는 정원으로서 일부 지방자치단체의 경우 기존의 공무원 정원과는 다소의 차이를 보임에

---

치계층에 따른 행정 업무 수행 범위와 업무의 성질상 다소 차이가 있음을 감안하여 크게 3개 계층별로 범주화하고 각 계층별로 세분화되었는데, 광역자치단체인 특별시·광역시·도와 기초자치단체인 시·국 및 자치구로 분류된다.

따라 자치단체 유형별로 일정률을 가감한 '보정정원'을 부여하고, '보정정원' 범위 내에서 자치단체에 자율적인 정원운용권을 갖도록 했는데, 이러한 보완 방법을 통해 현재까지 유지되어 온 기존 공무원 정원과의 절충 범위를 부여함으로써 일시적인 정원 축소의 문제점을 현실적으로 해결하도록 했다.3) 표준정원제도는 지방자치단체에 주어진 입지, 기능 및 각종 사회환경 등을 중심으로 표준정원이 산출되었기 때문에 과거의 추이만을 반영하고 있어 행정환경 변화에 따른 미래 수요를 반영할 수 없다는 문제점이 있다. 또한 행정기관의 수가 독립변수로 활용됨에 따라 공급자 위주로 정원이 설계되고 있으며, 행정 서비스의 생산성이나 산출물 그 자체와는 무관하게 산출되어 행정 내부적인 수요만을 반영하는 정원관리가 이뤄지고 있

〈표 4-3〉 표준정원제와 총액인건비제의 비교

| 구분 | | 표준정원제 | 총액인건비제 |
|---|---|---|---|
| 중앙 통제 | 법령 규정 | • 자치단체 본청 기구 설치 기준<br>• 보조·보좌기관의 직급 기준<br>• 직급별·직종별 정원 책정 비율 등 | • 기준 폐지(자율적으로 결정하도록 함) |
| | 행정안전부 장관 승인 | • 표준정원을 초과하는 정원<br>• 5급(서울 4급) 이상 정원 책정<br>• 한시기구 등 각종 기구 설치 등 | • 승인제도 폐지(자율적으로 결정하도록 함) |
| 지방 통제 (자율 관리) | 조직진단 | • 조직진단제도의 내실 운영 미흡 | • 조직진단 기법 개발 및 운영 활성화<br>- 조직운영 실태의 전국적 비교·평가를 위한 지표개발<br>- 지방자치단체 자체진단 매뉴얼 개발 및 보급 |
| | 의회 및 주민에 의한 통제 | • 절차적 미비, 정보 부족 등으로 실질적 통제 기능 미흡 | • 지방의회·지역주민통제 강화<br>- 조례규정 사항 확대<br>- 입법예고 강화<br>- 재정영향분석 실시 및 공개 |

출처: 조선일(2005) 재구성.

3) 단, 보정정원 초과 시 행정안전부 장관이 승인한다.

다(한국행정연구원, 2005).

2007년부터 도입된 총액인건비제는 <표 4-3>에서 보듯이 정부가 정한 총정원·총인건비 내에서 시행 주관부처가 각 부처별 인건비 예산의 총액을 관리하고, 각 부처에서는 인건비 예산 총액의 한도 안에서 조직의 목표를 이루고 그 성과를 극대화하기 위해 인력의 직급별 규모 및 직렬·직류 등의 종류를 결정하며, 기구의 설치와 인건비 배분에 대해 자율적으로 운영하고, 그 결과에 대해 책임을 지는 제도다. 총액인건비제는 총액인건비를 하나의 기준으로 하여 조직 및 정원을 관리하는 제도로 상위기관으로부터의 기구·정원에 대한 승인 절차를 폐지함으로써 지방자치단체의 자율권을 확대한 것으로 볼 수 있다(조선일, 2005).

## 제 5 절 | 지방인사에 대한 중앙정부의 관여

지방공무원 관련 법령 체계와 관련하여 보면, 지방공무원법은 국가공무원법과 별도로 공무원의 인사행정을 규율하는 이원적 법체계를 유지하고 있으나 많은 부분에서 국가공무원법을 따르고 있어 양법의 구별이 모호하여 완전히 독립된 법체계를 가지고 있지 않다. 지방공무원만을 대상으로 하여 규율하는 독자적인 지방공무원교육훈련법도 있지만 대체로 내용면에서 국가공무원과 거의 같고 국가공무원과 혼합되어 적용되는 공무원연금법 등과 같은 사례도 있다. 국가공무원법이 우선 개정되어 제도적으로 정착되면, 후속적으로 지방공무원법도 개정되어 형태를 취하는 것이 일반적이기 때문에 국가인사행정제도와 지방인사행정제도는 크게 다르지 않다(윤재선·김병국, 2007: 196). 지방인사행정제도와 국가인사행정제도의 내용은 <표 4-4>에서 보는 바와 같다.

앞서 살펴본 바와 같이, 지방공무원에 대한 인사관리는 지방자치의 이념에 비춰 지방공무원법에 의해 지방자치단체가 담당해야 함에도 불구하고

〈표 4-4〉 지방인사행정제도와 국가인사행정제도의 내용

| 기준 | 지방인사행정제도 | 국가인사행정제도 |
|---|---|---|
| 임용 주체 | • 당해 지방자치단체의 장 | • 대통령(소속 중앙행정기관) |
| 인건비 부담 | • 지방비 | • 국비 |
| 적용법 및 대상 | • 지방공무원법<br>- 시, 도, 군, 구 지방자치단체 소속 지방공무원<br>- 시·도교육청 소속 지방공무원 | • 국가공무원법<br>- 행정부, 입법부, 사법부, 헌법재판소, 중앙선거관리위원회 소속 국가공무원 |
| 인사기관 | • 인사위원회(지방자치단체별 설치)<br>• 소청심사위원회(시·도별 설치) | • 행정안전부, 징계위원회<br>• 행정안전부에 설치 |
| 보수제도 | • 공통적인 수당: 대통령령<br>• 특수업무수당: 자치단체조례<br>- 의료업무수당, 장려수당 등 | • 대통령령으로 규정 |
| 공직 분류 | • 일반직: 8직군 38직렬 72직류<br>• 연구직: 6직군 14직렬 37직류<br>• 지도직: 1직군 3직렬 12직류<br>• 기능직: 10직군 22직렬 35직류(기업행정, 수도토목, 가스, 사육직렬) | • 일반직: 10직군 57직렬 91직류<br>• 연구직: 7직군 15직렬 38직류<br>• 지도직: 1직군 3직렬 12직류<br>• 기능직: 11직군 22직렬 37직류(공안직군, 관세, 수로, 물리, 기상, 체신, 등대, 기상관측, 감식직렬) |

출처: 윤재선·김병국(2007: 196).

인사관리에 관한 법률적인 권한과 책임을 지방자치단체에 완전히 부여하고 있지 않다(최창호, 2003: 523). 이러한 자율과 책임의 제한은 주민의 행정수요에 대한 지방자치단체의 적절한 대응을 제한할 수 있다. 즉 지방자치단체 나름대로의 행정 수요에 대응하기 위한 전문 인력의 동원이 필요함에도 제한을 받으므로 주민에 대한 효율적 서비스가 어려울 수 있다(오성호, 1992: 49). 예를 들면, 중앙정부는 법령상으로 지방자치단체 행정기구와 공무원 정원의 기준을 결정하고, 지방 5급 이상 공무원의 임용시험을 관리하며, 지방공무원을 자치단체 상호간에 인사 교류를 시킬 수 있다는 점에 근거한다(지방공무원법 제32조 3항, 동법 제30조의 2, 지방공무원 임용령 제42조의 2; 윤재선·김병국, 2007: 195).

# 제 5 장 지방정부 예산 체계

## 제 1 절 | 지방자치단체 현황 및 지방재정의 규모

### 1 지방자치단체 현황

지방자치단체의 현황은 <표 5-1>과 같다. 지방자치법이 발효되었던 1949년 당시에는 1개의 특별시, 9개의 도, 19개의 시, 134개의 군, 9개의 행정구, 75개의 읍, 1,448개의 면으로 구성되었다.

그러나 2009년 1월 1일 현재 1개의 특별시, 6개의 광역시, 8개의 도, 1개의 특별자치도, 75개의 시, 86개의 군, 69개의 자치구와 함께 2개의 행정시, 28개의 행정구, 211개의 읍, 1,205개의 면, 2,071개의 동이 설치・운영되고 있다.

이 중 광역지방자치단체로는 특별시・광역시・도・특별자치도가 있고, 기초지방자치단체로는 시・군・자치구가 있다.

〈표 5-1〉 지방자치단체 현황

| 구분 | | 계 | 시 | 군 | 구 | 행정시 | 행정구 | 계 | 읍 | 면 | 동 | 면적(㎢) | 세대 수 | 인구(명) |
|---|---|---|---|---|---|---|---|---|---|---|---|---|---|---|
| 계 | | 230 | 75 | 86 | 69 | 2 | 28 | 3,487 | 211 | 1,205 | 2,071 | 100,139.88 | 19,005,339 | 49,540,367 |
| 특별시 | 서울 | 25 | | | 25 | | | 436 | | | 436 | 605.28 | 4,097,562 | 10,200,827 |
| 광역시 | 부산 | 16 | | 1 | 15 | | | 215 | 2 | 3 | 210 | 765.94 | 1,311,724 | 3,564,577 |
| | 대구 | 8 | | 1 | 7 | | | 143 | 3 | 6 | 134 | 884.15 | 894,969 | 2,492,724 |
| | 인천 | 10 | | 2 | 8 | | | 143 | 1 | 19 | 123 | 1,010.35 | 1,014,755 | 2,692,696 |
| | 광주 | 5 | | | 5 | | | 91 | | | 91 | 501.28 | 513,021 | 1,422,702 |
| | 대전 | 5 | | | 5 | | | 76 | | | 76 | 539.84 | 531,682 | 1,480,895 |
| | 울산 | 5 | | 1 | 4 | | | 56 | 4 | 8 | 44 | 1,057.50 | 389,735 | 1,112,407 |
| 도 | 경기 | 31 | 27 | 4 | | | 20 | 537 | 31 | 111 | 395 | 10,185.60 | 4,284,475 | 11,292,264 |
| | 강원 | 18 | 7 | 11 | | | | 193 | 24 | 95 | 74 | 16,874.59 | 606,950 | 1,508,575 |
| | 충북 | 12 | 3 | 9 | | | 2 | 154 | 14 | 89 | 51 | 7,433.01 | 587,411 | 1,519,587 |
| | 충남 | 16 | 7 | 9 | | | 2 | 211 | 24 | 147 | 40 | 8,600.96 | 812,871 | 2,018,537 |
| | 전북 | 14 | 6 | 8 | | | 2 | 241 | 14 | 145 | 82 | 8,061.41 | 8710,550 | 1,855,772 |
| | 전남 | 22 | 5 | 17 | | | | 295 | 31 | 198 | 66 | 12,212.90 | 773,087 | 1,919,000 |
| | 경북 | 23 | 10 | 13 | | | 2 | 33 | 36 | 202 | 95 | 19,027.68 | 1,058,099 | 2,673,931 |
| | 경남 | 20 | 10 | 10 | | | | 320 | 20 | 177 | 123 | 10,530.89 | 1,203,767 | 3,225,255 |
| 특별자치도 | 제주 | 0 | | | | 2 | | 43 | 7 | 5 | 31 | 1,848.50 | 214,681 | 560,618 |

주: 세대 수와 인구는 2009년 1월 1일 현재 주민등록 기준 통계임.
자료: 행정안전부(2009c: 4-5).

## 2 지방재정의 규모

2009년도 지방재정 규모는 137.5조 원으로 국가재정 규모 217.5조 원보다 비교적 낮게 나타나고 있다. 국가재정에서 중앙재정과 지방재정의 비율(2009년 기준)은 61.3% 대 38.7% 수준이다.

연도별 지방재정의 비율은 1995년(36.4%) 이후 오히려 다소 줄어들어

〈표 5-2〉 중앙정부와 지방자치단체의 예산 비교(1995~2009년)

(단위: 조 원, %)

| 연도＼구분 | 예산액 | | | 구성비 | |
|---|---|---|---|---|---|
| | 중앙정부 | 지방자치단체 | 계 | 중앙정부 | 지방자치단체 |
| 1995 | 74.5 | 42.6 | 117.1 | 63.6 | 36.4 |
| 1996 | 103.8 | 58.4 | 162.2 | 64 | 36 |
| 1997 | 98.3 | 53.2 | 151.5 | 64.9 | 35.1 |
| 1998 | 106.4 | 57.8 | 164.2 | 64.8 | 35.2 |
| 1999 | 116.5 | 50.1 | 166.6 | 69.9 | 30.1 |
| 2000 | 125.2 | 55.5 | 180.7 | 69.3 | 30.7 |
| 2001 | 134.8 | 64.5 | 199.3 | 67.6 | 32.4 |
| 2002 | 146 | 71.4 | 217.4 | 67.2 | 32.8 |
| 2003 | 155.7 | 78.1 | 233.8 | 66.6 | 33.4 |
| 2004 | 159.4 | 87.3 | 246.7 | 64.6 | 35.4 |
| 2005 | 167.3 | 92.4 | 259.7 | 64.4 | 35.6 |
| 2006 | 175.4 | 101.1 | 276.8 | 63.4 | 36.6 |
| 2007 | 176.8 | 112 | 288.8 | 61.2 | 36.8 |
| 2008 | 195.1 | 125 | 320.1 | 60.9 | 39.1 |
| 2009 | 217.5 | 137.5 | 355.0 | 61.3 | 38.7 |

주: 1. 1980~2007년까지는 결산액, 2008년은 최종예산액, 2009년은 당초예산액 기준.
2. 중앙정부 수입: 국세(일반회계와 특별회계의 국세 총액)+기타(세외수입+국채 발행 등)
3. 순계 기준.

자료: 국회예산정책처(2009: 231).

1999년에는 30.1%까지 감소했다가 그 이후 다시 증가세를 보여 2008년도에는 39.1%를 차지했다. 따라서 지방자치단체의 비중은 대략 40% 수준으로 중앙정부에 비해 지방재정의 규모가 상대적으로 낮다고 볼 수 있다.

# 제 2 절 | 지방자치단체의 세입예산 구조

## 1 지방자치단체의 세입구조

지방자치단체가 그 소요 경비를 충당하기 위해 획득하는 수입의 종류는 다양하다. 지방자치단체 수입은 자체수입, 의존수입 및 지방채로 나눌 수 있다. 자체수입은 지방자치단체가 스스로 확보하는 재원으로 지방세와 세외수입이 여기에 속한다. 의존수입은 중앙정부로부터 지원받는 재원으로 지방교부세와 국고보조금으로 구분된다. 그리고 지방자치단체가 과세권을 담보로 지방재정의 재원 부족을 보충하고 여러 회계연도에 걸쳐 상환하는 채무인 지방채로 구성되어 있다.

현행 지방자치단체의 세입구조 및 구성비는 <표 5-3>과 같다. 2009년 지방자치단체의 총세입은 137.5조 원으로 전년 대비 10.1%의 증가율을 나

〈표 5-3〉 2009년도 지방자치단체 세입구조 및 구성비

(단위: 조 원, %)

| 구분 | 2008 | | 2009 | | 증감액 | 증감률 |
|---|---|---|---|---|---|---|
| | 금액 | 구성비 | 금액 | 구성비 | | |
| 자체수입 | 73.6 | 58.9 | 80.7 | 58.7 | 7.1 | 9.6 |
| 지방세 | 43.5 | 34.8 | 47.1 | 34.2 | 3.6 | 8.3 |
| 세외수입 | 30.1 | 24.1 | 33.6 | 24.4 | 3.5 | 11.6 |
| 의존수입 | 47.8 | 38.2 | 53.0 | 38.5 | 5.2 | 10.9 |
| 지방교부세 | 24.1 | 19.3 | 26.5 | 19.3 | 2.4 | 10.0 |
| 국고보조금 | 23.7 | 19.0 | 26.5 | 19.3 | 2.8 | 11.8 |
| 지방채 | 3.5 | 2.8 | 3.8 | 2.8 | 0.3 | 8.6 |
| 합계 | 125.0 | 100.0 | 137.5 | 100.0 | 12.5 | 10.1 |

주: 당초예산 순계 기준.
자료: 국회예산정책처(2009: 22).

타내고 있다 이 중 지방세가 47.1조 원으로 지방세입의 34.2%를 차지한다. 다음으로 세외수입(24.4%), 지방교부세(19.3%), 국고보조금(19.3%), 지방채(2.8%) 순으로 지방세입의 비중을 차지하고 있다.

2009년도 시·도별 세입 현황을 살펴보면, 경기도가 268,970억 원으로 가장 많고, 그 다음은 서울특별시(227,095억 원), 경상남도(113,979억 원), 경상북도(101,613억 원) 순으로 나타났다. 세입이 적은 곳은 제주특별자치도(26,011억 원), 대전광역시(26,821억 원), 울산광역시(30,062억 원) 등이다.

〈표 5-4〉 2009년도 시·도별 세입

(단위: 조 원, %)

| 구분 | 2008 | 2009 | 증감액 | 증감률 |
|---|---|---|---|---|
| 서울 | 210,795 | 227,095 | 16,300 | 7.7 |
| 부산 | 71,188 | 75,064 | 3,876 | 5.4 |
| 대구 | 44,344 | 49,554 | 5,210 | 11.7 |
| 인천 | 58,644 | 68,336 | 9,692 | 16.5 |
| 광주 | 25,932 | 28,092 | 2,160 | 8.3 |
| 대전 | 25,210 | 26,821 | 1,611 | 6.4 |
| 울산 | 23,364 | 30,062 | 6,698 | 28.7 |
| 경기 | 244,350 | 268,970 | 24,620 | 10.1 |
| 강원 | 60,914 | 66,458 | 5,544 | 9.1 |
| 충북 | 46,744 | 50,993 | 4,249 | 9.1 |
| 충남 | 71,372 | 77,485 | 6,113 | 8.6 |
| 전북 | 64,596 | 71,965 | 7,369 | 11.4 |
| 전남 | 85,966 | 92,852 | 6,856 | 8.0 |
| 경북 | 91,195 | 101,613 | 10,418 | 11.4 |
| 경남 | 101,331 | 113,979 | 12,648 | 12.5 |
| 제주 | 23,691 | 26,011 | 2,320 | 9.8 |
| 합계 | 1,249,666 | 1,375,350 | 125,684 | 10.1 |

주: 시·도별 예산 규모는 '시·도본청 예산+시·군·구 예산.'
자료: 국회예산정책처(2009: 23).

## 2 자체수입

### 1) 지방세

지방세란 지방자치단체가 지역의 공공 서비스를 제공하는 데 필요한 재원을 충당하기 위해 납세의무자에게 강제적으로 부과하는 조세를 말한다. 지방세는 지방자치단체가 징수한다는 점에서 중앙정부가 부과하는 국세와 다르다.

지방세 체계는 광역지방자치단체세인 특별시세, 광역시세, 도세와 기초지방자치단체세인 시세, 군세, 자치구세로 구분되고 있다. 또한 지출 용도의 지정 여부에 따라 일반 지방재정 수요에 충당하기 위한 보통세와 특정 용도에 충당하는 목적세로 구분된다(지방세법 제6조).

각 세목별 지방세수의 구성비를 살펴보면 주민세(17.9%), 등록세(15.7%) 및 취득세(15.2%)가 전체 지방세수의 48.8%를 차지한다. 지방교육세는 10.7%, 재산세 9.7%, 주행세 6.8%, 담배소비세 6.4% 등이다.

〈표 5-5〉 지방세 구조

| 구분 | | 세목 |
|---|---|---|
| **특별시, 광역시세** | 보통세 | 취득세, 등록세, 레저세, 주민세, 자동차세, 주행세, 담배소비세, 도축세, 지방소득세, 지방소비세 |
| | 목적세 | 도시계획세, 공동시설세, 지역개발세, 지방교육세 |
| **자치구세** | 보통세 | 면허세, 재산세 |
| **도세** | 보통세 | 취득세, 등록세, 면허세, 레저세, 지방소비세 |
| | 목적세 | 공동시설세, 지역개발세, 지방교육세 |
| **시, 군세** | 보통세 | 주민세, 재산세, 자동차세, 주행세, 담배소비세, 도축세, 지방소득세 |
| | 목적세 | 도시계획세 |

※ 지방소득세와 지방소비세는 2010년 1월 1일 신설되었음.

〈표 5-6〉 지방세수의 구성비

(단위: %)

| 구분 | 주민세 | 등록세 | 취득세 | 지방 교육세 | 재산세 | 주행세 | 담배 소비세 | 자동차 세 | 기타 | 합계 |
|---|---|---|---|---|---|---|---|---|---|---|
| 2008 | 17.9 | 15.7 | 15.2 | 10.7 | 9.7 | 6.8 | 6.4 | 5.7 | 11.8 | 100.0 |

자료: 행정안전부(2009b).

지방자치단체별로는 도가 전체 지방세수의 25.5%로 가장 높은 비율을 차지하고 있고, 그 다음은 서울특별시(24.8%), 시(22.1%), 광역시(18.4%) 순이다. 군과 자치구의 경우에는 각각 4.3%와 4.9%에 불과하다.

〈표 5-7〉 지방자치단체별 지방세수 구성비

(단위: %)

| 구분 | 서울특별시 | 광역시 | 도 | 시 | 군 | 자치구 | 합계 |
|---|---|---|---|---|---|---|---|
| 2008 | 24.8 | 18.4 | 25.5 | 22.1 | 4.3 | 4.9 | 100.0 |

자료: 행정안전부(2009b).

### 2) 세외수입

세외수입은 일반적으로 지방재정수입 중 지방세 이외의 자체수입을 말하는 것으로 지방자치단체의 노력을 통해 자율적으로 확충할 수 있는 자주재원의 성격을 가진다. 세외수입은 응익적인 성격이 강하므로 지방자치단체가 제공하는 공공 서비스나 재화의 공급비용을 그 소비자로 하여금 부담케 함으로써 비교적 주민들의 저항이 적다(Hirsh, 1970: 31-33). 세외수입은 종류가 많아 그 성격을 일률적으로 규정하기는 어렵지만 일반회계(기타 특별회계)와 공기업특별회계로 구분할 수 있다(행정안전부, 2009a: 3-6).

일반회계(기타 특별회계)의 경상적 세외수입은 계속성과 안정성이 확보되고 매 회계연도마다 계속적으로 반복하여 조달되는 예측 가능한 수입이다. 세입수입 중 수입원이 가장 많고 지방 자주재원 확충에 가장 기여를 많이 하는 수입이다. 사용료, 수수료, 재산임대수입, 사업수입, 징수교부금수

〈표 5-8〉 세외수입의 종류

| | | |
|---|---|---|
| **일반회계 (기타 특별회계)** | 경상적 세외수입 | 사용료, 수수료, 재산임대수입, 사업수입, 징수교부금수입, 이자수입 |
| | 임시적 세외수입 | 재산매각수입, 순세계잉여금, 이월금, 전입금, 예탁금 및 예수금, 융자금 원금수입, 부담금, 잡수입, 지난년도 수입 |
| **공기업 특별회계** | 사업수입 | 상수도사업의 급수수입, 하수도사업의 사용료수익, 공영개발사업의 용지매출수익, 지역개발사업의 융자금 이자수입 등 |
| | 사업외 수입 | 고정자산 매각수입, 투자자산 수입, 자본잉여금 수입, 지난연도 수입 등 |

입, 이자수입 등이 이에 해당된다. 임시적 세외수입은 각급 지방자치단체의 수입 중에서 불규칙적으로 발생하는 수입으로 대체로 규모는 크나 수입원이 일회성에 그치는 경우가 많아 세입 규모를 예측하기 어려운 수입이다. 그 종류는 재산매각 수입, 순세계잉여금, 이월금, 전입금, 예탁금 및 예수금, 융자금 원금수입, 부담금, 잡수입, 지난 연도 수입 등이 있다.

공기업특별회계의 사업수입은 일반회계(기타 특별회계)의 경상적 세외수입과 유사한 개념으로, 상수도사업의 급수수입, 하수도사업의 사용료 수익, 공영개발사업의 용지매출수익, 지역개발기금의 융자금이자수입 등이 해당된다. 사업외 수입은 일반회계(기타 특별회계)의 임시적 세외수입과 유사한 개념으로, 고정자산 매각수입, 투자자산 수입, 자본잉여금 수입, 지난 연도 수입 등이 이에 해당된다.

## 3 의존재원

### 1) 지방교부세

지방교부세는 지방자치단체의 행정 운영에 필요한 재원을 교부하여 그 재정을 조정함으로써 지방행정을 건전하게 발전시키는 데 그 목적을 둔다(지방교부세법 제1조). 즉, 지방교부세는 지역 간 소득재분배의 수단으로 활용되며(Fisher, 1987: 347), 중앙정부와 지방자치단체의 수직적 재정불균형을 개선하려는 목적으로도 사용된다(King, 1984).

지방교부세의 재원은 ① 당해 연도 내국세 총액의 19.24%에 해당하는 금액(단, 목적세 및 종합부동산세와 다른 법률에 의해 특별회계 재원으로 사용되는 세목의 금액 제외), ② 종합부동산세 총액, ③ 지방교부세법 제5조 제2항에서 규정하는 정산액으로 이뤄진다(지방교부세법 제4조 제1항). 지방교부세는 보통교부세, 특별교부세, 분권교부세 및 부동산 교부세로 구성되어 있다.

보통교부세는 각 지방자치단체의 기본적인 행정 수준을 유지하기 위해 일반재원으로 교부하는 것으로 매년도의 기준재정수입액이 기준재정수요액에 미달하는 지방자치단체에 대해 그 미달액(재정부족액)을 기초로 하여 교부한다. 여기서 적용되는 기준재정수요액은 지방교부세법시행령에서 규정하는 측정 항목 및 측정 단위와 동법 시행령에서 규정하는 단위비용과 보정계수에 의해 산정하는데 통계자료는 당해 지방자치단체의 장이 작성·제출하는 자료를 기초로 한다. 그리고 기준재정수입액은 지방세법에서 규정하는 지방세의 추계액과 세외수입의 일부를 추계한 결과에 의해 산정한다. 기준재정수요액과 기준재정수입액이 산정되면 각 지방자치단체의 재정부족액을 산정하고 재정부족액이 생기는 지방자치단체의 재정부족액을 합산하여 보통교부세 총액과 재정부족액 총액이 합치될 수 있도록 조정률을 구한다. 재정부족액과 보통교부세 총액에 의해 조정률이 구해지면 각 지방자치단체의 재정부족액에 조정률을 곱해 보통교부세를 산정하게 된다([그림 5-1] 참조).

자치구에 대해서는 기준재정수요액과 기준재정수입액을 각각 당해 특별시 또는 광역시의 기준재정수요액 및 기준재정수입액에 합산하여 정산하고, 이를 당해 특별시 또는 광역시에 교부한다(지방교부세법 제6조 제1항). 제주특별자치도는 2007년부터 특별법에 따라 재정부족액을 별도로 합산하지 않고 보통교부세 재원의 3%를 정액으로 교부받고 있다.

기준재정수입이 기준재정수요를 초과할 경우 지방교부세를 교부하지 않

[그림 5-1] 보통교부세 산정 업무 흐름도

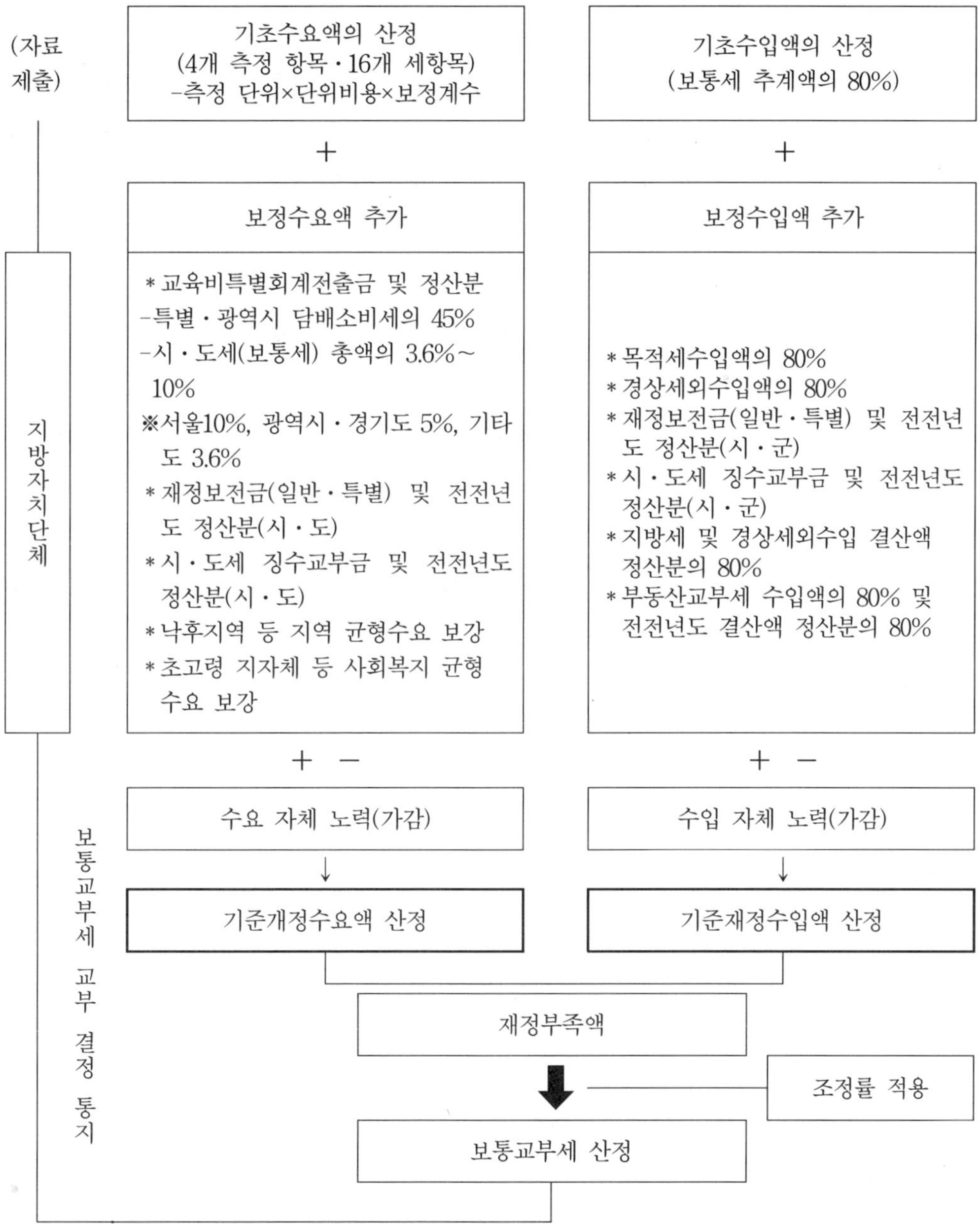


자료: 행정안전부(2009d).

는데, 2009년도 불교부단체는 서울특별시, 수원시, 성남시, 고양시, 과천시, 용인시, 화성시 등 총 7개 지방자치단체다.

특별교부세는 보통교부세 산정 방법으로 포착할 수 없는 재정 수요나 연도 중에 발생한 각종 재해, 공공시설 복구 등 예측하지 못한 특별한 재정 수요에 대비하여 지방교부세의 4%(분권교부세재원 제외)를 재원으로 한다. 즉 행정구역 개편 수요, 도로・교통사업, 상・하수도사업, 하천관리사업, 사회복지사업, 농업・수산 진흥사업, 문화예술 및 체육사업, 도시개발 및 환경사업 등과 같은 지역 현안 수요에 총액의 30%를 지원한다. 보통교부세의 산정 기일 후에 발생한 재해를 복구하거나 재해 예방을 위한 특별한 재정 수요가 생기거나 재정수입이 감소한 경우 등과 같은 재해대책 수요에 총액의 50%를 배정한다. 그리고 지역경제 활성화, 주민생활 안정, 지방행정 기능 강화, 국가적 행사 관련 시책 등과 같은 시책 수요에 총액의 20%를 배정한다.

재해대책 수요에 대해 교부한 금액이 사용하고 남을 것으로 예상되면 행정안전부 장관은 ① 자치단체의 행정・재정 분야 운용 실적에 대해 국가가 실시하는 평가에서 우수한 성과를 거둔 자치단체, ② 주민복지・지역경제・지역 개발・민원 서비스・정보화 등의 분야에서 우수한 실적을 거둔 자치단체, ③ 그 밖의 국가정책의 추진에 적극적으로 협력하는 자치단체에 대한 재원으로 사용할 수 있다(지방교부세법 시행령 제9조 2).

분권교부세는 노무현 정부가 지방재정 운영의 자율성을 저해하는 국고보조금제도를 정비하는 과정에서 국고보조사업의 일부를 지방자치단체에 이양함에 따라 이양사업을 추진하기 위해 2005년부터 도입되었다. 분권교부세의 규모는 내국세 총액의 0.94%이고 성격이나 운영은 보통교부세와 유사하며 일반재원이다.

분권교부세는 지방교부세의 틀 속에서 2005년부터 2009년까지 5년간 한시적으로 운영하다가 2010년부터는 보통교부세에 통합하기로 되어 있었다. 그러나 분권교부세가 보통교부세로 통합될 경우 지방자치단체별 재정 여건에 따라 복지 서비스 격차가 발생하게 될 우려가 있어 운영 기간을 2014년까지 연장하게 되었다.

분권교부세는 국고보조 이양사업의 성격을 기준으로 경상적 수요와 비경상적 수요로 구분하여 산정한다(지방교부세법시행령 제10조의 2). 경상적 수요란 일정 수준의 재정 수요를 계속적으로 보전할 필요가 있는 사업으로서 사업 수요에 대한 객관적인 산식화가 가능한 사업이다. 예를 들면 경로당 운영, 장애인 복지관 운영, 아동시설 운영, 노숙자 보호, 시・도 지정 문화재 보수・정비, 공공도서관 운영, 여성농업인센터 운영, 임산물 유통 가공, 자치단체 공공근로사업 등이 이에 해당된다.

한편, 비경상적 수요는 국고보조금 이양사업 중 특정 자치단체의 사업 수요로 인해 재정 수요를 보전할 필요가 있는 사업으로, 자치단체별 인구수, 재정 여건, 사업 추진 상황 등을 고려하여 산정한다. 비경상적 수요사업은 일반 수요와 특정 수요로 구분한다. 예를 들면 일반수요 사업은 재가노인 복지시설 개보수, 공공보건 사업, 조각공원 조성, 수출 주력상품 개발, 노량해전 재현 등이고, 특정 수요 사업은 노인시설 운영, 자전거 도로 정비, 버스 공영차고지 건설, 연어 치어 방류, 현충시설 등이다.

부동산교부세는 부동산 보유 관련 지방세제 개편으로 증가하는 종합부동산세의 세수 전액을 지방자치단체에 교부함으로써 재산세와 거래세의 세수 감소분을 보전하고 지방재정 확충 재원으로 사용하도록 하기 위해 2006년부터 시행되었다. 성격은 국세인 종합부동산세 징수액 전액을 지방자치단체에 교부하는 일반재원이다. 부동산교부세의 교부는 지방자치단체의 재정 여건, 지방세 운영 상황 등을 고려하여 산정한다(지방교부세법 제9조의 3 제2항). 자치단체별 교부 기준을 살펴보면 시・군・자치구의 경우는 재정 여건(50%), 사회복지(25%), 지역교육(20%), 부동산 보유세 규모(5%)에 따라 산정하고, 제주특별자치도는 부동산교부세 총액의 100분의 1.8로 산정하여 교부한다.

### 2) 국고보조금

중앙정부는 지방자치단체가 일정 수준의 자치행정 서비스를 유지하거나

〈표 5-9〉 국고보조금의 종류

| 구분 | 교부금 | 부담금 | 보조금 |
|---|---|---|---|
| 정의 | 국가가 스스로 행해야 할 사무를 지방자치단체에 위임 | 국가와 지방자치단체 상호간에 이해관계가 있는 경우 | 특정한 행정사무의 집행을 장려·조장, 지방재정 보전 |
| 사무 | 기관위임사무 | 단체위임사무 | 자치사무 |
| 예시 | - 국민투표<br>- 대통령·국회의원선거 | - 보건소 운영<br>- 시·군 재해구호사업 | - 상·하수도<br>- 쓰레기, 교통 |

특정 사업을 수행하는 데 필요한 경비의 전부 또는 일부를 교부해 줄 수도 있는데, 이것을 국고보조금이라고 한다.

국고보조금의 종류는 교부금, 부담금 및 보조금으로 구분할 수 있다. 교부금은 국가가 스스로 처리해야 할 사무를 지방자치단체 또는 그 기관에 위임하여 수행하는 경우에 국가가 지방자치단체에게 교부하는 사무 처리 경비를 말한다. 부담금은 지방자치단체 또는 그 기관이 법령에 의해 처리해야 할 사무로서 국가와 지방자치단체 상호간에 이해관계가 있는 경우에 원활한 사무 처리를 위해 국가에서 부담하는 경비다. 보조금은 국가가 시책상 또는 지방자치단체의 재정상 특히 필요하다고 인정될 때 교부하는 경비다(지방자치법 제141조, 보조금의 예산 및 관리에 관한 법률 제2조, 지방재정법 제21조와 제23조).

국고보조금의 신청 체계는 다음과 같다. 국고보조금은 다음 회계연도에 보조사업을 수행하고자 하는 지방자치단체가 중앙관서의 장에게 국고보조금 예산 반영을 신청하도록 되어 있다. 신청시에는 보조사업의 목적과 내용, 소요 경비, 기타 필요한 사항을 기재한 신청서 및 첨부 서류를 제출해야 한다. 신청자가 시장·군수인 경우에는 도지사가 이를 종합하여 일괄 신청할 수 있다.

한편, 지방자치단체의 신청이 없더라도 ① 국가가 소요 경비의 전액을 교부하는 보조사업의 경우, ② 재해 발생 등 사전에 예측하지 못한 사유로 인해 보조금의 교부가 불가피한 경우, ③ 기타 기획재정부 장관이 국가의 주요 시책 수행상 보조금의 교부가 불가피하다고 인정하는 사업에 대해서는 국가가 직접 보조금을 예산에 계상할 수 있다(보조금의 예산 및 관리에 관한 법률 제5조 및 동법 시행령 제3조).

중앙관서의 장은 신청받은 보조금의 내역 및 금액을 조정하여 기획재정부 장관에게 보조금의 예산을 요구해야 한다. 그러나 지방자치단체의 부담을 수반하는 보조금의 예산을 요구하고자 할 때에는 행정안전부 장관과 협의해야 하며, 협의 요청을 받은 행정안전부 장관은 그 의견서를 당해 회계연도의 전년도 6월 20일까지 기획재정부 장관과 중앙관서의 장에게 제출해야 한다(보조금의 예산 및 관리에 관한 법률 제7조).

보조금이 지급되는 대상사업·경비의 종목·국고보조율 및 금액은 매년 예산으로 정하도록 되어 있다(보조금의 예산 및 관리에 관한 법률 제9조). 지방자치단체에 대한 국고보조율은 보조금의 예산 및 관리에 관한 법률시행령 제4조 <별표 1>에 의해 90개 대상사업에 대한 기준보조율이 규정되어 있다.

그러나 기획재정부 장관은 매년 지방자치단체에 대한 보조금 예산을 편성할 때 필요하다고 인정되는 보조사업에 대해서는 당해 지방자치단체의 재정 사정을 감안하여 기준보조율에 일정률을 가감하는 차등보조율을 적용할 수 있다. 이 경우 기준보조율에 일정률을 차감하는 차등보조율은 보통교부세를 교부받지 아니하는 지방자치단체에 한해 적용할 수 있다(보조금의 예산 및 관리에 관한 법률 제10조 1항).

중앙관서의 장은 특별한 사유가 없는 한 보조금예산안을 사업별로 지방자치단체에 당해 회계연도의 전년도 10월 15일까지 통지해야 하며, 국회에서 예산이 심의·확정된 후에는 그 확정된 금액 및 내역을 사업별로 즉시 통지해야 한다. 그리고 중앙관서의 장은 기획재정부 장관과 행정안전부 장관에게 통보해야 한다(보조금의 예산 및 관리에 관한 법률 제12조).

보조금의 지급 통지를 받은 지방자치단체장이 국고보조금을 제공받기 위해서는 다른 사업에 우선하여 지방비 부담을 예산에 반영해야 한다(지방재정법 제22조 2항). 국고보조사업의 지방비 부담에 대한 시, 도와 시, 군,

〈표 5-10〉 국고보조사업의 지방비 부담 비율(예시)

(단위: %)

| 사업명 | 특별시, 광역시 | | 도 | |
|---|---|---|---|---|
| | 시 | 구 | 도 | 시, 군 |
| 지방체육시설 지원 | 50 | 50 | 50 | 50 |
| 급성전염병 관리 | 100 | 0 | 100 | 0 |
| 산불 방지 대책 | 30 | 70 | 30 | 70 |
| 어장 정화 | 0 | 0 | 30 | 70 |

〈표 5-11〉 국고보조사업의 지방비 부담률

(단위: 억 원/%)

| 구분 | 2004 | 2005 | 2006 | 2007 | 2008 | 2009 |
|---|---|---|---|---|---|---|
| 계 | 185,029 | 226,839 | 257,201 | 305,727 | 350,107 | 417,716 |
| 국고보조금 | 125,007 | 153,502 | 183,316 | 209,006 | 227,670 | 265,387 |
| 지방비 | 60,022 | 73,337 | 73,885 | 96,721 | 122,437 | 152,329 |
| 비율 | 68: 32 | 68: 32 | 71: 29 | 68: 32 | 65: 35 | 64: 36 |

주: 1. 2004~2008: 행정안전부가 중앙부처로부터 받은 국비 및 지방비 부담액 기준.
2. 2009: 지방자치단체에서 당초 예산에 편성한 금액 기준.
자료: 행정안전부(2009e: 72).

자치구의 부담 비율의 예는 <표 5-10>과 같다.

국고보조금은 교부시 구체적인 사용 목적과 지출 용도가 지정되고 어느 정도의 지방비 부담이 요구되며 국가 예산에 의해 결정되므로 규모의 예측이 어렵다. 특히, 국고 보조에 따른 지방비 부담이 과하여 지방재정의 경직화를 초래하는 경우도 있다. 국고보조금에 대한 지방비 부담 비율을 <표 5-11>을 통해 살펴보면 2004년도에 32%에서 2006년 29%까지 감소하다가 2007년도부터는 다시 증가 추세를 보이고 있다.

### 3) 지방채

지방채란 지방재정법 제11조의 규정에 의한 재정수입의 부족을 보충하기 위해 자금을 차입하면서 부담하는 채무로서, 그 채무의 이행이 1회계연도를 넘어서 이뤄지면서 지방채증권, 차입금의 형식을 취하는 것을 말한다(행정안전부, 2009e: 78).

지방채의 발행 주체는 지방자치단체와 지방자치단체조합이다. 지방채의 종류는 지방채증권과 차입금으로 구분되어 있다. 지방채증권이란 지방자치단체가 증권 발행의 방법에 의해 차입하는 지방채를 말하며, 외국에서 발행하는 경우를 포함한다. 그리고 차입금은 지방자치단체가 증서에 의해 차입하는 지방채를 말하며, 외국 정부·국제기구 등으로부터 차관(현물차관을 포함한다)을 도입하는 경우를 포함한다(지방재정법 시행령 제7조).

지방채 발행제도는 2006년부터 지방자치단체별로 지방채 발행에 대한 총액 한도를 설정하고 그 범위 내에서 지방의회의 의결을 받아 자율 발행토록 하는 지방채 발행 총액한도제를 실시하고 있다. 지방채 발행 총액 한도는 자치단체별 재정 상황 및 채무 규모 등을 고려하여 당해 지방자치단체의 전전년도 예산액의 10% 범위 안에서 행정안전부 장관이 산정한다.

지방채 발행의 한도액의 범위 내에서 지방채를 발행할 수 있는 사업은 ① 공용·공공용시설의 설치, ② 당해 사업의 수익금으로 원리금 상환이 가능한 사업, ③ 천재·지변으로 인한 재해 등 예측할 수 없는 세입 결함의 보전, ④ 재해 예방 및 복구사업, ⑤ 이미 발행한 지방채의 차환, ⑥ 그 밖에 주민의 복지 증진 등을 위해 특히 필요하다고 인정되는 사업 등이다(지방재정법 시행령 제9조 1항).

지방채 발행 한도액을 초과하여 지방채를 발행할 수 있는 사업은 ① 천재·지변으로 인한 재해 등 예측할 수 없는 세입 결함의 보전, ② 재해 예방 및 복구사업, ③ 그 밖의 주민의 복지 증진 등을 위해 특별히 인정되는 경우다. 이 경우에는 행정안전부 장관의 승인을 얻은 범위 안에서 지방의회 의결을 얻어 지방채 발행 한도액의 범위를 초과하여 지방채를 발행할 수 있다.

지방채 발행 절차를 살펴보면 [그림 5-2]와 같다. 먼저 행정안전부 장관은 매년 7월 15일까지 다음 연도 지방자치단체 한도액과 지방채 발행지침

[그림 5-2] 지방채 발행 절차

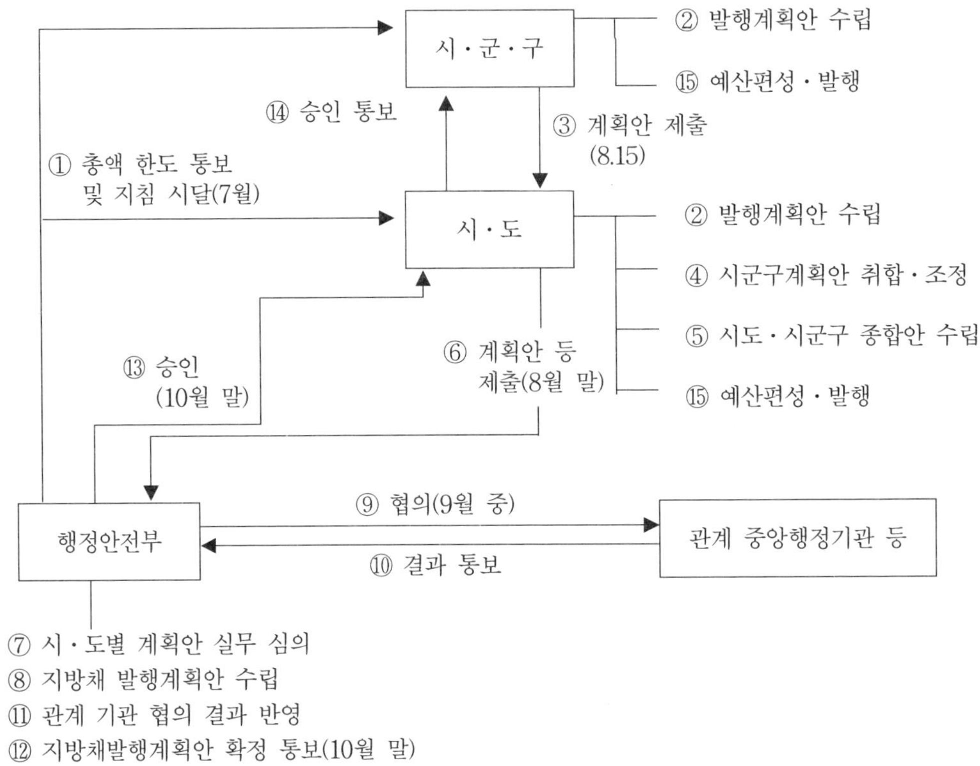


자료: 행정안전부(2009f: 20).

을 통보하도록 되어 있다. 지방채를 발행하고자 하는 지방자치단체의 장(지방자치단체조합의 장)은 행정안전부 장관이 시달한 지방채 발행 수립 기준에 따라 발행 예정 전년도에 지방채 발행 종합계획을 수립하고 지방채 발행계획안을 8월 31일까지 행정안전부 장관에게 제출해야 한다.

다만, 시 · 군 및 자치구의 지방채 발행계획안은 특별시장 · 광역시장 · 도지사를 거쳐야 한다. 행정안전부 장관은 지방채 발행계획안을 해당 중앙행정기관의 장과 협의하여 10월 31일까지 승인 여부를 지방자치단체장에게 통보해야 한다.

# 제 3 절 | 지방자치단체의 세출예산 구조

## 1 회계별 분류

지방자치단체의 회계는 일반회계와 특별회계로 분류된다. 일반회계는 순수한 의미의 지방자치단체예산이다. 지방자치단체의 강제적인 수입원인 조세수입을 주재원으로 하여 일반적인 지방자치단체 활동인 공공 서비스를 제공하는 예산을 말한다. 일반회계로 지원되는 사업은 성과에 대한 분석이 어렵고, 이념적으로는 기업성보다는 공공성을 강조하는 특성이 있다.

특별회계는 특정한 목적을 달성하기 위해 특정한 세입으로 특정한 세출에 충당하는 회계를 말한다. 특별회계는 이념상 기업성을 중시하며 특정한 목적을 수행하기 위해 설치된 예산이다. 특별회계는 ① 지방공기업법에 의한 지방직영기업이나 그 밖의 특정한 사업을 운영할 때, ② 특정 자금이나 특정 세입·세출로서 일반 세입·세출과 구분하여 계리(計理)할 필요가 있을 때 한하여 법률로써 조례를 설치할 수 있다(지방재정법 제9조 제2항).

지방자치단체에서 설치·관리하는 특별회계는 공기업특별회계와 기타 특별회계로 나뉜다. 공기업특별회계는 지방자치단체가 직접 설치·경영하는 지방직영기업과 법인을 설립하여 경영하는 기업형식인 지방공사 등에

〈표 5-12〉 2009년도 단체별 세출 순계 예산 규모

(단위: 억 원)

| 시·도별 | 총규모 | | | 광역자치단체 | | | 기초자치단체 | | |
|---|---|---|---|---|---|---|---|---|---|
| | 계 | 일반회계 | 특별회계 | 계 | 일반회계 | 특별회계 | 계 | 일반회계 | 특별회계 |
| 계 | 1,375,349 | 1,033,232 | 342,117 | 512,960 | 309,709 | 203,170 | 862,389 | 723,443 | 138,946 |

자료: 행정안전부(2009e: 226).

대한 회계이며 지방공기업법이 적용된다. 기타 특별회계는 기타 특정 사업과 특정 자금이나 특정 세입·세출로서 일반회계와 구분 경리하는 회계다.

지방자치단체의 예산 규모를 회계별로 비교해 보면, 2009년 기준으로 일반회계가 103조 3,232억 원으로 전체의 75.1%를 차지하고, 특별회계는 34조 2,117억 원으로 24.9%다.

## 2 기능별 분류·사업별 분류·성질별 분류

지방자치단체의 세출예산 과목은 그 기능을 감안하여 일반행정, 공공질서 및 안전, 교육, 문화 및 관광, 환경 보호, 사회복지, 보건, 농림해양수산 등으로 구성된다(지방재정법 시행령 제47조 2항). 세출예산의 과목 구분에 관한 세부 사항은 행정안전부 장관이 정하는데 다음과 같다. 세출예산의 분야·부문은 기능별로 분류하고, 정책·단위·세부사업은 지방자치단체가 분야·부문의 기능에 맞게 설정·운영하며 세출예산의 성질별 분류는 목그룹, 편성목, 통계목으로 분류한다(지방자치단체 예산편성 운영기준 제6조).

### 1) 기능별·사업별 분류

#### (1) 기능별 분류

기능별 분류는 일반 주민이 지방자치단체의 기능이 무엇이며, 그 기능을 수행하기 위해 얼마의 예산을 지출하는지를 파악할 수 있는 장점이 있다. 이러한 이유에서 기능별 분류는 '시민의 분류(citizen's classification)'라고

〈표 5-13〉 세출 과목의 분류 체계

<table>
<tr><th>분류 기준</th><th colspan="2">기능별</th><th colspan="3">사업별</th><th colspan="2">성질별</th></tr>
<tr><td rowspan="3">분류 수</td><td rowspan="3">분야<br>(13개)</td><td rowspan="3">부문<br>(51개)</td><td>정책사업</td><td rowspan="3">행정운<br>영경비</td><td rowspan="3">재무활동</td><td rowspan="3">편성목<br>(8그룹, 38개)</td><td rowspan="3">통계목<br>(129개)</td></tr>
<tr><td>단위사업</td></tr>
<tr><td>세부사업</td></tr>
</table>

도 불린다(황윤원·김성철, 2007: 175). 세출예산의 기능별 분류는 일반공공행정, 공공 질서 및 안전 등 13개 분야로 대분류되고, 다시 입법 및 선거관리, 지방행정·재정 지원, 재정·금융, 일반행정 등 51개 부문으로 세분류된다(<표 5-14> 참조).

### (2) 사업별 분류

사업별 분류는 지방자치단체의 전략과 정책을 체계적으로 사업에 반영하기 위해 분야·부문과 정책사업·단위사업·세부사업이 일정한 규칙에

〈표 5-14〉 지방자치단체 기능 분류: 13개 분야 51개 부문

| 분야 | 부문 | 명칭 | 분야 | 부문 | 명칭 | 분야 | 부문 | 명칭 |
|---|---|---|---|---|---|---|---|---|
| 010 | | 일반 공공행정(4) | 070 | | 환경 보호(6) | 110 | | 산업·중소기업(6) |
| | 011 | 입법 및 선거관리 | | 071 | 상하수도·수질 | | 111 | 산업금융 지원 |
| | 013 | 지방행정·재정 지원 | | 072 | 폐기물 | | 112 | 산업기술 지원 |
| | 014 | 재정·금융 | | 073 | 대기 | | 113 | 무역 및 투자 유치 |
| | 016 | 일반행정 | | 074 | 자연 | | 114 | 산업 진흥·고도화 |
| 020 | | 공공질서 및 안전(2) | | 075 | 해양 | | 115 | 에너지 및 자원 개발 |
| | 023 | 경찰 | | 076 | 환경 보호 일반 | | 116 | 산업·중소기업 일반 |
| | 025 | 재난방재·민방위 | 080 | | 사회복지(8) | 120 | | 수송 및 교통(5) |
| 050 | | 교육(3) | | 081 | 기초생활 보장 | | 121 | 도로 |
| | 051 | 유아 및 초중등교육 | | 082 | 취약계층 지원 | | 123 | 도시철도 |
| | 052 | 고등교육 | | 084 | 보육·가족 및 여성 | | 124 | 해운·항만 |
| | 053 | 평생·직업교육 | | 085 | 노인·청소년 | | 125 | 항공·공항 |
| 060 | | 문화 및 관광(5) | | 086 | 노동 | | 126 | 대중교통·물류등기타 |
| | 061 | 문화예술 | | 087 | 보훈 | 140 | | 국토 및 지역개발(3) |
| | 062 | 관광 | | 088 | 주택 | | 141 | 수자원 |
| | 063 | 체육 | | 089 | 사회복지 일반 | | 142 | 지역 및 도시 |
| | 064 | 문화재 | 090 | | 보건(2) | | 143 | 산업단지 |
| | 065 | 문화 및 관광 일반 | | 091 | 보건의료 | 150 | | 과학기술(3) |
| | | | | 093 | 식품의약 안전 | | 151 | 기술 개발 |
| | | | 100 | | 농림해양수산(3) | | 152 | 과학기술연구 지원 |
| | | | | 101 | 농업·농촌 | | 153 | 과학기술 일반 |
| | | | | 102 | 임업·산촌 | 160 | | 예비비(1) |
| 900 | | 기타 | | 103 | 해양수산·어촌 | | 161 | 예비비 |

주: 행정운영경비는 기타(900) 분야로 처리.
자료: 행정안전부(2009g: 49).

따라 계층을 형성하도록 사업을 구조화하는 분류 방법이다.

사업구조는 [그림 5-3]과 같다. 먼저 지방자치단체의 재정을 정책사업, 행정운영 경비, 재무활동으로 구분한다. 정책사업은 재정사업과 업무를 대상으로 부서의 성과 목표를 고려하여 정책적으로 일관성을 가진 다수의 단위사업들의 묶음을 의미하며, 지방자치단체 정책 수행을 위해 설정되는 세출예산서상의 일차적 사업 단위로서, 하부사업인 단위사업의 설정 근거가 된다. 다음은 단위사업을 설정하는데 단위사업은 정책사업을 세분한 다수의 실행 단위로서, 정책사업을 수행하기 위한 활동 근거가 된다. 마지막으로 세부사업을 설정한다. 세부사업이란 단위사업을 수행하기 위한 수개의 사업 단위로서, 가장 하위의 사업 단위를 말한다.

행정운영경비는 지방자치단체 행정조직 운영을 위한 최소한의 경상비로서, 총액인건비제도에 따른 인력운영비와 관서 운영을 위한 기본 경비로

[그림 5-3] 사업구조

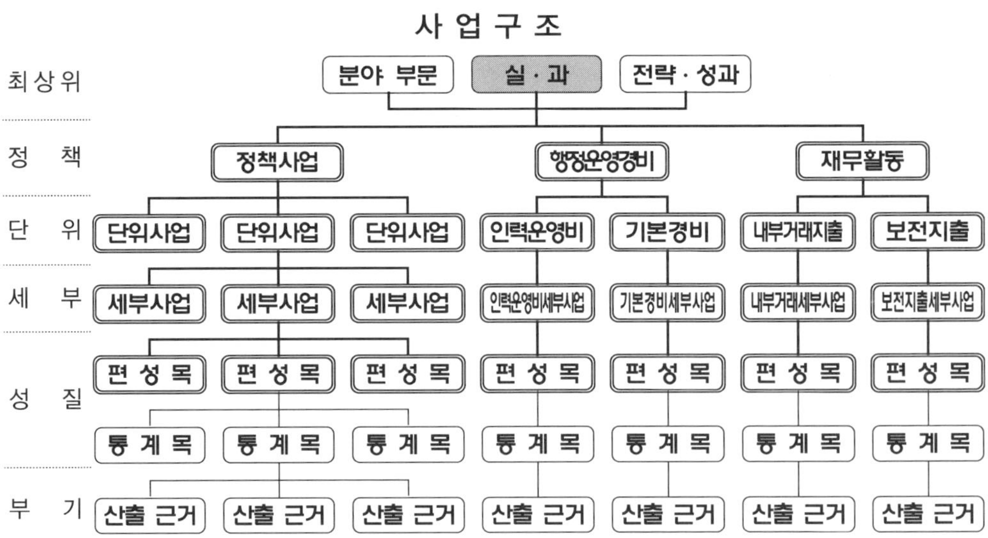


주: 1. 하나의 실과에서 여러 개의 정책사업 설정 가능(정책사업은 단일 부문으로만 구성).
2. 통계목과 산출 근거는 예산서상에 표시되지 않고, 통계관리 등 내부관리 목적으로 사용.

자료: 행정안전부(2007: 9).

구분한다. 재정보전적 이전재원, 채무 상환 등에 해당되는 영역은 총계관리 및 사업관리 방식의 차별화를 위해 재무활동(비사업)으로 설정한다.

<표 5-15>를 보면 세출의 기능별 비중은 사회복지비가 17.6%로 가장 많고, 수송 및 교통(13.4%), 국토 및 지역 개발(10.6%), 환경 보호(10.5%)가 상대적으로 높은 비중을 차지한다. 사업별로는 정책사업이 전체 세출에서 약 81.2%를 차지하고, 그 다음은 행정운영경비 13.7%, 재무활동 5.1%다. 세출의 기능에 따른 자체사업과 보조사업의 비중을 살펴보면 교육(95.8%), 일반공공행정(95.6%), 과학기술(92.8%)은 90% 이상이 자체사업이고, 반면에 사회복지의 경우는 86.2%가 보조사업으로 되어 있고 농림해양수산은 73.1%, 보건은 64.9%가 보조사업이다.

〈표 5-15〉 기능별·사업별 순계 예산 규모(일반+특별회계 2009년도)

(단위: 억 원)

| 분야 | 계 | 정책사업 | | 재무활동 | 행정운영경비 |
|---|---|---|---|---|---|
| | | 보조사업 | 자체사업 | | |
| 계 | 1,375,349 | 488,244 | 627,968 | 70,163 | 188,993 |
| 일반 공공행정 | 103,270 | 3,498 | 76,587 | 23,181 | 4 |
| 공공질서 및 안전 | 19,680 | 9,900 | 7,818 | 1,961 | - |
| 교육 | 78,785 | 3,333 | 75,205 | 247 | - |
| 문화 및 관광 | 70,938 | 29,883 | 37,777 | 3,278 | - |
| 환경 보호 | 143,932 | 47,490 | 88,801 | 7,379 | 262 |
| 사회복지 | 241,455 | 206,512 | 33,559 | 1,385 | - |
| 보건 | 19,241 | 12,461 | 6,743 | 36 | - |
| 농림해양수산 | 92,593 | 66,884 | 24,589 | 1,120 | - |
| 산업중소기업 | 29,251 | 12,377 | 15,051 | 1,820 | 3 |
| 수송 및 교통 | 183,886 | 54,850 | 106,702 | 22,334 | - |
| 국토 및 지역 개발 | 145,149 | 40,339 | 97,943 | 6,867 | - |
| 과학기술 | 7,419 | 534 | 6,881 | 4 | - |
| 예비비 | 23,561 | 164 | 23,217 | 180 | - |
| 기타 | 216,189 | - | 27,095 | 371 | 188,723 |

자료: 행정안전부(2009e: 213).

### 2) 성질별 분류

성질별 분류는 예산을 지출 대상(품목)별로 분류하는 방법이다. 지출 대상(품목)이란 예산 과목의 '목(目)'에 해당되는 것으로서 인건비, 물건비, 경상이전, 자본지출 등의 투입 요소를 지칭한다. 지방자치단체의 각 기관이 구입하는 재화와 서비스는 대동소이하기 때문에 이와같이 지출 대상인 품목을 명시하여 그에 따라 분류할 수 있다. 성질별 분류는 예산액을 지출 대상별로 명확히 배정함으로써 관료의 권한과 재량을 제한하고 회계 책임을 명확히 할 수 있는 통제 지향적 분류 방법이다. 성질별 분류는 가장 전통적인 예산 분류 방법으로 다른 예산 분류 방식과 병행해서 사용하고 있다(윤영진, 2008: 69).

〈표 5-16〉 세출예산 성질별 분류

| 그룹 | 편성목 | 통계목 |
|---|---|---|
| 100<br>인건비 | 101 인건비 | 기본급, 수당, 정액급식비, 교통보조비, 명절휴가비, 가계지원비, 연가보상비, 기타직 보수, 무기계약 근로자 보수, 기간제근로자 등 보수 |
| 200<br>물건비 | 201 일반운영비 | 사무관리비, 공공운영비, 행사운영비 |
| | ·<br>· | |
| | 207 연구개발비 | 연구용역비, 전산개발비, 시험연구비 |
| 300<br>경상이전 | 301 일반보상금 | 사회보장적수혜금, 장학금 및 학자금, 의용소방대지원경비, 자율방범대원운영비, 통·리·반장활동보상금, 입영장정지원비, 민간인국외여비, 외빈초청여비, 공익근무요원보상금, 행사실비보상금, 예술단원·운동부 등 보상금, 기타 보상금 |
| | ·<br>· | |
| | 311 차입금 이자 상환 | 시·도지역개발기금차입금 이자 상환, 시·군·구지역개발기금차입금 이자 상환, 통화금융기관차입금 이자 상환, 중앙정부차입금 이자 상환, 지방채증권 이자 상환, 기타 차입금 이자 상환 |
| 400<br>자본지출 | 401 시설비 및 부대비 | 기본조사설계비, 실시설계비, 토지매입비, 시설비, 감리비, 시설부대비, 행사 관련 시설비 |
| | ·<br>·<br>· | |
| | 407 국외 자본 이전 | 국외 자본이전 |

| | | |
|---|---|---|
| 500<br>융자 및<br>출자 | 501 융자금 | 민간융자금, 통화금융기관융자금 |
| | 502 출자금 | 출자금 |
| 600<br>보전재원 | 601 차입금 원금 상환 | 시·도지역개발기금차입금 원금 상환, 시·군·구지역개발기금차입금 원금 상환, 통화금융기관차입금 원금 상환, 중앙정부차입금 원금 상환, 지방채증권 원금 상환, 기타 국내차입금 원금 상환, 차관 상환, 기타 해외채무 상환 |
| | 602 예치금 | 예치금 |
| 700<br>내부거래 | 701 기타 회계전출금 | 기타 회계전출금 |
| | ·<br>· | |
| | 706 기타 내부거래 | 감가상각비, 당기순이익, 적립금 |
| 800<br>예비비<br>및 기타 | 801 예비비 | 예비비 |
| | 802 반환금 기타 | 국고보조금반환금, 시·도비보조금반환금, 과오납금 등, 잡손금, 당겨쓰기충당금 |

〈표 5-17〉 성질별 세출 총계 예산 규모(2009년도)

(단위: 억 원, %)

| 구분 | 총계 | | 일반회계 | | 특별회계 | |
|---|---|---|---|---|---|---|
| | 금액 | % | 금액 | % | 금액 | % |
| 인건비 | 154,068 | 8.65 | 143,915 | 10.24 | 10,153 | 2.80 |
| 물건비 | 94,408 | 5.30 | 72,089 | 5.13 | 22,319 | 5.95 |
| 이전경비 | 644,870 | 36.20 | 570,483 | 40.57 | 74,387 | 19.84 |
| 자본 지출 | 607,752 | 34.12 | 446,916 | 31.78 | 160,836 | 42.89 |
| 융자 및 출자 | 30,330 | 1.70 | 2,976 | 0.21 | 27,354 | 7.30 |
| 보전재원 | 30,362 | 1.70 | 9,422 | 0.67 | 20,940 | 5.58 |
| 내부거래 | 152,818 | 8.58 | 136,598 | 9.71 | 16,220 | 4.33 |
| 예비비 및 기타 | 66,419 | 3.73 | 23,678 | 1.68 | 42,741 | 11.40 |
| 계 | 1,781,027 | 100.00 | 1,406,077 | 100.00 | 374,950 | 100.00 |

주: 성질별 예산 규모는 순계 예산으로는 작성이 곤란하여 총계 예산 규모로 수록.
자료: 행정안전부(2009e: 239-241).

세출예산의 성질별 분류인 목(目)별 내용을 예시하면 <표 5-16>과 같다.

지방정부 예산을 성질별 분류(목 그룹)에 따라 살펴보면 <표 5-17>과 같다. 일반회계와 특별회계의 총규모에서 이전경비(36.20%)와 자본지출(34.12%)이 차지하는 비율은 70.32%로 가장 높다. 일반회계와 특별회계의 경우도 각각 이전경비와 자본지출의 비율이 높다.

# 제 6 장 지방행정과 지역정보화

## 제 1 절 | 지방화 시대의 정보화 흐름

지방분권과 자립형 지방화의 개념에 맞는 지역정보화 추진으로 다른 지역과의 차별성을 띤 개성 있는 특화된 지역정보화 전략으로 지역 간 경쟁력 강화에의 요구가 대두되고 있다. 지역정보화는 자치단체의 분권적 업무 추진에서 중추적인 역할 수행과 더불어 주민의 참여 촉진을 가능하게 하는 지역사회를 연결하는 사회적 네트워크의 통합 도구로 등장했다. 더 나아가 시민과 행정 간 상호작용을 촉진시킴으로써 지방정부에 시민사회가 침투할 수 있는 공간을 마련할 것이다(임석준 · 이승종, 2005). 중앙 주도의 지역정보화 개발에서 지방 주도의 지역정보화 활용으로 변화되고 있다. 이러한 변화는 구체적으로 자치단체 정보화 담당자의 인식에도 반영되는데, 지역정보화의 목적을 주민에게 다양한 서비스 제공 및 지역산업 및 경제의 촉진을 위한 지역 발전이라 인식하고 있으며, 중요시되는 정보화 분야도 생활정보화를 꼽고 있어, 초기의 행정 중심의 공급자 위주의 지역정보화에서 생활 중심의 수요자 위주의 지역정보화로 전환되고 있음을 의미한다.

또한 최근에는 지역정보화 패러다임이 e-지역정보화에서 u-지역정보화로 전환하고 있다. 이미 각국의 정보화는 u-IT를 바탕으로 새로운 방식의 질 높은 지역정보 제공 체계의 정비와 대주민 정보 서비스에 변화가 나타나고 있다. 이러한 변화는 정보기술의 패러다임 전이라는 관점에서 볼 때 최근 급격히 등장·발전하는 u-IT는 새로운 정상과학의 등장이며 혁명이라 할 수 있다(서홍석, 2005). 정보기술 패러다임의 변화는 전산화, 인터넷 접속환경을 중심으로 전자공간 구축과 보편적 초고속 인터넷 서비스의 지식정보화를 중심으로 하는 'e-기반'에서 유비쿼터스 등장으로 기술과 서비스의 융합화가 진행되는 'u-기반'으로 전환하고 있다. 이에 따라 지역정보화의 변화도 지역주민의 생활환경 변화와 유비쿼터스 정보기술의 급속한 발전으로 지역정보화에 대한 주민의 기대 수준과 요구가 증가하고 있다. 유비쿼터스 정보기술의 발전에 따라 지역정보화는 보편적 정보 접근 기회를 제공하고, 전자공간과 물리공간의 연계 발전을 통해 정보 격차를 해소하고 주민 삶의 질 향상 기회를 제공할 것으로 기대된다(최준영, 2006: 53).

## 제 2 절 | 지역정보화의 이론적 성격

### 1 지역정보화의 개념

광의의 의미에서 지역정보화란 지역 단위에서 이뤄지는 총체적인 정보화를 망라한 개념이다. 넓은 의미의 지역정보화는 각 분야의 정보 시스템을 개발, 활용하는 분야별 정보화와 시설, 제도, 인력, 정보 등 제반 환경 구축을 뜻하는 정보화 기반 조성을 포함하는 총체적 활동을 의미한다. 협의적으로는 지방자치단체가 소관 업무와 관련하여 정보 시스템을 구축·활용하는 일련의 활동을 의미한다. 좁은 의미의 지역정보화는 행정, 산업, 생활,

도시 기반 등 지역의 각 분야별 정보 시스템을 구축하고 정보 서비스를 제공하는 활동을 의미한다.

지역정보화는 정보기술의 응용을 통해 지역화와 정보화를 동시에 달성하고자 하는 일련의 사회적 혁신 과정으로 이해할 수 있다. 여기서 '지역화'

〈표 6-1〉 지역정보화 개념에 대한 의견

| 구분 | 개념 정의 |
|---|---|
| *The Third Wave*, A. Toffler(1980) | 정보사회에서의 지역 개발은 산업사회의 획일주의가 사라짐에 따라 탈규격화, 탈대량화, 탈집중화 현상이 두드러지는 지방 시대가 될 것이므로 지역 간 정보평등이 이뤄져야 하며 이러한 동등한 지역사회가 상호의존적인 하부경제를 이룰 때 지역균형 발전이 이뤄질 것임. |
| 地域開發と情報化辭典, Fuji Techno System(1988) | 지역사회의 구성 요원인 기업, 산업단체, 지방자치단체, 가정, 개인 등이 정보기술을 활용하는 등 지역 주체가 관련되는 정보활동의 총체 또는 지역이라는 필터를 통한 정보활동의 총체를 의미하여, 구체적으로는 지역산업을 활성화하여 고용 및 소득을 증대시키기 위한 지역에서의 '산업의 정보화' 및 '정보의 산업화'와 살기 좋고 편리한 사회환경을 조성하기 위한 지역에서의 '사회생활의 정보화'를 의미함. |
| 한국의 통신, 정보통신부(1988) | 고도 정보화의 선행적 시책으로 지역 특성에 맞는 뉴미디어의 보급을 촉진함으로써 전국토의 균형 발전과 정보, 통신, 복지의 전국 균등화를 꾀하는 것임. |
| 지역정보화촉진시행계획, 행정자치부(1996) | 지방자치단체, 지역주민이 주체가 되어 지역의 문제 해결이나 지역의 발전을 위해 단위 지역 내 정보통신의 기반시설을 조성하고 다양한 정보통신 네트워크를 구축, 활용하는 지역 단위 정보화 |
| 지역정보화의 이론과 실제, 한세억 외(1997) | 국가 내 단위지역의 특성과 지역 주민의 요구에 부합하는 지역의 행정, 산업, 생활 분야의 정보화 촉진을 위한 정보통신 기반구조 정비, 정보 시스템 구축 및 정보문화 정립 활동 |
| 정보체계론, 안문석(1993) | 국가 내 단위지역의 특성과 요구에 맞는 정보화활동의 총체로 지방자치단체와 지역 주민, 지역기업, 지역 주민 등을 주체로 하여 지역의 특성과 지역 주민의 개성을 살려 지역 내 정보통신 하부구조의 구현과 정보통신 서비스의 보급 및 정보문화의 정립을 통한 지역발전 전략으로서 지역 및 지방 간 또는 중앙과 지방 간 격차 해소로 균형 발전을 이루고 궁극적으로 국가사회 전반의 균형적 발전을 이룰 목적으로 하는 총체적 활동 |

자료: 한세억 외(1997).

를 강조하면 지역 발전이나 지역 간 균형 발전을 위한 수단의 하나로 정보화를 지역에 도입한다는 의미가 되며, 지역 주체가 관련된 정보활동의 총체 또는 지역이라는 필터를 통한 정보활동의 총체를 지역정보화로 이해할 수 있다. 반면에 '정보화'를 강조하는 측면에서 볼 때 지역정보화란 정보화의 선행적 시책으로서 지역 특성에 맞는 뉴미디어의 보급을 촉진함으로써 전 국토의 균형 발전과 정보통신의 전국 균등화를 꾀하는 활동으로서 정보화를 통한 지역 간 균형 발전이 강조된다.

지역정보화의 개념은 <표 6-1>에서 보듯 학자들에 따라 상이하게 규정될 수 있기 때문에 아직 통일된 개념은 없지만 넓은 의미에서 조작적으로 지역정보화의 개념을 정의할 수 있다. 즉, "지역의 주체가 되어 단위지역의 문제 해결이나 지역 발전을 위해 정보화 기반을 조성하고 정보 시스템을 구축・활용하는 일련의 변화 과정"으로 정의한다.

지역정보화의 개념을 구성 요소별로 나누어 보면 다음과 같이 해석할 수 있다. 지역정보화의 주체는 지역으로서 자치단체, 주민, 지역의 관・단체 등이 모두 포함되지만 그 중에서도 지방행정을 책임지는 지방자치단체의 추진 주체로서 역할이 매우 중요하다. 단위지역이란 광역자치단체, 기초자치단체 및 2 이상의 자치단체 또는 자치단체의 일부 공간 등 국토의 하위 공간(sub-area)을 의미한다. 지역정보화의 목표는 궁극적으로 지역의 사회 경제적인 모든 분야를 망라한 총체적인 지역 발전을 추구한다. 지역정보화의 내용은 정보화 기반 조성과 정보 시스템의 개발, 활용 등 정보화에 관련된 일련의 활동이 포함한다. 지역정보화는 정보통신 기술을 활용하여 혁신의 창출 및 확산을 통한 지역의 사회적 변화 과정을 의미한다.

## 2 지역정보화의 범위와 핵심 요소

지역정보화의 범위 또는 영역은 지역정보화의 내용 구성에 영향을 미치는 중요한 요소다.

〈표 6-2〉 정보의 지역화 및 지역의 정보화

| 구분 | 정보의 지역화 | 지역의 정보화 |
|---|---|---|
| 진입 시기 | 초기 | 성숙기 |
| 추진 목적 | 국가경쟁력 확보, 지역불균형 해소 | 지역발전, 지역주민 삶의 질 향상 |
| 추진 주체 | 국가 | 지역 |
| 추진 대상 | 산업정보화 | 산업정보화/행정정보화/생활정보화 등 |
| 추진 과정 | 하향식 | 상향식 |

자료: 한세억 외(1997).

첫째, 지향적 범위는 정보화의 단계에 따라 지역정보화는 정보의 지역화(localization of information)와 지역의 정보화(informatization of region)로 구분할 수 있다. <표 6-2>에서 보듯 양자는 정보화 추진 주체, 주요 대상, 발달 시기, 정보화 추진 상태 등 여러 면에서 상이한 모습을 드러낸다. 정보의 지역화는 국가경쟁력이라는 측면에서 관심 영역에 대한 정보화의 공간적 확산에 중점을 둔다. 지역의 정보화는 지역의 자율성과 지방자치 발전 및 지역 주민의 삶의 질 향상이라는 측면에서 지역의 자생적인 정보화를 강조한다.

둘째, 공간적 범위는 행정구역과 생활권의 불일치로 인해 고식적인 틀에 따라 지역정보화의 공간적 범위를 한정하기는 곤란하지만, 주민의 정주공간이 제도적으로 행정구역 단위로 설정되어 있다는 점을 고려할 때 현재의 지방자치단체 계층별 행정구역이 기준이 된다.

셋째, 지역정보화의 기능적 범위는 해당 지역의 공공행정, 산업/경제, 사회/생활 및 도시 기반 등의 정보 부문으로 구분할 수 있으며 부문별 정보화가 가능하도록 시설, 정보(콘텐츠) 인력, 제도 등 정보화 기반을 정비하는 활동이 포함한다.

한편, 지역정보화의 핵심 분야로서 지방행정의 정보화를 들 수 있으며, 그 근간은 시·군·구 행정정보 시스템이다. 행정정보 시스템은 새올시스템이라 불리는데 총 31개 업무 처리 하부 시스템 중 10개 업무 처리 시스템[1)]들이 그동안 1,2차 고도화 사업을 통해 구축 완료되었다. 전국 시·군·구에서 근무하는 관련 업무 담당자들이 실제로 자신의 업무 대부분을 해당 시스템을 통해 처리할 수 있게 되어 있다. 지역정보화의 핵심으로서 지방행정정보화의 구체적 산물로서 지방행정정보 시스템의 추진 과정은 <표 6-3>과 같다.

〈표 6-3〉 시·군·구 정보화 연혁과 주요 내용

| 구분 | 사업 기간 | 주요 내용 |
|---|---|---|
| 행정전산망 구축 사업 | 1987~1991 | •1차 행정전산망 구축: 주민등록, 부동산, 자동차 등 |
| | 1992~1996 | •2차 행정전산망 구축: 주민등록 전국 온라인 전출입 등 |
| 시·군·구 행정정보화 사업 | 1998.01~2000.12 | •1단계 사업: 보건복지, 지적 등 10개 업무 구축 |
| | 2000.07~2001.08 | •연계사업: 중앙부처 연계, 위생업무 등 개발 |
| | 2000.11~2003.09 | •2단계 사업: 민방위, 지역개발 등 11개 업무 구축, 인터넷 민원서비스 기반 구축 |
| 시·군·구 행정정보화 고도화 사업 (새올행정시스템) | 2004.10~2005.06 | •BPR/ISP: 31개 영역 업무 재설계 및 정보화계획 수립 |
| | 2005.10~2006.12 | •시군구 공통기반 구축 사업: H/W, S/W 기반 고도화<br>•고도화 1차: 위생, 여성 등 6개 업무 및 7개 기본 시스템 구축 |
| | 2006.06~2006.12 | •고도화 2차: 기본시스템 확대적용, 복지, 환경, 지역산업, 민방위 등 4개 업무 구축 및 고도화 1차 개발 시스템 시범 적용 |
| | 2008.10—2009.03 | •고도화 3차: 고도화 1,2차 구축사업 결과물 전국 시·군·구 확산·보급<br>•고도화 3차: 도로교통, 보건 등 7개 업무 업무 구축 및 전국 확산 보급 |

1) 10개 업무 처리 시스템은 내부행정 업무 처리 시스템, 법제 업무 처리 시스템, 감사 업무 처리 시스템, 의회 업무 처리 시스템, 위생 업무 처리 시스템, 여성 관련 업무 처리 시스템, 복지업무 처리 시스템, 환경 업무 처리 시스템, 민방위 업무 처리 시스템이다.

## 3 지역정보화의 특성

지역정보화는 '지역의, 지역에 의한, 지역을 위한 정보화사업'으로서 각각 정보화사업의 범위, 추진 주체, 목적의 세 가지 측면에서 독자적인 특성을 갖는다.

첫째, 정보화사업의 범위로서 지역정보화사업은 사업의 시행 및 효과 발생의 범위가 일정 지역에 국한된다는 점에서 일반적인 정보화사업과 구분된다. 또한 사업의 성격 측면에서도 모든 지역에 공통적으로 적용되는 사업을 의미하기보다는 특정 지역에 특화된 사업을 대상으로 한다.

둘째, 지역정보화사업의 추진 주체로서 지역의 정부 및 기업, 주민 등 해당 지역의 구성원이다. 그동안 중앙정부가 직접 지역에서 시행하는 사업들도 지역 단위로 행해지면 지역정보화사업으로 인식되어 왔다. 하지만, 비록 사업 범위가 특정 지역에 국한된다 할지라도 중앙정부의 관점에서는 그 지역은 전국의 일부분인 지역일 뿐이다. 최근에는 중앙부처들도 그동안의 중앙 주도식 지역정보화사업에 대한 반성과 함께 지역정보화사업은 지역이 주체가 되고 중앙은 지원하는 방식으로 전환되어야 한다는데 인식을 공유하고 있다.

셋째, 지역정보화사업의 목적은 정보화라는 수단을 통한 지역경쟁력 강화와 지역주민의 삶의 질 향상 등 총체적인 지역 발전(지역의 관점)에 있으며, 나아가 이를 통해 지역 간 균형 발전(국가적 관점)을 이루는 데 두고 있다. 지역의 총체적 발전을 목적으로 하는 만큼 부문별 정보화사업과 달리 지역을 기반으로 한 다양한 정보화사업들이 모두 지역정보화사업의 범주에 포함되는 '종합성'을 특징으로 한다.

# 제 3 절 | 지역정보화의 현황과 문제점

## 1 지역정보화 추진 현황

현재 지역정보화는 지역 중심보다는 중앙정부 차원에서 추진되어 왔다. 기존의 '정보화촉진기본법'(1995. 8), '전자정부 구현을 위한 행정 업무 등의 전자화 촉진에 관한 법'(2001. 7), 정보 격차 해소에 관한 법(2001. 1) 등을 통해 지역정보화사업 등이 추진되어 왔다. 정보화기본법에서는 지역정보화 사업의 주체를 지방자치단체로 명시하고 있으나, 실제 지역정보화사업의 제도적 기본이 되는 정보화 기본계획과 시행계획의 의무는 중앙정부에 대해서만 규정하고 있고 지방자치단체에 대해서는 아무런 조치를 명시하고 있지 않고 행정안전부의 지침에 의해 계획을 수립하고 있다. 자치단체에서는 각자 조례 중 자치법규 등을 통해 지역정보화사업을 실시하고 있으므로 종합적인 지역정보화를 추진하기 위한 조직·인력·재원의 동원 및 종합 기능과 조정 역할이 원활히 진행되지 못하는 실정이다. 자치단체 정보화 담당관들도 지역정보화를 추진할 때의 장애 요인으로 예산 확보의 어려움, 통합적인 추진 체계 등을 제시하고 있어 사업 추진을 위한 제도적 기반을 마련하는 것이 선결 과제로 부상하고 있다. 이처럼, 국가정보화에 대한 법적 제도의 정비에 비해, 지역 발전과 특성을 살릴 수 있는 지역정보화에 적합한 법적 제도의 마련이 중요한 정책과제로 대두하고 있다. 장차 유비쿼터스 등 미래정보화 사회에 대응한 미래 지향적 지역정보화가 요구된다.

1991년 6월 정보문화의 달을 기점으로 지역정보화가 추진되기 시작한 이래, 중앙행정기관의 지역정보화사업이 활발히 추진되기 시작했다. 기존의 모든 정보기술과 서비스가 유비쿼터스 개념으로 통합화되는 추세에 따라 유비쿼터스 환경에서 제공되는 다양한 지역정보화 제공 채널의 체계적인 상호 연계가 가능해짐에 따라 편리한 지역생활 환경 조성, 지역맞춤형 서비스 제공, 지역산업과 연계한 혁신 체계 확립 등 종합적 차원의 유비쿼터스 등 미래 지향적 지역정보화사업 및 서비스를 제공할 필요가 있다.

## 2 지역정보화의 문제점

그동안 추진되어 온 지역정보화 현상에서 드러난 문제점은 다음과 같다.

첫째, 지역정보화사업의 제도적 추진 근거가 미흡하다. 중앙정부 또는 자치단체가 추진하는 지역정보화사업들은 법적 기반이 미흡한 채, 행정 시책의 일환으로 추진돼 왔다. 가령 지역정보화촉진 시행계획의 수립에 대래 중앙정부의 의무만을 규정하고 있을 뿐, 자치단체에 대해서는 아무런 조치도 명시하고 있지 않아 중앙정부 지침에 의해 계획을 수립하고 있다. 이와 같이 지역정보화 시책의 법적 기반이 미흡하다보니 당연히 이를 뒷받침해야 할 조직, 인력, 재정 등이 취약할 수밖에 없다.

둘째, 중앙정부 중심의 하향적으로 지역정보화가 추진되어 왔다. 지역정보화가 본격적으로 추진된 지 10여 년이 지났음에도 불구하고 아직도 각 중앙부처별로 수직적 행정 계통에 지역정보화사업을 추진하고 있다. 각 부처의 지역정보화사업은 '지역정보화'라는 명칭을 사용하고는 있지만 실질적으로는 부처 정보화 업무의 지역 확산 성격을 지닌다. 그 때문에 정보화사업의 내용에서 '지역'은 없고 '정보'만 남아 있는 모습을 보인다. 무엇보다도 지역정보화사업이 해당 지역의 수요에 근거하고 그 지역 특성에 부합되지 못한 채 중앙부처의 필요에 따라 획일적으로 추진되는 폐단을 초래하고 있다. 또한 지역정보화의 이름을 빌린 부처별 정보화사업의 지방 확산은 추진 과정에서 공간적 배려보다는 경제적 효율성을 중시하기 때문에 대도시 중심으로 추진됨으로써 당초 지역정보화가 의도했던 목표인 지역 균형발전에 배치되고 지역 격차의 심화가 우려된다.

셋째, 중앙과 지방의 지역정보화 투자재원이 부족하다. 국가의 정보화전략이 정보화 인프라 구축과 부문별 정보화에 치중하다보니 지역정보화에 대한 재정 지원이 매우 미흡하다. 정보화기금의 지원은 명목상 지원의 수준에 불과하고 행정안전부의 특별교부세에 의한 지원도 규모가 매우 영세한데다 그나마 재정 지원이 중단된 상태이며, 국가균형발전특별회계의 지원은 제도적 지원 근거에도 불구하고 아직 실현되지 못한 상태다. 자치단체도 열악한 지방재정의 여건 속에서 가시적 성과가 나타나지 않고 실패위험이 높은 정보화사업에 우선적 투자를 기대하기 어렵다.

넷째, 행정정보화 위주의 사업 추진으로 실질적 지역 발전과 괴리를 보여 준다. 지역정보화를 중앙정부가 주관하면서 행정정보화 위주의 정보화정책을 중점 추진함에 따라 지역의 실질적 발전에 직결된 다양한 지역정보화 추진에는 소홀했다. 국가 행정전산망 사업을 시점으로 시・군・구 행정종합정보화 사업을 거쳐 시・도 행정종합정보화사업에 이르기까지 행정정보화 중심의 정보화사업 추진으로 자치단체의 내부행정 및 민원 서비스 혁신에는 큰 성과를 거뒀으나 방대한 사업 범위, 다양한 콘텐츠, 막대한 소요재원을 요구하는 지역정보화에는 미온적으로 대처하고 있다. 특히, 자치단체의 행정정보화를 지역정보화와 동일시하여 행정정보화 추진 과정에서 요구되는 획일적 기준을 다른 분야에까지 그대로 지방에 적용함으로써 지역정보화의 다양한 수요와 콘텐츠 특성을 반영하지 못하고 있다.

다섯째, 추진 주체 간 심의・조정 기능의 미흡으로 중복 투자가 발생했다. 각 중앙부처별로 지역정보화 기능이 난립되어 있는데도 이를 통합, 조정할 수 있는 제도적 장치나 기능이 부재하다. 부처별 정보화정책을 총괄하여 심의・조정하는 기구로 정보화위원회가 있으나 동 위원회의 분과위원회가 중앙부처의 편제와 유사하기 때문에 부처별로 산발적으로 추진하는 정보화정책을 이 위원회에서 조정하는 데 한계가 있다. 중앙부처의 산발적 정보화 추진 양상은 자치단체에도 그대로 투영되어 각 현업 부서별로 다양한 정보화사업을 추진하고 있으나 자치단체 내에서 이를 통합・조정할 수 있는 기제가 미흡하여 투자의 비효율을 초래하고 있다. 기관 내 정보화사업의 통합・조정을 목적으로 모든 자치단체가 CIO제도를 도입하고 있으나 형식적 운영에 그치고 있어 실효성이 미흡하다. 자치단체 간에도 유사 또는 중복되는 S/W에 대해 심의・조정 기능이 미흡하여 공동 개발이나 자치정보화조합을 통한 공동 개발 및 분담 개발 등의 사례는 미흡한 실정이다.

## 제 4 절 | 지역정보화의 비전 및 원칙

### 1 지역정보화의 비전과 목표

지역정보화를 추진하는 궁극적 비전은 '정보화를 통한 지역균형 발전의 추구'에 두어야 한다. 즉 생산 요소의 불균형으로 인한 산업사회의 고착화된 지역 격차에서 벗어나 정보화를 통해 지역 간 균형 발전을 추구함으로써 국가 발전에 기여하는 것이 지역정보화의 지향점(orientation)이다. 선진지역은 정보화를 통한 혁신 창출로 지역 발전을 지속하는 것이며, 후진 지역은 정보화를 통해 입지의 불리에서 벗어나 새로운 활력을 충전하는 것이다.

지역정보화의 목표는 [그림 6-1]에서 보듯이 첫째, 지역경제 활성화의 지원이다. 정보통신기술(ICT)은 그 자체가 혁신일 뿐 아니라 새로운 혁신 창출의 수단이 되기 때문에 정보화를 통해 부가가치를 높여 소득과 일자리를 창출함으로써 지역경제에 기여할 수 있다.

둘째, 정보화를 통한 신산업을 육성하거나 기존 산업에 정보화를 접목함으로써 지역경제의 경쟁력을 제고하는 것이다.

셋째, 지방행정의 효율성을 제고하는 것이다. 지방행정 업무의 고도정보화를 통해 행정 내부 효율성 제고는 물론 대민 서비스의 혁신을 도모함으로써 선진 자치행정을 달성하며, 지방행정 정보화로 행정과 주민 간은 물론 지역 내 기관 및 단체 등 구성원들 간 협치(local governance) 기반을 조성함으로써 전자 민주주의를 구현하는 것이다.

[그림 6-1] 지역정보화의 목표-수단 체계

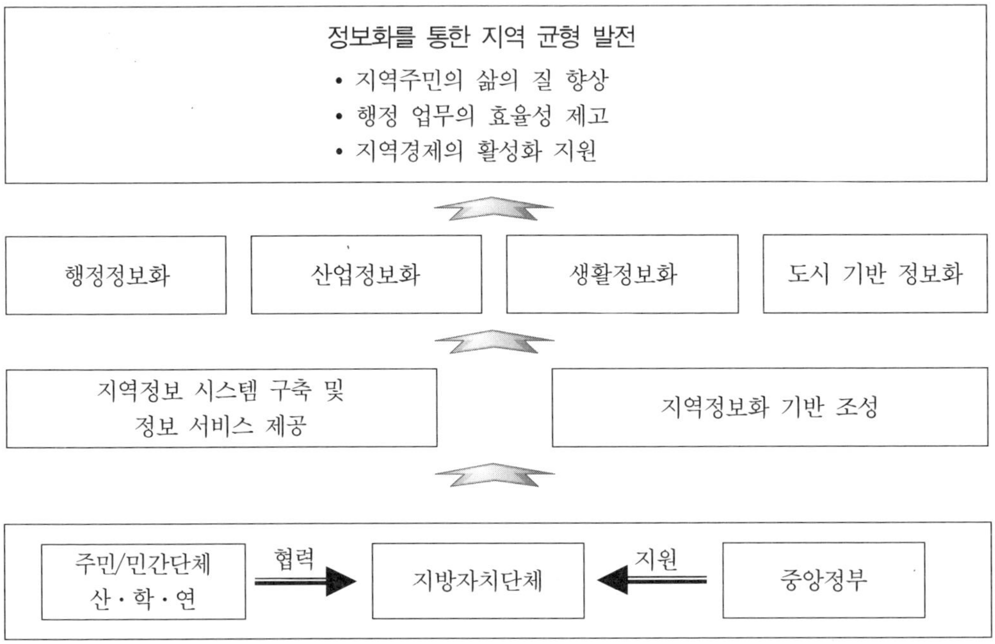


넷째, 주민생활의 삶의 질 개선이다. 문화, 복지, 교육 등 주민생활과 직결된 다양한 분야의 정보 시스템을 구축해 정보 서비스를 제공함으로써 삶의 질을 제고해야 한다. 유비쿼터스 기술(U-ICT) 등 신기술의 도입 및 보편화에 부응하여 도시 기반 정보화를 추진함으로써 풍요롭고 편리한 정보복지사회를 구현하는 데 있다.

## 2 지역정보화 추진의 기본 원칙

첫째, 수요 중심의 추진 원칙이다. 정보화 초기 단계의 기술 주도적 공급자 중심에서 탈피해 사회적 수용을 고려한 수요자(이용자) 중심의 정보화를 추진했다. 특히 지역정보화는 중앙부처가 추진하는 부문별 정보화의 획일적 지역 확산에서 탈피해 지역의 수요와 욕구에 근거해 특성화된 정보화 사업을 추진함으로써 지역사회의 수용성을 높여야 한다.

둘째, 통합적 추진 원칙이다. 지역정보화를 국가정보화의 하위 영역으로 인식하지 않고 자치단체의 모든 영역을 망라한 종합적 대응이 필요하다. 또한 중앙부처 간 또는 자치단체의 부서 간 산발적인 추진 체제를 지양하고 협력과 조정을 통한 중앙-지방-민간의 통합적 추진 구도를 정립해야 한다.

셋째, 자율적 추진 원칙이다. 중앙정부의 일방적인 개발·보급·확산 체제를 벗어나 지방의 수요에 근거하며 지방의 특성을 반영한 정보화사업을 자율적으로 추진할 수 있는 여건 조성이다. 중앙정부는 가이드라인의 제시와 조정·지원의 역할을 수행하고 사업의 추진은 자치단체가 지역 내 주체들과의 협력 체제를 구축해 추진할 수 있는 여건을 조성해야 한다.

## 제 5 절 | 지방행정과 지역정보화의 미래: u-City

### 1 미래 지향적 도시의 등장

오늘날 패러다임이 전산화, 정보화, 지식화를 거쳐 유비쿼터스화로 변화하는 것은 ICT의 급속한 발전과 맥을 같이하면서 그 변화 주기도 더욱 빨라지고 있다. 즉, 네트워크 접속 기기의 다양화, IT 적용 영역의 확대, 네트워크의 인프라 다양화, 네트워크의 영역 확대, 그리고 SW 개발 및 이용 방식의 확대 등이 유비쿼터스화를 가속화시키고 있다.

유비쿼터스 맥락에서 지방 및 도시의 변화는 u-City를 통해 나타난다. u-City란 바로 이전의 도시 모습이 '지능화'된 상태를 의미한다. 예를 들면, 도시의 공원, 도서관, 공항, 병원, 전기 및 수도 공급, 재택보건 서비스, 모자보건 등 서비스의 통일성을 구현해야 하는 부분과 노인, 청소년에 대한 주택, 도서관, 학교 등 모든 주민에게 평등한 수준의 서비스를 지능적으로 제공하는 것을 의미한다. 이러한 복잡한 도시 기능을 성공적으로 수행하기 위해서는 모든 수준에서 정보 교류와 협력이 요구되고, 도시 기능 관리도 유비쿼터스 네트워크 컴퓨팅에 의해 이뤄지도록 하는 것이다.

장차 유비쿼터스 ICT의 급속한 발전을 통해 u-City도 더욱 고도화될 것으로 예상된다. 또한 지방자치단체는 지역주민의 다양한 서비스 수요의 증가로 시·공간적 차원의 융합화된 실시간 맞춤형 서비스가 요구된다. 이는 지방 및 도시행정 패러다임이 government에서 governance로 이행함에 따라 새로운 도시와 새로운 행정의 등장을 요구한다. 이에 따라 미래형 도시의 대안으로 디지털 도시 혹은 유비쿼터스 도시(u-City)가 부상하고 있다. 여기서 u-City란 “유비쿼터스 컴퓨팅, 정보통신 기술을 기반으로 도시 전반의 영역을 융합(convergence)하여, 통합되고(integrated), 지능적이며(intelligent), 스스로 혁신되는(innovative) 도시”다. 이러한 u-City는 복합적인 기능의 합성체로 친환경적 생태도시, 정보 인프라가 잘 갖춰진 첨단정보도시, 공공 서비스가 기능적으로 복합화되어 제공되는 지능 기반형 도시, 지방 거버넌스 행정(민관협력 방식)에 의해 이뤄지는 혁신형 도시 등을 의미한다.

또한 u-City는 [그림 6-2]에서 보듯 전자공간과 물리공간이 융합된 유비쿼터스 도시공간을 창출함으로써 새로운 비즈니스를 창출하고 거버넌스의 완성도를 높일 수 있는 것이다. 따라서 u-City 전반의 영역, 즉 공간, 사물, 인간, 활동이 융합되어 친환경적, 첨단적, 자급자족형으로 지속 가능한 관리구조를 가질 수 있도록 연구를 진행할 필요가 있다. 즉, 이러한 u-City를 구현하기 위해서는 기본적인 일상생활과 관련된 도시관리 서비스와 지역의 특화 서비스의 조화를 이루며 생산력 있는 서비스 제공 모델이 우선적으로 설정될 필요가 있다(하원규, 2003).

[그림 6-2] 사이버 도시와 유비쿼터스 도시의 구현 방식

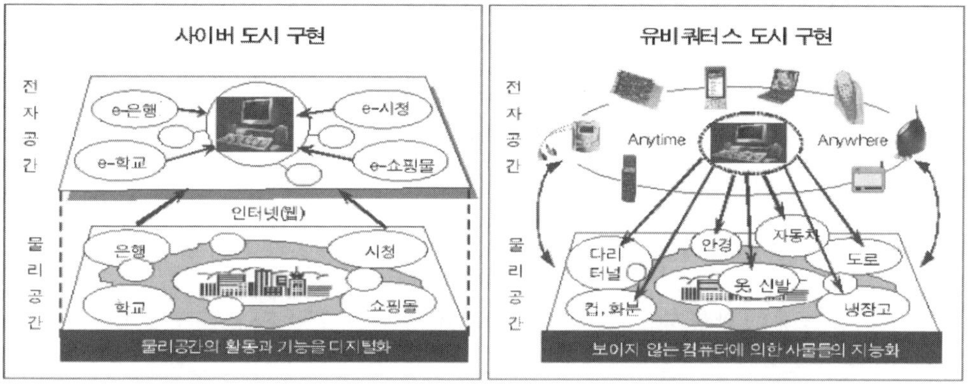


## 2 주요 자치단체의 u-City 추진 현황

지자체 정보화사업은 다양한 주체에 의해 다양한 형태로 이뤄지고 있다. 이는 각 중앙정부 기관마다 최신 기술의 등장과 함께 각자의 업무 영역 차원에서 정보화 노력을 시도하는 것이다. 그러나 대부분 이러한 시스템의 최종 사용자는 지자체와 국민(지역 주민)이므로 지자체 정보화 관점에서 분석해 볼 필요가 있다. 특히 최근 등장하고 있는 유비쿼터스 컴퓨팅, RFID, USN(ubiquitous sensor network) 기술 등으로 인해 각 중앙기관은 물론 지방정부에서 경쟁적으로 유비쿼터스 사업을 추진해 나가고 있다. <표 6-4>에서 보듯이 지역주민에게 좀더 향상된 서비스를 제공하기 위한 노력은 정보화에 대한 투자를 극대화할 수 있다는 차원에서 긍정적으로 평가할 수 있다.

다른 한편, u-City 및 정보화 중복 투자, 정보자원의 통합 및 연계 어려움 등의 문제를 초래할 가능성이 높다.

〈표 6-4〉 주요 u-서비스 내용

| 추진단계 | 분야 | 시범 서비스(안) |
|---|---|---|
| 공통 1차 (2008) | 관제 | • 도시기반시설 관제 서비스<br>- RFID 태그 등을 부착하여 기반시설(지하시설물, 가로시설물, 공용청사 등)에 대한 정보 수집 및 제공 |
| | 치안 | • 통합 방범 서비스<br>- 무인카메라, 지능형 가로등 등을 활용한 무인치안 상황 감지 및 통보 서비스 |
| | 소방 | • 통합화재 예방 및 통보 서비스<br>- 센서 네트워크 등을 통한 무인화재 상황 감지 및 통보 서비스 |
| | 주민생활 | • 통합육아 서비스<br>- 육아 관련 행정 서비스(각종 보조금 안내 · 지급 등)와 관련 부가 서비스를 통합한 서비스 제공 |
| | | • 통합이사 서비스<br>- 전출부터 전입까지의 행정 서비스와 관련 부가 서비스(전기, 가스)를 통합하여 제공 |
| | 복지 | • 통합노령자복지민원 서비스<br>- 노령자(65세 이상 거동불편자)의 복지행정(보조금, 복지시설 알선 등)과 관련 부가행정 서비스를 통합하여 제공 |
| | | • 아동위치확인 서비스<br>- 서비스를 원하는 저소득층, 맞벌이부부 등의 장애인, 미취학 아동에 대한 위치 확인을 통한 미아 방지 및 범죄 예방 |
| 공통 2차 (2009) | 건물 | • 건물안내 서비스<br>- 위치기반 서비스(LSB)와 사업체 등록정보, 각종 공공기관정보를 연계한 건물 안내 |
| | 안전 | • 통합방재 서비스<br>- 분야별로 별도로 관리되는 방재정보를 통합하여 자치단체별 상황 조치 |
| | 식품 | • 식품이력관리 서비스<br>- RFID 등을 이용한 식품의 원산지, 유통자, 품질 등의 이력을 관리 |
| | 환경 | • 환경모니터링 서비스<br>- 환경정보 센서 등을 이용한 기온(열대아 등), 대기오염농도, 소음, 바람 진동, 수질 및 토양오염 등의 환경정보를 모니터링하여 지역 주민에 상황을 고지하는 서비스 |
| | | • 쓰레기(폐기물)관리 서비스<br>- RFID 등을 이용한 쓰레기 발생 · 추적 · 처리 · 확인 통합 서비스 |
| | 교통 | • 차고지 · 거주자주차확인 서비스<br>- RFID 등을 이용 거주자의 차고지 및 주차 확인을 하여 불법 주정차 방지 |
| 특화 3차 (2010 ~ ) | 의료 | • 노인성 질환관리 서비스<br>- 저소득층 · 맞벌이부부를 대상으로 RFID를 이용하여 노인 환자의 위치 파악, 원격 건강 상태 체크, 투약 시간 관리 등 의료관리 |
| | 관광 | • 관광안내 서비스<br>- RFID 등을 이용한 관광 경로, 문화재 등 관광안내 서비스 |

※ 서비스 대상 계층 및 시범 서비스지역은 ISP를 통해 결정.

<표 6-5>에서 보듯이 각 지자체별로 경쟁적으로 추진되는 상황에서 총괄적 조정과 보완이 요구된다.

〈표 6-5〉 지방자치단체의 u-City 추진 현황

| U-City | | 개발 규모 | | 계획 기간 | 내용 | |
|---|---|---|---|---|---|---|
| 지역 | 타이틀 | 대상지 | 면적(천 평)<br>인구(천 명) | | 전략 | 사업 주체 |
| 서울 특별시 | u-상암 (DMC) | 상암동 월드컵 경기장 일원 | 1,920<br>- | 2001~10 | • 첨단 IT콤플렉스(디지털미디어 중심)<br>• 산학연 R&D, 디지털 미디어 스트리트<br>• 모바일 비즈니스 테스트 베드 | 서울 특별시 |
| 인천 광역시 | u-송도 | 인천경제 자유구역 | 16,110<br>500 | 2002~20 | • 국제비즈니스센터(업무 전시 교류, 외국인 주거, 대학, 병원)<br>• 지식정보산업단지(테크노밸리, 파크)<br>• 첨단 BIO 단지(생명공학, R&D)<br>• 주거단지(공동주택단지, 교육시설용지)<br>• 송도항만(보합 물류 체계), 배후단지, 산업용지, 국제유통단지 | 인천 자유 구역청 |
| | | | | | | |
| 부산 광역시 | u-부산 | 부산 광역시 | - | 향후 5년 그 후 지속 | • U-Traffic(지능형 교통시스템 구축)<br>• 센텀시티 유비쿼터스 클러스터(교통 및 지역통제센터, 유비쿼터스 IT빌딩 구축, 유비쿼터스 컨벤션 및 전시센터), U-Port 건설, U-도시행정 구축 | 부산 광역시 |
| 광주 광역시 | u-광주 | 광주 광역시 | - | 2004~12 | • 디지털 공동체 건설 목표 u-광주 구현 10대 전략 프로젝트 추진, 홈네트워크산업 및 시범단지 육성, 모바일 콘텐츠 산업 육성, 디지털 방송 선도 도시화, 광가입자망 서비스, u-광주 추진기획단 구성, 모바일 행정구현, 광주 클타운 프로젝트 추진, | 광주 광역시 |

| | | | | | | |
|---|---|---|---|---|---|---|
| | | | | | 유비쿼터스 미래혁신도시 조성, 실용적 비즈니스 창출 | |
| 대전 광역시 | u-대전 | 대전 광역시 | - | 2004~07 | • 유비쿼터스 기술 산업화자원 기지화<br>• 유비쿼터스 체험공간 조성 | 대전 광역시 |
| 경상 북도 | u-경북 | 경상북도 | - | - | • 유비쿼터스의 국내 최대 테스트 베드 구축 구상<br>• 도전지역의 인터넷 서비스지역화, 구미를 중심으로 한 유비쿼터스 IT벨트(U-NT, U-IT, U-BT, U-관광, U-교육특구) 구축 등 | 경상 북도 |
| 제주도 | u-제주 | 제주도 | - | | · 국가 텔레매틱스 시범사업과 연계<br>· 유비쿼터스 기술 테스트 베드 | 제주도 |
| 강원도 | - | - | - | - | · U-City 구축을 미래혁신 과제로 제시<br>· 평창에 IT인프라 확충을 통한 U-평창 추진 | 강원도 |
| 충청 남도 | u-아산 | 아산시 | - | ~2006 | • u-시티의 시범 모델<br>• u 전략산업을 집중 육성 | 충청 남도 |
| 충청 북도 | u-충북 | 오송생명 과학단지 | - | 2005~09 | • U-충북의 전 단계로 u-오송<br>• 각종 시설물에 대한 3D GIS 구축<br>• u 클러스터 조성(오창, 오성) 등 | 충청 북도 |
| 용인시 | 디지털 도시 | 홍덕택지 개발지구 | 649 29 | 2004~07 | • 유비쿼터스 서비스 제공(DTV, 실시간교통정보, 모바일 인터넷)<br>• 지하매설물 센서<br>• 50MBps 이상의 인터넷망 구축 | 한국 토지 공사 |
| 수원시 | u-수원 | 수원시 | - | ~2007 | • U-ISP(수원 U-정보화전략) 수립<br>• 모바일 행정서비스 구현 | 수원시 |
| 수원시 | 광교 테크노 밸리 | 광교 | - | - | • 마스터플랜 수립, u시티 공공정보서비스 및 관제센터 구축, 광역 행정과 업무, 광역상업 및 테마관광, 첨단산업 및 연구 부문 등의 인프라 구축 | 경기 지방 공사 |

| | | | | | | |
|---|---|---|---|---|---|---|
| 화성시 | 디지털<br>도시 | 화성동탄 | 2,730<br>121 | ~2007 | • 광대역통합망, 도시공공정보센터 | 한국<br>토지<br>공사 |
| 전주시 | u-전주 | 전주시 | - | 2005~<br>08 | • 문화, 관광, 교통, 주거 등 다양한 분야별 비즈니스 모델과 서비스 도출 | 전주정<br>보영상<br>진흥원 |
| 경기도 | u-파주 | 운정택지<br>개발지구 | 2,850<br>- | 2005~<br>09 | • 정보화전략 계획 수립, 첨단 정보화도시(u-city) 구축<br>• 최첨단 인프라, 도시통합네트워크센터 | 주택<br>공사 |
| 서울시<br>강남구 | u-강남 | 강남구 | - | 2004~<br>07 | • u-강남 ISP 수립 완료<br>• u-스마트 비전(u포털, u행정, u문화, u복지, u환경, u유통) 제시 | 강남구 |
| 창원시 | u-창원 | | 18<br>- | - | • 창원컨벤션센터 및 연계시설 건설<br>• 각종 기반시설 전체를 통합 및 디지털 네트워크 구축, 컨벤션센터, 특급호텔, 쇼핑문화공간, 오피스텔, 인공 캐널 등 | 도시와<br>사람<br>(주) |

# 제 7 장 도시정책과 도시기획

## 제 1 절 | 산업도시의 성장 변화 역사

산업사회 도시의 가장 두드러진 특징은 산업혁명이 진행 과정에서 속에서 나타난 영국과 미국의 도시 체계에 대한 일대 대변화를 일으킨 범위와 진행 속도라고 할 수 있다. 영국에서는 1800년에 인구 10만 이상 도시가 런던 하나뿐이었으나 1891년에 24개로 증가했으며(Ley, 1983) 미국에서는 이러한 과정이 대략 50~60년 후에 발생했다. 영국과 미국의 도시 체계 중심은 기존의 정치·종교 및 상업 중심지에서 제조업 중심지로 이전했다. 초기 수력(水力)에서 이후 석탄에 이르기까지 저렴한 에너지원은 강이나 호소 등 수운교통과 함께 성장의 견인차 역할을 담당했다.

이러한 도시의 성장 규모나 속도도 새로웠지만, 성장을 야기한 요인도 기존과는 다른 것이었다. 산업사회의 도시의 성장은 새로이 부상하는 산업자본주의 체제 내에서 공장 시스템의 발달과 밀접히 연결되었다. 공업이 도심 부근의 토지 이용 경쟁에서 다른 기능을 능가할 수 있었던 것은 당시의 기록이나 도시 모델에서 묘사된 산업사회 도시의 일반적인 형태를 이루는 기초가 되었다(유환종 외, 1999).

도시의 중심부는 상업적 토지 이용 등으로 묘사되는 중심업무지구로 변화했으며, 도심부 주위는 대량의 노동력을 필요로 하는 공업적 토지 이용이 이뤄지고 이를 둘러싼 노동자 계층의 주거지역이 형성되었다.

노동자 계층의 주거지의 삶의 질은 극도로 열악했고 상하수도와 전기 등 공공 서비스 공급은 매우 미흡했다. 노동자 거주지대는 무법천지가 되고 질병이 만연함으로써, 좀 더 부유한 중산층에게 일련의 '도덕적 공황'을 자아내게 했다. 새로운 노동자계층 주거지대의 형성에 대한 중산층의 이러한 반응은 중산층을 도심에서 멀리 떨어진 광활한 교외지역으로 이주하게 만드는 동기를 부여했고, 이는 획기적인 교통혁신을 통해 더욱 촉진되었으며 향후 이러한 과정은 도심의 슬럼화 현상과 연결되어 있다.

전국적인 산업도시의 발전은 제조업을 바탕으로 시작되었지만 산업도시의 변화는 제조업으로 대표되는 경공업에서 중화학공업으로 발전하면서 한 단계 향상된 발전을 가져왔다. 중화학공업에서는 기계설비가 대규모화하는 동시에 기업조직도 거대화하기 때문에 이에 맞는 도시의 변화가 일어났다.

거대한 중화학공업 기업조직에서는 공장조직과 사무조직이 분리되며, 이들은 공간적으로 분리된다. 즉, 대량생산을 수행하는 공장과 대량생산된 생산물을 대량소비로 연결하는 판매조직이 분리되어 공간적으로도 상이한 위치에 놓이게 된다. 그렇게 되면 판매조직이나 관리조직으로 구성된 사무조직이 집중하는 관리도시가 나타나고 관리도시는 거대한 기업조직이 피라미드형으로 조직되는 데 알맞도록 관리조직이 집중되는 중추관리도시의 형성으로 이어지게 된다. 또한 중추관리도시의 시장은 인구를 흡수하고 이 때문에 중추관리도시는 거대도시로 팽창하는 과정을 거치게 되었다.

그러나 이러한 거대도시로의 성장이 지속 가능한 도시의 발전을 보장하지 않는다는 것을 우리는 경험으로 체득하게 되었다. 북미와 유럽의 주요 도시의 상당수는 1850년대 이래 산업자본의 팽창에 기반을 두고 밀접히 연관되어 있었지만 1980년대 초 이들 도시의 상당수는 경제 부문에서 몇 가지 심각한 문제를 경험하게 되었다. 제조업 부문의 쇠퇴에 따른 실업은 북미와 유럽의 구산업도시들이 직면하게 된 중요한 문제로 대두되었다. 또한 이러한 문제의 속도와 범위는 매우 심각한 것이었다.

도시에서 산업의 쇠퇴 문제는 많은 다차원적인 문제로 부각되었다(유환종 외, 1999).

시간적 : 장기실업 문제의 출현, 실업 인구의 상당수가 1년 이상 직장을 구하지 못함.
부문적 : 실업은 한태 국가경제의 중요한 부문이었던 제조업에 집중되었음.
지역적 : 지역간 현저한 차이 발생, 영국 북부와 북미 중서부 제조업지대 같은 곳이 심각한 경제문제를 지닌 지역으로 출현
도 시 : 공업에 기반을 둔 도시들은 제조업의 쇠퇴에 많은 어려움을 겪음.
사회적 : 실업의 최악의 영향은 청년층, 중장년층, 남성, 소수민족을 포함하는 많은 사회집단에 집중

이러한 다차원적인 문제가 발생하고 도시의 변화 및 전환기는 우리는 탈산업화[1]라고 할 수 있다. 물론 북미와 유럽의 도시들이 모두 똑같은 탈산

---

1) 대부분의 선진국들은 전체 고용 중 제조업 부문의 고용 비중이 감소하는 탈산업화 현상을 경험하고 있다. 탈산업화는 시기와 정도의 차이는 있지만 미국, 유럽, 익본 등 거의 모든 선진국이 공통적으로 경험하고 있는 현상이다. 선진국뿐만 아니라 최근에는 한국, 홍콩, 중국, 싱가포르, 그리고 대만에서도 제조업 고용 비중이 저하되는 현상이 나타나고 있다. 이러한 현상은 국민소득 증가에 따른 수요 패턴의 변화, 제조업의 생산성과 서비스업 간 생산성의 격차, 제조업 부문과 서비스업 부문의 상대가격의 차이 등 다양한 요인으로 인해 경제 전체에서 제조업의 비중이 저하된다. 탈산업화의 원인은 내부적 요인과 외부적 요인 두 가지 경로로 생각해 볼 수 있다. 내부(국내)적으로 국민소득 증가에 따른 수요 패턴의 변화, 제조업과 서비스업 간의 노동 생산서의 격차, 제조업 부문과 서비스업 부문의 상대가격의 차이가 나타난다. 수요 패턴의 변화는 국민소득이 증가함으로써 제조업의 상품에 대한 수요보다 서비스업 상품에 대한 수요가 증가하여 수요 패턴이 제조업에서 서비스업으로 변화한다. 이에 따라 탈산업화가 나타나는데 제조업의 생산성과 서비스업의 생산성 사이에서 제조업 생산성이 증가하는 속도로 생산성의 격차를 살펴보고 제조업 부문의 가격이 서비스업 부문에 대해 상대적으로 하락하는 속도를 통해 상대가격의 차이를 살펴볼 수 있다. 외부(국외)적 원인은 국제무역의 증가와 해외 직접 투자를 통해 살펴볼 수 있다. 국제무역의 증가는 다양한 과정을 거쳐서 제조업 비중에 영향을 미치게 된다. 선진국의 개발도상국 제조업 제품 수입은 주로 노동집약적 재화에 집중되고 있고 자국 제조 산업의 국내 경쟁력을 약화시키며 국내 노동력 비중도 감소하게 된다. 해외

업화 과정에 영향을 받은 것은 아니다. 경제적 구조가 다양성을 지니고 있거나 경제에서 제조업의 비중이 미미한 도시들은 탈산업화 기간 동안 매우 다양한 경제적 행운을 향유했다. 다양한 산업도시에 대한 영향을 일반화하긴 어렵지만 탈산업화의 영향은 산업부문 간에 다양하며 개별 도시 경제 구성 요소와 지방정부의 행동에 의해 통제될 수 있다. 하지만 이러한 차이에도 불구하고 탈산업화가 1960년대 이래 유럽과 북미, 그리고 아시아의 대도시에 영향을 미친 가장 중요한 경제적 과정이며 이를 계기로 도시에 대한 새로운 이해, 그리고 접근이 이뤄진 것은 틀림없는 사실이다.

샤를 페기(Charles Péguy)는 인류 역사를 '전환(époque)'과 '시대(period)'로 구분했다. '전환'은 사회구조가 바뀌는 시기이며, '시대'는 사회구조가 유지되는 시기다(우에타 가즈히로 외, 2009).

탈산업화가 빠르게 진행된 20세기와 21세기는 전환의 시기이며, 이것은 '공업사회'에서 '지식사회'로의 전환이다. 공업사회가 규격화되고 획일화된 생산물의 대량생산이라는 규모의 경제를 추구한다면 지식사회는 질의 논리를 추구한다고 할 수 있다.

이는 생활 수준의 향상에서 벗어나 생활양식의 변화를 추구하고 있으며 생존을 위한 노동과 수요의 충족에서 벗어나 다양한 욕구에 세밀하게 적응하는 시대적 변화를 말한다. 따라서 사람들이 집중되어 있는 도시의 특성이 제조업 및 산업 중심에서 도시민에게 서비스를 제공하는 방향으로 전환되고 있다. 즉 지식사회로의 변화는 인간적 활력을 이끌어내고 이를 다시 도시 성장의 기반으로 변화시키는 사회라고 해도 될 것이다.

그 때문에 지식사회가 되면 지적 서비스업이 증가하는데 이러한 변화에 따라 연구자와 교육자를 비롯해 정보처리업자, 의료 종사자, 설계사, 디자이너 등 제3차 서비스산업으로 분류되는 취업자가 증가한다. 하지만 기존의 도시 체계는 이러한 변화에 적응하기에 적합한 구조를 지니고 있다고

---

직접 투자는 국내 설비투자를 줄이고 국내 제조업체들이 해외 직접 투자를 통해 제품을 해외에서 만든다. 그리고 이 제품들을 다시 국내로 역수입하는데 이 과정에서 국내 제조업의 기반이 약화될 수 있다(출처 : daum 전자사전).

할 수 없다. 따라서 도시의 어떠한 부분을 도시 성장의 핵심 요소로 투자하고 이를 통해 도시 내부의 구조적 변화를 이끌어야 하는지에 대한 탐색이 필요하다.

20세기 후반 이후 선진국의 주요 산업도시들은 오랫동안 지역경제의 성장을 주도했던 전통적 제조업이 쇠퇴함에 따라 다양한 양상의 산업 구조조정을 경험해 왔다. 세계화와 정보화의 추세는 세계적 차원의 산업 재배치는 물론 국가 간의 경쟁을 심화시키고 있으며, 이러한 가운데 국가를 대표하는 도시들 간의 경쟁도 날로 치열해지고 있다.

우리가 사는 지구에는 현재 230여 개국이 있으며 면적으로 보면 캐나다, 러시아, 중국, 미국 같은 영토가 넓은 나라도 있고, 바티칸, 모나코, 안도라, 리히텐슈타인, 산마리노, 싱가포르 같은 작은 도시국가들도 있다. 인구로 생각하면 중국과 인도가 압도적이다.

그렇다면 우리의 주제인 도시는 전세계적으로 얼마나 많고 이들 도시는 자신들의 성장과 발전을 위해 어떠한 노력을 하고 있는지에 대해 알아보는 것은 매우 중요한 의미를 가진다. 앞서 논의한 바와 같이 산업화를 통한 도시 성장을 추구하는 도시들도 존재하겠지만 탈산업화라는 전환의 시기에 적절하게 적응한 도시들도 있을 것이다.

〈표 7-1〉 도시 용어 정리

| 용어 | 설명 |
|---|---|
| 메트로폴리스<br>(metropolis) | 인구 100만이 넘으면서 정치와 경제의 중심이 되는 도시 |
| 메갈로폴리스<br>(megalopolis) | 메트로폴리스 몇 개가 연달아 띠 모양으로 연결되어 있는 지역 |
| 메가시티<br>(megacity) | 인구 1천만 명 이상의 도시<br>예) 도쿄, 멕시코시티, 뉴욕, 상파울루, 뭄바이, 델리, 상하이, 콜카타, 다카, 부에노스아이레스, 로스엔젤레스, 카라치, 카이로, 리우데자네이루, 오사카/고베, 메트로마닐라, 베이징, 모스크바, 서울, 파리 등 |

자료: 김민주 외(2010).

그러면 이러한 도시들은 성장과 생존이라는 관점에서 무엇으로 자신들의 경쟁력을 표현할 것인가에 대해 살펴보자. 우선 우리가 산업화 시대의 관점에서 잘사는 도시, 즉 경제 규모(GRDP)에 의한 도시의 순위를 살펴보면 인구의 크기와 발전이 어떠한 변화가 있는가 알아야 한다.

유엔의 2005년 자료를 중심으로 프라이스워터하우스가 발표한 자료에 의하면, 도쿄는 인구는 물론 경제 규모에서도 1위였으며, 다음 순위로는 뉴욕, 로스앤젤레스, 시카고, 파리, 런던, 오사카/고베, 멕시코시티, 필라델피아, 워싱턴D.C.였으며 우리나라의 서울은 20위, 부산은 48위, 대구는 113위였다(김민주 외, 2010).

그렇다면 도시민의 삶의 질에 대한 순위로 세계 도시들의 순위를 비교하면 어떻게 달라질 수 있는지 살펴보면 어떠한 결과가 나타날 것인가에 대한 의문도 들 수 있다.

영국의 시사 종합지인 『이코노미스트』 산하의 전문조사기관인 이코노미스트연구소(EIU: Economist Intelligence Unit)는 전 세계 132개 도시를 매년 비교하여 분석하고 있는데 삶의 질에 대한 각각의 지표를 바탕으로 한 2007년 순위를 보면 1위는 밴쿠버였고, 다음으로 멜버른, 비엔나 등이 삶의 질이 높은 도시로 선정되었으며, 다국적 컨설팅업체인 머서(Mercer)가 평가한 도시 생활의 질 평가에서는 1위 취리히, 비엔나, 제네바, 밴쿠버, 뉴질랜드의 오클랜드의 순으로 평가되었다. 우리나라의 서울은 86위였으며 바그다드는 최악의 도시였다(김민주 외, 2010).

그러면 이러한 도시들이 경쟁에서 우위를 점유하고 도시민의 삶의 질을 향상시키는 전략을 시행하는 데 접근 방법은 어떤 것들이 있었는지 보면 다음과 같다(우에타 가즈히로 외, 2009).

첫째, 혁신에 의한 도시재생 방법을 사용했다는 것이다. 혁신적인 도시재생은 도시의 생활공간을 재생하는 데서 시작한다. 도시 발전의 엔진이라고 할 수 있는 업무공간의 활성화가 아니라 그 엔진에 의해 움직인다고 할 수 있는 생활공간의 재생에서 시작한다는 점에서 역발상이다. 도시의 생활공간에서는 본래 자연에 대한 욕구가 존재하지 않았다고 해도 과언이 아니다.

맑은 공기, 깨끗한 물은 욕구의 대상이 될 수 없었다. 이는 도시생활에서 가전제품이나 자동차 등 시장에서 구입할 수 있는, 즉 소유할 수 있는 것이 욕구의 대상이 되고 있기 때문이다. 그런데 '양의 이론'에서 '질의 이론'으로 자리를 바꾸기 시작한 탈산업화 시대에 따라 상실된 시원한 공기와 맑은 물에 대한 욕구가 강해지는 것이다. 즉 이러한 욕구들에 대한 도시의 대응을 통해 인간의 생활 기능을 충족하게 됨으로써 도시 재생을 이뤄내려는 도시혁신이다.

둘째, 환경에 의한 도시재생 방법이다. 인간은 소유에서 '풍족'을 실감한다. 이에 반해 존재 욕구에서는 '행복'을 실감한다. 공업도시에서는 존재 욕구를 희생하는 대신 소유 욕구를 충족해 왔던 사회라고 할 수 있다. 그러나 소유 욕구가 안정적으로 충족되면 존재 욕구가 생겨난다. 유럽에서 도시 황폐는 업무공간의 오염과 반성이라고는 없었던 생활공간의 황폐로 인식되고 있다. 대량생산과 대량소비에 의해 충족된 소유 욕구보다 존재 욕구를 충족시키는 생활양식의 향상이 목표가 되고 있다. 이처럼 생활공간을 중시한 도시재생에서는 환경이 첫 번째 키워드가 된다.

셋째, 문화에 의한 도시재생이다. 유럽의 도시재생에서 제2의 키워드는 문화다. 즉, 국민국가가 성립하기 이전부터 그 지역사회가 간직해 왔던 지역문화의 부흥을 목적으로 하는 것이다. 공업사회에서는 비와 이슬을 피할 수 있는 생활공간에 화려한 가전제품 등이 설치되면서 어미니티(amenity)[2]가 향상된 것은 틀림없다. 그러나 공업도시에서 생활공간은 어디까지나 업무공간을 위한 것에 불과했다. 인간생활 자체의 질적인 충실을 목적으로 한 공간은 자리잡지 못한 것이다. 따라서 소유 욕구가 충족되면 생겨나는 존재 욕구는 인간과 자연, 인간과 인간의 조화를 요구하는 욕구다. 인간과 자연의 조화를 환경이라고 한다면 인간과 인간의 조화는 문화이며 생활양식이다.

2) 어미니티는 인간이 생태적·문화적·역사적 가치를 지닌 환경에서 느낄 수 있는 매력, 쾌적함 등을 의미한다. 일반적으로 주위가 마음에 드는 경우나 전체적이고 포괄적인 의미에서 쾌적함을 뜻한다(우에타 가즈히로 외, 2009).

## 제 2 절 | 도시정책과 도시기획의 의의

지난 세기 동안 세계 국가들은 많은 변천을 겪어 왔다. 산업사회의 발전 현상이 많은 긍정적 또는 부정적 효과를 가져왔다. 그 가운데서 큰 결과의 하나는 정부 역할의 비대를 들 수 있다. 정부가 시민사회에 많은 영향을 미치고 있는 것이다.

예컨대 미국만 보더라도 1929년부터 시작하여 1933년 말까지 지속되었고 그 부작용은 1939년까지 지속된 대공황(Great Depression)에서 벗어나기 위해 루스벨트(Franklin D. Roosevelt) 행정부가 뉴딜정책(New Deal)을 추진했다.

뉴욕시는 1929년에 뉴욕시에 대한 지역계획을 완성하여 발표했다. 뉴욕시의 빈곤과 도시문제를 해결하고자 했던 것이다. 뉴욕시의 지역계획은 뉴욕시와 환경에 대한 정책기획의 산물이었다면 뉴딜정책은 미국의 범국가사회적인 정책과 기획의 산물이었다고 할 수 있다.

이전까지는 미국에서 빈곤은 개인의 문제, 즉 개인이 게으르고 무능하기 때문에 빈곤하다고 생각해 왔기 때문에 이는 개인의 문제이지 사회나 국가가 책임질 문제는 아니라고 믿어 왔다. 그러나 뉴딜정책 시기에 와서 빈곤은 개인의 문제가 아니라 국가사회의 체제적인 문제라고 믿게 되었다. 따라서 국가사회는 이 빈곤문제를 해결해야 할 책임이 있고 이를 해결하기 위해 국가사회가 적극 개입해야 한다고 믿게 되었다. 그리고 빈곤문제를 해결하기 위해 국가가 직접 개입했다. 지역 개발, 주택 개발, 일자리 창출, 교육 개발, 국가자원계획, 복지 프로그램 등 국가 차원의 국가기획 또는 지역기획이 공식적으로 추진되었다.

뉴딜정책은 경제사회의 재건을 위한 빈곤 퇴치를 위한 실업구제(relief), 경제부흥(recovery), 제도개혁(reform) 등을 위해 1933년 3월 8일부터 1937

년 초까지 수립, 집행된 농부, 노동자, 주택, 산업, 구제 등과 관련된 각종 정책을 통해 실현되었다. 이는 결과적으로 대통령과 행정부의 권한을 대폭 강화하는 결과를 초래했다.

1960년대에 들어와서는 가난을 없애고 인종 차별을 없애는 정책을 추진하고자 주택 개량 및 공급하는 등의 각종 정책을 추진한 존슨(Lyndon B. Johnson) 행정부의 '위대한 사회(Great Society)' 건설도 정부의 역할의 증대를 가져왔다. 이러한 정책들은 특히 도시지역으로 몰려든 빈민들에 대한 구제가 주된 정책 대상이었다.

지난 수십 년 동안 한국 정부의 역할도 다른 나라의 정부 역할과 마찬가지로 많이 변했다. 경제 규모가 크게 증대함에 따라 정부의 역할도 증대된 것이다. 1950년대 농업국가에서 1970년대 공업국가를 거치면서 농촌지역 인구보다 도시지역에 거주하는 인구가 더 많아지기 시작했다. 이러한 변천 과정에서 많은 변화를 겪게 되었다. 1950년대 1인당 국민 총소득이 60~70 달러 수준에서 2010년대엔 2만 달러 수준에 이르게 되는 과정에서 정치, 경제, 사회, 문화, 기술 각 분야에서 많은 변화를 겪게 되었고 정부의 역할도 그만큼 커졌다.[3]

한국 정부의 역할이 크게 됨에 따라 도시정부도 한국에서 매우 중요한 역할을 수행해 왔다. 그것은 인구의 도시화율과 무관하지 않다. 도시화율이란 전국 인구에서 도시지역 내에 거주하는 인구가 차지하는 비율이다. 대한민국의 도시화율은 1960년 말 39.1%였으나 1970년에 도시지역 거주 인구가 많아지기 시작해 2008년 말 현재 90.5%[4]다. 따라서 <표 7-2>에서 보듯이 도시화율 90.5%라는 것은 현재 우리나라는 10명 중 9명 이상이 도시에 거주하고 있다는 것이다. 이러한 현상은 도시정부의 역할이 한국에서

---

3) 우리나라는 1960년도 1인당 국민총소득 79달러, 1964년도 103달러, 1970년도 255달러에서, 1980년도 1,660달러, 1990년도 6,303달러, 1995년도 11,735달러, 2000년도 11,292달러, 2005년도 17,531달러, 2007년도에 21,695달러, 2009년도엔 17,175달러를 기록했다(한국은행; 통계청).

4) 2008년 말 현재 시급 도시가 84개인데, 특별시, 광역시 등 7개 대도시에 인구의 52.7%가 살고 있다. 국토해양부(2009). '2009년도 국토의 계획 및 이용에 관한 연차보고서.'

〈표 7-2〉 대한민국 도시화율

| 연도 | 1960 | 1970 | 1980 | 1990 | 2000 | 2006 | 2008 |
|---|---|---|---|---|---|---|---|
| 전국 인구(천 명) | 24,989 | 31,435 | 37,449 | 43,390 | 47,964 | 48,991 | 49,540 |
| 도시 인구 | 9,784 | 15,750 | 25,738 | 35,558 | 42,375 | 44,233 | 44,835 |
| 농촌 인구 | 15,205 | 15,685 | 11,711 | 7,832 | 5,579 | 4,758 | 4,705 |
| 도시화율(%) | 39.1 | 50.1 | 68.7 | 81.9 | 88.3 | 90.3 | 90.5 |

자료: 국토해양부(2009).

매우 중요함을 역설하고 있다.

도시정부는 도시정책을 수립하고 집행한다. 정책(public policy)이란 정부가 하고자 하거나 하지 않고자 선택하는 모든 것이다(Dye, 2007). 도시정책(urban public policy)이란 도시정부가 하고자 하거나 하지 않고자 선택하는 모든 것이다. 도시정책은 지역 성장을 위한 지역정책의 일종으로 볼 수 있다.

도시정부는 자신의 지역의 각종 문제들, 예컨대 교통, 주택, 실업, 교육 등과 같은 해당 도시정부가 안고 있는 각종 문제를 해결하기 위해 또는 더 나은 미래의 번영을 위해 각종 정책들을 추진하게 된다. 따라서 도시정책은 복지, 주택, 교육, 고용, 범죄, 마약, 환경 등 각종 정책문제를 포함한다. 이것이 도시정책이다. 그런데 도시정부는 이웃 자치단체나 상급 자치단체 또는 국가기관의 영향을 받게 된다. 또 추진하고자 하는 특정 정책과 이해관계가 있는 각종 이해관계집단들은 그 정책에 영향을 미치고자 한다. 즉 도시정책은 형성과 집행시에 복잡한 정치적 과정을 거쳐서 이뤄진다.

도시기획은 각종 도시정책을 성공리에 준비하고 집행하기 위한 도시계획을 수립하는 과정이다. 즉, 도시기획(urban planning)이란 도시정부가 이용 가능한 자원을 가지고 최적의 수단으로 도시정책의 목적을 달성하기 위한 구체적인 행동계획을 수립하는 과정이라고 할 수 있다.[5)]

---

5) 도시정부가 추진하는 도시기획을 ‘urban planning’ 또는 ‘urban public policy planning’이라고도 한다.

도시기획은 기존의 도시를 새롭게 형성하고 재창조하기 위한 과정이다. 또한 도시기획은 미래 지향적이다. 만약 도시기획이 없다면 도시는 경제, 사회, 기술, 환경의 변화에 적응하지 못하는 통제 불가능한 형태로 나아갈 수 있는데 이를 미리 예측하여 계획을 수립하고 집행하는 것이다. 물론 모든 도시기획이 바람직한 결과만을 낳는 것은 아니다. 부정적인 결과를 낳을 수 있다. 그럼에도 불구하고 도시기획은 도시를 바람직한 모습으로 변형시키는 데 매우 중요한 역할을 수행한다. 도시기획은 도시에서 발생하는 변화에 바람직한 방향으로 적응하기 위한 체계적이고 창조적인 과정이다. 기획(planning)의 결과물로서 산출된 것이 문서화된 계획(plan)이다.

## 제 3 절 | 도시정책과 도시기획의 필요성

국가정책이 지방 도시에 영향을 미침은 물론이거니와 21세기의 급격한 글로벌화의 영향이 국가적 수준뿐만 아니라 지방 도시에도 미치고 있다. 문제는 그러한 영향이 도시 간 및 도시 내에 고르지 않게 미침으로써 각종 악성의 불균형적인 영향이 도시들 사이에 그리고 도시 내에 발생하고 있다는 것이다. 예컨대 지역경제 성장문제, 실업문제, 노동시장문제, 교육문제, 주택문제, 복지문제, 다문화 사회문제, 인구증감문제, 인구집중과 분산문제, 범죄문제, 교통문제, 기술개발문제, 수자원개발문제, 빈부격차문제, 토지이용문제, 쓰레기처리문제, 환경오염문제 등 각종 도시문제가 발생하고 있다. 이는 국제적으로 각 도시가 안고 있는 주요 문제들이다(Badamdorj, 2010 : 247-255 ; Bingham, 1991).

도시정부들은 그러한 각종 문제를 해결하고 불균형적이고 악성적인 영향을 해결하고 바람직한 성장을 갈망하면서 각종 정책들을 추진해 왔다. 물론 일부 거대 도시정부들은 자체적으로 활발한 정책을 펼치고 있으나 많은 도시정부는 그렇지 못하고 있다. 예컨대, 미국의 경우만 보더라도 성공한 정책보다는 실패한 정책들이 더 많다는 것이다(Woodard, 2007).

도시정부들은 변화하는 환경에 적응하고자 각종 정책을 추진해 왔다. 지역적 형평성과 균형 발전을 위한 각종 정책을 도시정부가 추진해 왔다. 그러나 추진 정책이 문제를 해결하기보다는 오히려 문제를 악화시키는 결과를 초래하기도 했다. 문제를 해결할 능력이 약화된 도시정부들은 중앙정부가 해결해 주리라 기대하여 의지하게 되고 그 결과 새로운 계층제가 기능상으로 형성된다.

기존의 고전적인 지역적 행정적 경계가 무색하게 되었고 따라서 기존의 고전적인 공간 영역의 도시기획도 그 효력을 제대로 발휘하지 못하게 되었다. 예컨대 환경적인 문제를 보자. 서울시민을 위한 서울시의 한강 수질오염 개선을 위한 정책은 서울시뿐만 아니라 강원도, 경기도 및 인근 자치단체들과 협의하여 정책을 추진하지 않으면 그 효과를 제대로 발휘하지 못하게 된다. 또한 주민을 위한 정책 또한 그렇다. 도시지역에 근무하는 직장인들은 과거에는 해당 도시지역 내에서만 거주했으나 지금은 인근 도시 및 농촌지역에서 거주하고 자신의 근무지 도시로 출퇴근을 하고 있다. 이러한 기능상의 변천은 기존의 지역경계 기반의 자신만의 도시기획의 효용성을 무색케 한다.

우리나라도 급격한 국내 및 국제적 환경의 변화에 적응하기 위한 도시정부의 계획적이고 체계적인 개발이 필요하다. 1950년대에는 도시개발계획이 없었다. 1960년대 들어서 도시화의 문제가 발생하면서 체계적인 도시계획의 필요성이 대두되었다. 계획적이고 체계적인 도시 개발과 도시환경을 조성하기 위해 2000년 1월 28일 ‘도시개발법’을 제정했다. 도시개발법은 도시개발에 필요한 사항을 규정하여 계획적이고 체계적인 도시개발을 도모하고 쾌적한 도시환경의 조성과 공공복리의 증진에 이바지함을 목적으로 한다. 도시 개발을 위해 도시개발사업을 수행하게 되는데 도시개발사업이란 도시개발구역 내에서 주거, 상업, 산업, 유통, 정보통신, 생태, 문화, 보건 및 복지 등의 기능이 있는 단지 또는 시가지를 조성하기 위해 시행하는 사업이다.

도시계획의 수립과 집행에 관해 필요한 사항을 규정하기 위해 1962년 1

월 20일 '도시계획법'이 제정되었으나, '국토의 계획 및 이용에 관한 법률'이 2002년 2월 4일 제정되면서 폐지되었다. 국토의 계획 및 이용에 관한 법률은 국토의 이용, 개발과 보전을 위한 계획의 수립 및 집행 등에 필요한 사항을 정해 공공복리를 증진시키고 국민의 삶의 질을 향상시키고자 하는 목적으로 제정되었다. 이 법은 기존의 '도시계획법'과 '국토이용관리법'을 폐지, 통합하여 제정된 것이다.

한편, 국토에 관한 계획 및 정책의 수립, 시행에 관한 기본적인 사항을 정함으로써 국토의 건전한 발전과 국민의 복리 향상에 이바지함을 목적으로 하는 '국토기본법'이 2002년 2월 4일 제정되었다. '국토기본법'에 의하면 우리나라 국토계획은 ① 국토종합계획, ② 도종합계획, ③ 시 · 군종합계획, ④ 지역계획, ⑤ 부문별 계획 등으로 크게 구분된다. 그 체계는 [그림 7-

[그림 7-1] 우리나라 국토계획 체계 및 종류

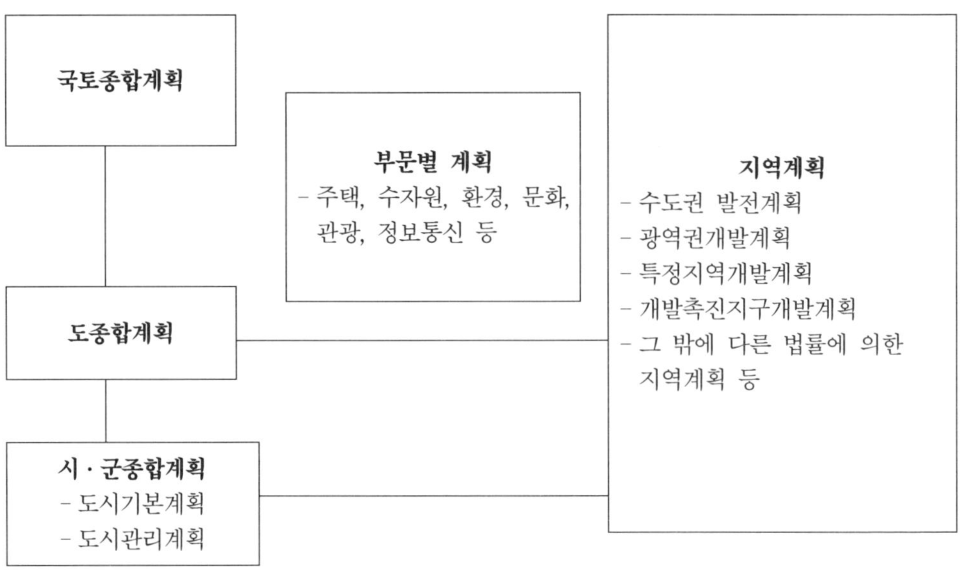


자료: 국토기본법, 국토해양부.

1]에서 보는 바와 같다.

국토기본법에 의하면, 국토계획이란 국토를 이용, 개발 및 보전함에 있어서 미래의 경제적·사회적 변동에 대응하여 국토가 지향해야 할 발전 방향을 설정하고 이를 달성하기 위한 계획이다. 국토종합계획은 국토 전역을 대상으로 하여 국토의 장기적인 발전 방향을 제시하는 종합계획이다. 도종합계획은 도의 관할구역을 대상으로 하여 대상 지역의 장기적인 발전 방향을 제시하는 종합계획이다. 시·군종합계획은 특별시, 광역시, 시 또는 군(광역시의 군은 제외)의 관할구역을 대상으로 하여 당해 지역의 기본적인 공간구조와 장기 발전 방향을 제시하고, 토지 이용, 교통, 환경, 안전, 산업, 정보통신, 보건, 후생, 문화 등에 관해 수립하는 계획이다. 이 시·군종합계획은 '국토의 계획 및 이용에 관한 법률'에 의해 수립되는 도시계획이다. 지역계획은 특정한 지역을 대상으로 특별한 정책 목적을 달성하기 위해 수립하는 계획이다. 부문별 계획은 국토 전역을 대상으로 하여 특정 부문에 대해 장기적인 발전 방향을 제시하는 계획이다. 국토종합계획은 도종합계획과 시·군종합계획의 기본이 되며, 부문별 계획과 지역계획은 국토종합계획과 조화를 이뤄야 한다.[6)]

따라서 기존의 전통적인 지역 및 공간 개발의 이념은 퇴색되고 광역적인 기능적인 지역 및 공간 개발을 위한 협상과 조정의 기술이 도시정부에 요구된다. 그에 따라 각 정부에 봉사하고 있는 공무원들은 그러한 전통적인 지역경계 기반의 지역개발정책의 개념을 벗어나 새로운 기능적인 공간개발정책의 개념을 실현하기 위한 기획 역량과 조정·협상 역량을 배양하지 않으면 안 되게 되었다.

---

6) 국토종합계획은 국토해양부 장관이 수립해야 한다. 도종합계획은 도지사가 수립해야 한다. 지역계획은 중앙행정기관의 장 또는 지방자치단체의 장이 지역 특성에 맞는 정비나 개발을 위해 필요하다고 인정하는 경우에 관계 중앙행정기관의 장과 협의하여 관계 법률이 정하는 바에 따라 수립할 수 있다. 부문별 계획은 중앙행정기관이 장이 소관 업무에 대해 수립할 수 있다(국토기본법, 제2장 국토계획 수립 등).

## 제 4 절 | 도시정책과 도시기획의 특성

도시정책과 관련하여 도시기획의 특성은 다양한 관점에서 접근할 수 있겠으나 여기서는 다음과 같이 제시하고자 한다. 즉 바람직한 도시정책을 위한 도시기획의 특성은 목적성, 수단성, 미래성, 형평성, 의도성, 참여성 등으로 제시할 수 있다.

첫째, 목적과 수단 지향적이다.

도시정책과 마찬가지로 도시기획도 목적 지향적이다. 즉 바람직한 결과를 효과적으로 창출하기 위해 도시기획을 추진한다. 이 목적은 주민의 삶의 질 향상을 위한 바람직한 방향으로 설정되어야 한다. 도시정책 집행을 통해 나타난 결과가 지역 주민의 삶의 질을 높이는 것이어야 한다.

목적이 설정되면 이를 달성하기 위한 수단이 선택되어야 한다. 가용한 자원을 가장 능률적이고 효과적으로 사용하여 목적을 달성해야 한다. 그 목적 달성을 위한 수단의 선택에서도 주민의 삶의 질을 높이는 것이어야 한다.

둘째, 미래 지향적이다.

도시기획은 지역과 지역 주민의 미래 방향을 설정하고 미래에 나타날 장애 등을 사전에 예측하여 제거하거나 최소화하는 방향으로 기획되어야 한다. 즉 바람직한 미래를 위한 활동이다.

셋째, 합리적인 과정이다.

도시기획은 주먹구구식으로 활동하는 것을 방지하고 합리적인 활동이다. 즉 과학적이고 객관적인 방식에 의해 현황분석과 자료 수집, 목표 설정과 수단 결정, 대안 개발과 선택 등의 활동들이 이뤄지는 과정이다.

넷째, 세대 내, 세대 간의 형평성을 추구한다.

도시기획은 현 세대 내에서 계층 간의 불평등을 해소하기 위한 활동이자

현 세대와 미래 세대 간의 불평등을 미연에 방지하기 위한 활동이다. 만약 계획 없이 마구잡이로 개발하여 지역의 자원(토지, 산림, 물, 공기 등)을 훼손하거나 미래 세대에 피해를 주는 정책이라면 이는 바람직한 정책이라고 할 수 없다. 따라서 도시기획은 이러한 세대 내, 세대 간의 형평성을 추구하는 것을 특성으로 한다.

다섯째, 의도적인 과정이다.

도시기획은 바람직한 정책을 추진하기 위해 사전에 계획을 세우고 집행하며, 미래에 일어날 위험이나 장애를 예측하여 제거하거나 최소화할 방안을 마련하고, 추진하는 정책이 바람직한 결과를 산출할 수 있도록 계획하며, 정책집행 과정에서 벗어나는 활동들을 통제하고, 조정하는 의도적인 과정이다.

여섯째, 시민 참여적이다.

도시기획의 결과는 주민에게 직접적으로 영향을 미치기 때문에 지방자치 체제에서 도시기획은 시민의 참여가 절대적으로 필요하다. 정책기획은 기획 과정에서 시민의 참여와 의견 소통이 있어야 한다.

## 제 5 절 | 도시기획의 절차

도시기획의 절차는 관점에 따라서 차이가 날 수 있으나 넓은 관점에서 보면 목적을 설정하고, 수단을 동원하여, 집행하는 활동을 계획하고 실현하기 위한 단계들의 연속체라고 할 수 있다. 예컨대, 데이비드오프(Paul Davidoff)와 레이너(Thomas A. Reiner)는 기획의 절차를 넓은 관점에서 가치형성(value formulation), 수단 파악(means identification), 실현화(effectuation) 등의 과정으로 보았다(Davidoff & Reiner, 1962: 103-105). 가치 형성 단계는 도시정책의 방향과 목적을 설정하는 단계이고, 수단 파악은 이용 가능한 자원을 동원하여 목적을 달성하기 위한 수단을 파악하고 동원하는 단계이고, 실현화 단계는 계획을 집행하여 효과를 실현하는 단계다. 가치 형성 단계에서는 목표와 평가 기준이 설정된다. 수단 파악 단계에서는 다양한 대안의 개발과 바람직한 최선의 대안에 대한 선택이 이뤄진다. 실현화 단계에서는 집행 과정에서 필요한 행동들이 선택되고 합리적이고 효율적으로 자원들이 동원되고 사용된다.

모든 계획은 현황에 대한 조사와 분석이 선행되어야 한다. 즉 현재에 대한 실태를 정확히 조사하고 분석하여 미래를 예측해야 한다. 이러한 조사분석이 이뤄지면 목표를 설정하고 즉 정책을 형성하고, 정책계획을 수립하는 것이다.

계획 또는 다양한 대안 계획(alternative plans)을 마련해 이 가운데서 선정 기준들, 예컨대 공평성, 합리성, 실현가능성, 경제성(비용편익분석 등), 민주성 등의 선정 기준을 적용해 가장 바람직한 대안계획을 선정해야 한다. 수립된 계획 즉 선정된 계획은 잘 집행해야 한다.

계획이 집행되면 그 효과 또는 영향을 파악하여 계획에 반영하여 계획을 수정하거나 변경하는 등의 절차도 가져야 한다. 즉 도시정책의 결과와 영향에 대한 평가와 환류(feedback) 단계를 거쳐야 한다. 따라서 넓은 의미에서 보면 도시기획은 이러한 절차들을 거치도록 계획되어야 한다. 따라서 도시정책 형성, 도시정책 집행, 도시정책 평가, 도시정책 환류의 단계를 거치는 과정을 기획하는 것이 도시기획 과정이다.

그런데 좁은 의미에서 보면 도시기획은 목적을 달성하기 위한 좋은 수단 즉 좋은 정책대안을 찾아서 집행하는 과정을 기획하는 활동이라고 할 수

〈표 7-3〉 도시기획의 절차

| 광의의 도시기획 절차 | 협의의 도시기획 절차 |
|---|---|
| • 현황 조사분석<br>• 도시정책계획 형성<br>• 도시정책계획 집행<br>• 도시정책계획 평가<br>• 도시정책계획 환류 | • 도시정책 목표 설정<br>• 도시정책 현황 분석<br>• 도시정책 문제 파악<br>• 도시정책 대안 개발과 평가<br>• 도시정책 결정<br>• 도시정책 집행에 대한 기획 |

있다. 즉, 도시정책의 목표를 설정하고, 현황을 분석하고, 정책문제를 파악하고, 정책대안을 개발하여 평가하고, 가장 바람직한 대안을 선전하는 정책결정을 하게 되고, 선택한 정책을 집행하기 위한 정책집행 과정을 기획하는 절차를 거치게 된다. <표 7-3>은 넓은 의미와 좁은 의미의 도시기획의 절차를 보여 준다.

## 제 6 절 | 도시기획의 미래

앞으로 미래 사회에도 기획은 필요한데, 그 이유는 세상이 점점 더 복잡해지고 도시들 간의 연결성이 더욱 강화되어 가게 되는데 가용 자원과 시간은 한계성을 가지고 있기 때문이다.

예컨대, 앞에서 보았듯이 우리나라 국민의 10명 중 9명 이상은 이미 도시지역에서 생활하고 있다. 이 도시들은 행정적으로나 사회경제적으로 국내 도시들과 서로 연결되어 있을 뿐만 아니라 국제적으로도 국제도시들과 서로 연결되어 있다. 주민의 일상생활이 국내 다른 도시들과 연계되어 있고 또 국제적으로도 연계되어 있다는 것이다. 이는 우리나라 도시정부들이 추진하고 있는 도시정책과 도시기획이 매우 중요함을 함축하고 있다.

도시기획은 도시정책의 영향을 많이 받아왔고, 도시정책은 시대의 변화의 흐름을 많이 받아왔다. 즉 농업국가일 때는 농업 생산을 극대화하기 위한 토지 형성이나 도로계획 등이 도시기획의 주요 초점이 되었으나 공업국가에서는 산업생산성을 극대화하기 위한 산업입지나 도로 및 물류 수송 등이 도시기획의 주요 초점이 되었다. 앞으로 도시기획은 환경을 고려한 도시기획이 주요 초점이 될 것이다. 즉 녹색 성장과 지속 가능 발전을 이루기 위한 지역의 경제, 환경, 주민의 삶의 질 향상을 고려하는 기획이 이뤄져야 할 것이다. 물리적 환경을 기획하는 물리적 기획(건축, 주택, 토지, 도로, 교통 등과 관련된 기획과 같은 하드웨어적 기획)은 물론이고 환경과 주민의 삶을 쾌적하고 질을 높이는 비물리적 기획(범죄 예방, 스트레스, 에너지, 환경, 교육 등과 관련된 기획과 같은 소프트웨어적 기획)도 필요하다.

예컨대 도시 빈곤 퇴치와 형평성을 제고하는 문제는 도시기획의 주된 쟁점이 될 것이고 그렇지 않은 경우 다른 지역으로 주민 탈출 현상이 크게 일어날 것이다. 또한 도시 공기의 흐름을 막거나 방해하여 주민의 삶의 질에 피해를 주는 건축물의 생성은 해서는 안 되며, 기존의 건축물은 도시 공기의 흐름을 방해하지 않는 지점으로 옮겨져야 하거나 그렇지 못할 경우에는 제거되어야 한다.

미래의 도시기획은 해당 지역 자체의 특성을 고려하는 것은 물론이고 더 넓은 광역적이고 국가 및 글로벌 지향적인 연계가 이뤄지는 도시기획이 되어야 한다. 왜냐하면 도시는 동떨어진 개념이 아니고 지역과 국가 그리고 지구촌과 연결되어 있는 생태 체제의 한 부분이기 때문이다. 시민의 실질적인 참여가 확산되고 국가적·국제적 의사교류 관계가 활성화되어야 한다. 부분적인 기획보다는 종합적이고 도덕적이고 성찰적인 기획이 이뤄져야 한다.

# 제 8 장 행정책임과 통제

## 제 1 절 | 행정책임의 개념

행정책임이란 행정인이 맡은바 역할 또는 직무를 수행하는 데 일정한 행위규범에 따라서 행동해야 할 의무이며 또 다른 의미로는 법률과 윤리적 규범에 따라 행동해야 할 의무라 할 수 있다(구자용, 1990: 877). 일반적으로 행정행위는 국민의 사회생활에 미치는 영향이 절대적으로 크기 때문에 각 개별 행정행위에는 그에 상응하는 책임과 의무가 수반되도록 하고 있으며, 이것은 궁극적으로 행정행위의 민주성을 확보하고자 하는 것이다. 여기서 말하는 책임(responsibility)에는 크게 두 가지로 나눠 볼 수 있다(Kernaghan, 1974: 541).

첫째, 객관적 책임(objective responsibility)인데, 이것은 행정공무원이 행정행위의 결과에 대해 다른 사람에게 해야 할 의무를 대상으로 지는 책임이다.

둘째, 주관적 책임(subjective responsibility)인데, 이것은 행정공무원이 어떤 다른 사람에게 책임을 져야 할 것을 느끼고 행정행위를 할 경우에 생기는 책임을 말한다. 이것은 비공식적인 양심이나 의지, 충성 등에 따라 생기는 책임을 말한다.

이상에서 본 바와 같이 행정책임은 주관적이든 객관적이든 간에 책임 주체에게 어떠한 재량성을 띤 능력이나 권한이 주어져 있는 경우에 발생하게 되는 것이지 아무 권한도 없이 평범한 사회적 위치에 있는 사람에게 생기는 것은 아니다.

또한 이러한 권한과 능력에는 그 행사에 앞서 어떠한 따라야 할 의무를 전제로 한다. 따라서 이러한 의무를 통해 나타나는 행정공무원의 행정행위에 대한 결과에 따라 책임의 유무를 판단하게 된다.

행정공무원이 외부로부터 부과된 공식적 기준과 법규에 따라 지게 되는 객관적 책임이든 아니면 자신의 도의적 규범에 따른 내면적 동기에 대해 지게 되는 주관적 책임이든지 간에 현대 행정국가에서 행정행위에 대한 행정공무원의 책임 수준과 정도는 높아지고 있는 것이 세계적인 추세다.

## 제 2 절 | 행정책임의 유형

### 1 도의적 책임

도의적 책임이란 공식적 직위에 관계없이 행정행위의 결과에 대해 지게 되는 책임을 말한다. 이때의 책임은 국민의 공복(公僕)으로서 또는 봉사자로서 행정 결과에 대해 국민이나 이해 관련 당사자에게 지게 되는 광범위한 의미의 책임(responsibility)을 말한다. 그러므로 도의적 책임의 판단 기준은 국민 또는 여론에 있다고 할 수 있다.

## 2 법적 책임

법적 책임이란 공식적 직위에 관계하고 법률적 대상이 되는 행정 결과에 대해 지는 책임이다. 그러므로 여기에는 자신의 선호 유무에 관계없이 행정행위의 주체인 관련 행정공무원은 그 행위에 대해 해명하고 이해 당사자에게 답변해야 할 의무가 있다.

이와같이 법적 책임은 공식적 관계 즉 행정공무원과 행위 객체 사이의 공식적 신분 관계에 의해 발생하며, 특히 대외적으로는 입법부와 사법부에 대해 책임을 지게 되고 대내적으로는 조직의 상사에 대해 지게 되는 책임(accountability)을 말한다.

## 3 정치적 책임

정치적 책임은 행정공무원이 국민에 대해 지게 되는 민주적 책임을 말하는데, 특히 민주적인 정치 과정에 대해 지는 책임을 말한다. 현대 행정국가에서 행정의 정치적·통치적 기능이 강화되면서 이러한 행정공무원의 정치적 책임이 크게 강조되어 왔다. 고위공직자의 행정행위는 단순한 법률 집행적인 차원을 넘어서 국민 개개인의 생활에 큰 영향을 미치는 정책결정 기능이 크게 내재되어 있는 것이 사실이다. 이러한 경우 단순한 법률적 차원의 법적 책임이나 인간으로서 가지는 도의적 책임 이외에도 고도의 정치적 결정과 이에 상응하는 법률행위에 대해 국민 전체에 대해 책임을 지게 된다.

## 제 3 절 | 행정책임의 기준

### 1 국민의 이익

행정책임의 기준으로서 국민의 이익은 국민 대다수가 바라고 원하는 다수의 이익을 말한다. 즉 다시 말하면 공익이라 할 수 있는데 공익은 특히 보편화된 가치, 공동체의 이익, 재화나 용역의 외부경제성, 다수의 이익 등과 같은 개념을 내포한다. 즉 다시 말하면 공익이라 할 수 있는데, 공익은 특히 보편화된 가치, 공동체의 이익, 재화나 용역의 외부경제성, 다수의 이익 등과 같은 개념을 내포한다. 즉 행정공무원은 그 행정행위에서 집단이나 개인적인 특수 이익을 넘어서는 사회 전체의 일반적인 공유가치로서 공동 이익을 도모하는 방향으로 일어나야 한다는 의미다. 그러나 이러한 국민적 이익 즉 공익은 모든 국민이 합일하는 하나의 이익을 형성하기가 어려울 뿐만 아니라 특수한 집단이 공익의 명분을 내세워 그들의 사적 이익을 정당화하는 수단으로 작용할 수 있다는 데 한계가 있다.

### 2 법률적 명문 규정

행정공무원은 공무원으로서 국가공무원법 등 관련 법령 규정을 준수할 의무가 있으며, 이러한 헌법과 법률 등의 명문 규정은 공무원의 행정행위의 적법성을 가늠하는 1차적인 기준이 된다. 이러한 법률상의 명문 규정들을 대체적으로 살펴보면 다음과 같다.

### 1) 성실의 의무

국가공무원법 제56조에는 공무원은 가장 기본적 의무로서 법령을 준수하며 성실히 직무를 수행할 것을 규정하고 있다.

### 2) 직무상의 의무

행정공무원이 행정행위를 이행할 때 지켜야 할 직무상의 의무는 법령 준수 의무, 복종 의무, 친절 공정 의무, 비밀 준수 의무, 품위 유지 의무 등이 있다.[1]

### 3) 선서 의무

공무원은 취임할 때에 소속기관장 앞에서 관계 법령이 정하는 바에 따라 선서를 해야 한다.[2] 이는 공직 취임시에 국민에 대한 봉사자로서 공무원의 책임을 강조하는 것이다.

## 3 정책 및 사업 목표

공무원 역시 한 조직의 구성원으로서 조직이 달성하고자 하는 조직 목표에 어느 정도 기여했는가 또는 그렇지 못한가에 따라 그 행정행위의 결과에 대한 여러 가지 평가가 가능해진다. 구체적으로 각 행정부처가 목표하고 있는 사업 및 정책계획이 각 구성원들의 행정책임성을 판단하는 또 하나의 기준이 된다.

---

1) 국가공무원법 제58조, 59조 등 참조.
2) 국가공무원법 제55조.

# 제 4 절 | 행정통제의 의미와 유형

## 1 행정통제의 개념

행정통제는 행정책임성을 확보하는 하나의 수단이 되는데 행정책임과 행정통제는 불가분의 관계에 있다. 현대 행정국가의 등장과 함께 행정의 기능과 역할이 강화되면서 행정의 책임성이 강조되어 왔다. 특히 국민의 다양한 욕구를 적극적으로 실현하기 위해서는 행정 서비스의 생산 및 공급, 배분에서 행정책임을 반드시 확보해야 한다. 그리고 행정이 전문화·기술화되면서 일반 국민은 행정관료의 행정행위에 수동적으로 따라갈 수밖에 없는 현실 속에서 행정통제는 행정의 권력 남용을 막기 위한 또 하나의 수단으로 작용하게 된다.

효율적인 행정통제를 위해서는 다음과 같은 통제 원칙과 수단을 따라야 한다(박용치, 1992: 888-889).

### 1) 통제의 원칙

효율적인 통제를 위해서는 몇 가지 원칙을 지켜야 하지만 이것도 다른 관리 기능과의 관련 속에 융통성 있게 적용되어야 한다. 그 원칙은 다음과 같다.

첫째, 행정통제는 최종 목표에 기여하는 가장 합목적적인 최선의 방법이어야 한다.

둘째, 통제는 목표가 설정되고 계획이 집행되면서 즉시 착수되어야 한다.

셋째, 이미 수립한 계획과 환경이 변동되어도 적용될 수 있도록 융통성 있게 마련되어야 한다.

넷째, 통제 목적에 사용되는 숫자나 보고는 피통제 조직 단위의 활동을 그대로 표현할 수 있는 용어나 숫자로 표현되어야 하며, 다른 조직 단위에서 요구되는 기능과 비교 가능해야 한다.

다섯째, 통제에서 관리자는 보고된 가료를 통해 과거의 평균적인 업적 또는 지시된 표준에 따라 예외적이거나 특별한 사항을 전체적으로 검토해야 한다.

여섯째, 통제의 폭과 양은 처음에는 핵심적인 문제에 중점적으로 적용하고 수행 과정에서 그 범위를 가감해야 한다.

### 2) 통제의 수단

통제에 이용되는 수단도 관점에 따라 다양하여 논자에 따라 여러 가지를 들고 있는데 그 중에는 업무의 표준화, 업무의 간소화 등을 들기도 하지만 흔히는 통제의 실질적 측면에 주안점을 두어 물리적 수단, 물질적 수단, 상징적 수단으로 구분한다. 그러나 실제로는 이러한 통제 수단을 상호 보완적으로 혼용하여 사용하게 될 것이다.

#### (1) 물리적 수단

개인의 신체에 가해지는 물리적 강압적인 힘으로써 권력 행사를 포함한다.

#### (2) 물질적 수단

인간 생활에 필요한 재화와 용역을 수단으로 사용하며 보상적 의미를 갖는 수단이다.

#### (3) 상징적 수단

도덕적 윤리의 힘으로 통제자에 대한 존경심을 불러일으키고 피통제자의 자율적인 규제를 조장하는 수단이다.

## 2 행정통제의 유형

행정통제의 유형에는 크게 입법통제, 사법통제, 민중통제 등 세 가지로 나눠 살펴볼 수 있다.

### 1) 입법통제

행정부 내의 내부적 통제구조에 비해 대표적인 외부 통제구조로서 입법부에 의한 행정활동의 감시, 감독, 비판활동을 입법통제라 한다. 의회가 국민의 대표기관으로서 국민의 의견을 수렴하여 그들의 의사를 대변한다고 볼 때 이러한 의회에 의한 입법통제야말로 행정행위를 가장 효율적으로 통제할 수 있는 방식이다. 이러한 의회에 의한 행정부 활동에 대한 입법통제에는 몇 가지로 나눠 생각해 볼 수 있다.

첫째, 의회의 법률제정권을 들 수 있다. 법률의 제정은 국민의 권리 의무를 일반적으로 규정하고 있는 만큼 반드시 의회의 의결을 거쳐 그 법률 내용을 명문화하도록 하고 있다.

둘째, 예산심의 의결권인데 의회는 행정부에서 편성 제출한 매년도 예산안을 검토한다. 그래서 행정활동과 국가사업계획이 합리적이지 못할 경우 수정 또는 개폐를 요구하고 예산을 삭감함으로써 행정활동을 통제한다. 셋째, 조사질문권인데 행정부의 정책결정과 행정 집행에 위법 부당한 행위나 오류가 있다고 판단될 경우 진상 또는 조사위원회 등을 구성해 조사할 수 있고 정부위원 또는 국무위원 등을 불러 질문할 수 있으며 자료 제출을 요구할 수 있다.

넷째, 기타 이외에도 국무총리, 국무위 원등 해임건의권, 외국군 주둔에 관한 동의권, 조약 비준 동의권, 기채동의권, 긴급재정처분승인권 등의 권한을 통해 행정부에 대한 입법통제를 하고 있다.

### 2) 사법통제

사법통제는 사법부가 행정부의 활동에 대해 법률적 해석에 따라 그 행위의 적법성을 판단하며 국민의 권리구제를 위해 그 행정행위를 취소 또는 무효화시키는 행위를 말한다. 그러나 이러한 사법통제는 본질적으로 행정행위가 일어나기 전에 할 수 있는 사전활동이 아니고 행정활동이 일어난 후에 하게 되는 국민의 권리에 대한 사후 구제 조치에 불과하며, 시간이나 비용 등이 많이 들 뿐만 아니라 고도의 행정작용에 대해 기술적·전문적인 이유로 인해 적절한 판단을 내리기가 어려운 경우가 많은 것이 단점이다. 따라서 헌법과 법률에서 보장된 명령심사권이나 행정심판 등에 관한 권한이 실질적으로 국민의 이익이 완전히 회복될 수 있는 방향으로 엄정하게 집행될 수 있어야 한다.

### 3) 민중통제

민중통제란 국민에 의한 통제를 말하는데, 행정공무원은 행정의 결과에 대해 국민에게 책임을 지며, 이러한 책임을 확보하기 위해 국민은 행정행위를 통제할 수 있다. 그러나 국민 개개인은 국민의 일상생활에 대한 개별적 행정행위에 대해 구체적으로 대응하여 참여하기가 어렵고 따라서 적절한 민중통제의 공식적 비공식적 통로를 통해 그 권한을 행사할 수 있다. 여기에는 다음과 같은 것들을 들 수 있다.

첫째, 선거권의 행사를 들 수 있다. 일반 국민은 법률이 정하는 바에 따라 일정한 연령이 되면 선거권과 국민투표권을 가지게 되는데 이러한 행위를 통해 행정행위에 대해 간접적으로 통제할 수 있는 기회를 갖게 된다.

둘째, 이익단체의 활동을 들 수 있다. 이익단체는 특수한 이익을 추구하기 위해 개별적으로 만들어진 자발적 결사조직체를 말한다. 이들은 이러한 자발적 조직체를 통해 그들의 의사를 표출할 수도 있고 행정 결정 과정에 그들의 요구를 반영시킬 수도 있다. 그러나 우리나라의 경우 최근 들어 많은 이익단체가 생겨나고 있으나 그들의 조직력이나 재정력 그리고 기술적·전문적 능력이 부족하여 큰 실현성을 거두지 못하며 특수이익집단의 과도한 요구가 오히려 행정의 능률성을 떨어뜨리는 경우도 있다.

셋째, 언론을 들 수 있다. 언론은 국민의 알 권리를 충족시키기 위해 행정행위에 대해 비판 기능을 수행한다. 그러나 이러한 언론 기능의 활성화를 위해서는 우선 행정정보를 공개해야 하고, 이러한 자료를 토대로 하여 행정행위의 결과에 대해 국민적 감정과 요구를 대변함으로써 차후 행정행위에 영향을 미칠 수 있다. 그러니 이러한 언론에 의한 행정부 통제는 언론의 자율적 중립적 활동이 충분히 보장되어야만 가능하며, 그렇지 않고 오히려 언론이 정부활동에 대해 홍보 차원의 인기에 영합하거나 상업성 위주의 기사 폭로 등 단순 활동에 집착할 경우 언론의 행정통제는 큰 실효를 거두기 어렵다.

# 제 9 장 행정윤리

## 제 1 절 | 행정윤리의 의의

### 1 행정윤리의 개념

일반적으로 윤리(ethics)라 하면 사람들이 지켜야 할 기본적인 도리를 말하며, 여기서 행정윤리라 하면 특히 행정인 또는 행정 체제 내부에서 지켜야 할 규범이라 할 수 있다. 윤리와 구분해야 할 개념으로서 가치(values)가 있는데, 가치는 개인적·사회적·정치적 관계의 기초를 이루는 것으로서 특별히 개인에 의해 소유되는 신념 태도다.

왈도(D. Waldo, 1974)는 "행정윤리는 자기자신, 가족, 집단만의 이익이 아니라 포괄적인 국민 대중의 이익을 위해 봉사하는 행위"로 설명한다. 또한 백완기(1996)는 "행정윤리란 행정의 모든 역할들을 좀 더 바람직하고 공정한 방향으로 인도하는 규범적 기준으로서 그것은 내재적이고 비공식적이고 상황적이다"라고 말한다. 이러한 행정윤리의 작용적 효과는 특정 개인이나 집단에만 미칠 수도 있고 사회 전체에 미칠 수도 있다. 이를 상세히 살펴보면 다음과 같다.1)

첫째, 행정윤리는 가치 함축적인 규범적 개념이라는 것이다. 사실의 설명이나 진단은 윤리를 불러일으키는 기초는 될 수 있지만 윤리 자체는 될 수 없다. 그러나 윤리는 사실을 토대로 해서 작동하기 때문에 현실적으로 사실과 괴리될 수 없다. 한 가지 명백한 것은 윤리는 '좋다', '해야 한다', '해서는 안 된다' 등의 가치 함축적 판단과 당위성을 가져야 한다는 것이다.

둘째, '내재적'이라는 말은 행정관료들의 의식세계에 잠재해 있는 가치체계라는 점이다. 인간의 행위를 규제하는 법규나 폭력은 눈에 보이지만, 윤리는 인간의 의식 속에 잠겨 있기 때문에 표면적으로 보이지 않는다. 그러나 내재적이라고 하니까 밖으로 나타나지도 않고 발동하지도 않는다는 이야기는 아니다. 윤리는 인간 내면의 가치적 의식세계이기 때문에 그것을 자극하는 상황이 벌어지기 전에는 잠재 상태에 있게 된다. 바람직하지 못한 행위를 비난하거나 옳다고 생각하는 신념을 굽히지 않는 행위는 윤리의 발동이라고 할 수 있다.

셋째, '비공식적'이라는 말은 법령처럼 공식화되어 있지 않다는 것이다. 윤리는 내면의 의식세계이기 때문에 공식화된 형체일 수가 없다. 또 비공식적이기 때문에 비논리적 행위를 해도 비난의 대상은 되어도 처벌의 대상은 되지 않는다.

넷째, '상황적'이라는 말은 윤리가 가치 함축적 개념이지만 절대적 윤리는 없다는 말이다. 윤리는 계속 존재하지만 그 내용은 상황과 시대에 따라 계속 변할 수 있는 상대적 성격을 가지고 있다는 말이다.

이상에서 살펴본 바와 같이 행정윤리는 어느 한 개인이나 어느 특정 집단에게만 특별히 요구되는 것으로서 전체 사회와 동떨어진 가치 개념이라기보다는 그 시대의 사회상을 반영하고 있으면서 상대적으로 행정 체제 내부에서 강조되는 가치 개념의 하나라 할 수 있다.

---

1) 여기에 관한 자세한 사항은 백완기(1996: 466-468) 참조할 것.

## 2 행정윤리의 기준

행정윤리의 기준은 어떤 행정행위가 적절한가 또는 그렇지 않은가를 판단해 주는 가치판단 기준은 무엇인가 하는 것이다. 이것은 여러 가지 측면에서 바라볼 수가 있으나 행정 체제 내부 기준과 체제 외부 기준으로 나눠 살펴보면 다음과 같다.

### 1) 행정 체제 내부 기준

내부 기준이라는 것은 행정공무원 집단의 특수한 상황 속에서 지켜져야 할 규범으로서 특히 행정공무원의 직무 수행 도는 행정행위 과정이나 절차 속에서 준수되어야 할 기준을 말한다. 여기에는 우리가 흔히 논의하는 행정 이념들 즉 합법성, 능률성, 민주성, 효과성, 생산성, 중립성, 신뢰성, 청렴성 등이 있는데, 이러한 기준은 행정조직 내부의 민주화와 효율성을 위해 조직관리적 측면에서 요구되는 규범이다.

### 2) 행정 체제 외부 기준

외부 기준이라는 것은 행정이 대외적으로 국민과 다른 사회 시스템과 상호작용하는 과정에서 지켜야 할 규범을 말하는데, 이것은 특히 국가나 사회 발전 등의 전체적 측면에서 특히 행정 체제가 갖추어야 할 규범을 말한다. 여기에는 공익, 사회적 형평성, 정의, 행정대응성, 인간 존중의 정신 등이 해당한다.

## 3 행정윤리의 필요성

1940년대 이후 정치로부터 행정이 독자성과 자율성을 얻으면서 행정 자체의 기능과 역할이 크게 강조되기 시작했고, 행정은 국민 개개인의 경제 및 사회생활에 크게 관여하기 시작했다. 그럼으로써 이러한 행정 역할과 기능은 그들 나름대로의 특별한 도덕적 기준이 필요하게 되었다.

행정의 기능과 역할 증대는 곧 행정 권력의 비대화 즉 과잉관료제화(overbureucratization)를 초래하여 국민 또는 행정 서비스의 수혜자에 대한 권력의 남용과 부정이 증가하기 시작했고, 여기에 대한 행정 체계 자체의 자율적 내부통제 시스템이 필요하게 되었다.

인간 개인적으로 보면 성선설과 성악설이 공존하는 양면성을 지니고 있는 사회 존재로 생각되기 때문에 사회 가치의 우선순위가 시대적 · 역사적 상황에 따라 변화되는 환경 속에서 최소한 사회 가치의 비도덕적인 행위를 배제해야 할 필요성이 있다. 따라서 행정가들은 이미 그 사회 내에서 인정되는 규칙이나 절차, 기준 그리고 많은 행정 내 · 외부적 규범에 따라 행동함으로써 의사결정의 합리성을 유도하는 것이다.

## 4 행정윤리의 생성 과정

미국의 경우 1958년에 연방공무원의 윤리강령이 제정되었고, 1978년에 정부윤리국(Office of Government Ethics)이 설치되어 연방공무원의 행정행위에 대한 윤리, 도덕성을 심사했다. 그러나 공무원의 윤리강령이 최초로 채택된 것은 1924년 국제도시관리협회(International City Management Association)다.

행정윤리를 정치행정 관계의 구조적 관계 측면에서 생각해 볼 때 정치행정의 이원론이 약화되고 행정은 정책결정 과정에서 그들의 의사결정에 관한 고도의 정치성이 부여되어 그 당시 강조되었던 능률성, 생산성 등의 행정 이념과 함께 이제는 도덕적 규범적 측면의 행정행위가 강조되었다. 또한 1950년대 이후 사이먼(H. A. Simon)의 의사결정이론이 본격화되면서 행정행위의 합리성은 의사결정자 자신의 제한된 합리성(bounded rationality)뿐만 아니라 여기에는 사회심리적 요인이 또한 영향을 미친다고 보았다. 즉 의사결정을 위해 종래에 강조된 경제성, 생산성 등의 개념들과 함께 의사결정자 개인이 가지고 있는 내재적 본성(inner personality)이 중요한 요인으로 작용할 수 있다는 의미다.

## 제 2 절 | 행정윤리의 실제 내용

행정윤리의 구체적 내용은 각국에 따라 다양하다. 우리나라의 경우 국가공무원법 제7장 제56조 등에 보면 공무원의 행동규범을 규정해 놓고 있다. 여기에는 성실 의무, 복종 의무, 직장 이탈 금지 의무, 친절 공정 의무, 비밀 엄수 의무, 청렴 의무, 명예 등의 수령 규제, 품위 유지 의무, 영리 업무 겸직 금지의 의무, 집단행위 금지, 정치활동 금지 의무 등을 규정해 놓고 있다. 또한 공무원이 실제 행정활동에서 자율적으로 지켜야 할 행동윤리강령으로서 1980년 12월 공무원의 공무원 윤리헌장을 제정해 놓고 있다. 이 헌장에는 국가에 대해서는 헌신과 충성을 해야 하며, 국민에 대해서는 정직과 봉사를 하도록 하고 있다. 또한 직무에 대해서는 창의와 책임을 다해야 하며 직장에서는 경애와 신의를 다하며, 생활에서는 청렴과 질서를 다하도록 규정해 놓고 있다. 그리고 1981년 제정된 공직자윤리법에는 고위공직자의 재산등록 의무화, 외국인의 선물 신고, 퇴직 공무원의 취업 제한 규정을 두고 있다.

## 제 3 절 | 행정윤리 이탈 행위

행정공무원의 행정 업무 수행은 법과 법률 및 제 행정규정의 범위 내에서 행해져야 하나 현실적으로 행정공무원의 업무 수행에는 여러 가지 많은 부정과 비정상적인 비윤리행위가 일어난다. 이것은 단지 우리나라뿐만 아니고 미국·일본 등 선진국에서도 모두 동일하게 나타나는 공통된 현상인데 다만 차이가 나는 것은 비윤리적 행위의 유형과 정도 문제일 뿐이다. 다음은 이러한 행정공무원의 여러 가지 비윤리적 행태를 유형별로 살펴본 것이다.

## 1 불법행위

공무원의 불법행위는 자신의 행정 권한을 이용해 제3자 또는 이해관계에 있는 당사자를 유혹하여 특별히 자신에게 유리한 유·무형의 이득을 취하는 것이다. 이것은 형사법의 대상이 되어 공무원 직위를 박탈할 만한 무거운 징계 대상이 된다. 적법절차를 무시하고 행정 편의를 봐준다든지, 아니면 공문서를 위조하여 타인의 행정 편의를 도모해 주고 그 이익을 나눠 갖는다든지, 특정 범죄행위를 눈감아 주고 뇌물을 받는 행위 등은 모두 공무원으로서 법률적인 한계를 넘어서는 비윤리적 행위다.

## 2 소극적 행정행위

현대 복지 행정국가의 행정은 적극적 급부국가로서 행정 서비스에서 자발적이면서도 능동적인 행정 업무 수행을 요구한다. 그럼에도 불구하고 법률적 절차나 규칙을 내세워 국민 또는 주민의 의사를 무시하고 적절한 행동 조치를 취하지 않음으로써 국민에게 유·무형의 이익을 침해하는 경우가 자주 발생한다. 예를 들어 쓰레기 등 환경폐기물 등을 적절한 시간 내에 처리하지 않음으로써 인근 지역 주민이 여러 가지로 애로를 겪는다든지, 이해관계 당사자에게 빠른 시간 내에 행정고지를 하지 않음으로써 행정 서류 제출 등이 미비하여 이해당사자가 과태료를 부담한다든지, 법에 의해 정해진 재량권을 오히려 행사하지 않는 경우 또는 반대로 자유재량이 일반 국민이 이해할 수 있는 범위를 넘어서서 행해지는 경우 등은 모두 비윤리적인 소극적 행정행위다.

## 3 국민에 대한 차별적 대우

행정은 업무 수행에서 모든 국민을 동일하게 대우해야 한다. 여기서 말하는 동일한 대우란 행정학적인 측면에서 볼 때 수직적 형평의 의미를 갖는다. 즉 개인별로 인간적인 측면에서는 동일하다 하더라도 능력이나 경력, 학력 등의 조건 등에서 차이가 날 수 있으므로 이러한 차이가 나는 부분에서는 다르게 대우해야 진정으로 공평하게 대우한다는 것이다. 동일한 것은 동일하게 대우하고 다른 것은 다르게 대우해야 한다. 그런데 우리나라 행정공무원의 경우 동일한 경우를 다르게 취급하는 경우가 많다. 그것은 자기와 동향(同鄕)이라든가, 동일 학교 출신이라든가, 예전에 안면이 있다든가, 높은 지위에 있는 사람의 소개가 있었다든가 하는 원인 때문에 실제로 동등하게 행정 서비스를 제공해야 함에도 불구하고 특별히 우대하는 경우가 많다. 또한 반대의 경우도 있다. 특히 법원이나 경찰, 세무서 등의 권력기관 등에서는 크게 내세울 것이 없는 일반 시민에게는 오히려 함부로 대한다든가 또는 주어진 행정 서비스를 제공하지 않는다든가 하는 비윤리적 행위가 많다.

## 4 행정 권력 및 권한의 남용

우리나라 행정공무원은 유교문화의 영향으로 조직 내 권위주의 성향이 상당히 강하게 자리잡고 있다. 이러한 권위주의 문화는 강자에 대해서는 복종하고 충성하며 약자에 대해서는 강압적 자세로 군림하고 복종을 강요하는 행태를 취한다. 이러한 우열 관계에 기초하는 계층적 마음은 행정이 그 권한과 업무를 민간 부문보다 많이 가지고 있음으로써 이러한 권한의 비대칭 관계를 이용해 일반 국민에게 과도한 권력을 행사해 물질적인 서비스나 특혜를 부여받는다. 관이 민을 지배한다는 일방적 복종이 강요되는 관료권위주의 사회의 경우 행정 권력을 내세워 자신의 정체성을 다른 사람들에게 내보이려 하는 자기 과시의 성향이 강해지고 이를 이권과 결부시켜 특별한 혜택을 취하게 된다.

## 제 4 절 | 행정윤리의 확보 방안

행정윤리를 확보하고 행정의 민주화를 달성하기 위한 노력은 선진국, 후진국을 막론하고 어느 국가, 어느 시대에서나 강조되어 온 주요 쟁점 사항이다. 행정윤리를 어느 정도 확보하느냐가 그 나라의 행정 수준을 가늠하며, 반대로 그 나라의 행정 수준은 곧 공무원의 행정윤리 수준이라고도 할 수 있다. 그러면 다음에서는 이와 같은 공무원의 행정윤리를 확보하기 위해 어떠한 실제적 · 제도적 · 환경적 조건들이 필요한지를 살펴보면 다음과 같다.

### 1 민주적 행정가치관의 확립

공무원 개개인은 우선 권위주의 시대의 관존민비 사상을 버리고 국민의 공복(公僕)으로서 사명의식이나 봉사정신을 가지고 공직에 임하겠다는 자세를 가져야 한다. 공직윤리 자세를 갖추기 위해서는 공무원 교육훈련제도를 통해 공직으로서 가치와 윤리에 관한 교육을 강화하고 공무원 윤리헌장의 실천과 공정성, 형평성, 정의, 객관성 등의 민주적 행정 이념에 관한 의식개혁운동이 수반되어야 한다. 그래서 국가와 국민 상호간의 민주적 상호작용 과정을 이해하고 시민의 의사를 적극 수용해 국민의 요구와 수요에 적극 대응하고 행정의 책임성을 향상시킬 수 있는 민주사회 가치를 형성해야 한다. 공직도 하나의 직업으로서의 천직(天職) 의식을 가져야 하며, 여기에 부합하는 적절한 윤리의식을 고취해야 하나 개개의 공무원에게 무한정의 충성심이나 애국심을 요구하지 말고 공직사회의 3무－무책임, 무소신, 무기강－현상을 초래하는 원인을 제거해야 한다.

일반적으로 공직윤리 수준은 보통의 일반사회에서 요구하는 윤리 수준보다 더 높은 수준을 요구받는다. 그래서 행정윤리 수준은 사회적 윤리 수준보다 더 높게 되어 이중의 도덕 수준(dual standard of morality)이 요구된다. 즉 이것은 사회 전반의 윤리 수준은 낮은데 공무원의 윤리 수준만 높게 요구한다는 것도 이치에 맞지 않는다는 의미도 포함된다. 즉 공무원의 윤리 수준도 일반 시민의 윤리 수준에 큰 영향을 받기 때문에 공무원의 행정 윤리 수준 향상에는 일반 시민 역시 민주국가 시민으로서 주인 의식과 철저한 사회도덕적 책임 의식을 갖춰야 한다.

## 2 행정정보 공개 원칙의 확립

일반적으로 행정행위에는 국방, 외교, 안보 등 고도의 통치적 기능을 수행하는 업무가 있게 마련인데, 이러한 분야를 제외하고 원칙적으로 모든 행정정보는 공개해야 한다. 즉 국민의 알 권리를 국가가 충분히 보장해 주어야 하며, 이를 통해 행정의 신뢰도를 제고해야 한다. 이것은 국민의 행정에 대한 알 권리와 정책집행 과정에서의 행정 업무 수행상 비밀 유지는 균형을 이뤄야 한다는 의미다. 행정 과정이 국민에게 정당하게 공개됨으로써 행정정보 습득의 격차로 인해 발생하는 국민 간의 사회적 비용을 최소화하고 그럼으로써 정부에 대한 지역 간, 계층 간, 집단 간 불신감을 최소화해야 한다.

이러한 측면들은 주로 행정과 국민 간에 나타나는 정보 공개의 차원이나 또 다른 측면에서는 행정 내부 구성원 간 또는 내부 부서 사이에서도 행정 정보는 공개되고 공유되어야 한다. 즉 조직 내부에서 추구하는 조직윤리가 바람직하지 못할 경우 조직윤리와 개인적 윤리 사이에서 충돌이 있게 된다. 따라서 모든 행정정보가 공유되어 그 구성원들 사이에서도 원활한 의사소통과 민주적 대화 관계를 형성할 수 있어야 한다.

## 3 법률적 · 제도적 환경의 조성

행정윤리의 확립은 공무원 개개인의 인간적 가치에 지나치게 의존할 경우 그 실효성이 크지 않게 된다. 이와 동시에 공무원의 비윤리적 행위를 통제할 수 있는 외부 강제 규정이 병행되어야 한다. 국가공무원법상의 공무원의 행동규범 규정이나 공직자 윤리법상의 행동 규정 그리고 공무원 윤리헌장의 의무 이행 규정 등과 더불어 행정공무원 개개인의 자기 규제를 유도하면서 동시에 강제적인 통제성을 띠는 법적 · 제도적 시스템을 구축해야 한다. 왜냐하면 단순히 개개인의 인격에 호소하는 선언적 의미의 규정은 어느 정도 공직윤리의 분위기를 일신하는 효과는 있으나 현실적으로 공무원 윤리 수준을 향상시킬 수는 없기 때문이다.

# 제10장 거버넌스와 지역경쟁력

## 제 1 절 | 거버넌스의 개념

거버넌스(governance)라는 용어는 1990년대 중반 이후 우리나라 사회과학 전반에 걸쳐 풍미되고 있는 용어다. 이 용어가 갖는 다기성 때문에 아직 우리나라에서는 통일된 번역 용어가 없다. 다만 일부 학자들은 '국정관리'로 번역하기도 하고, 일본처럼 '협치(協治)'라고 일컫는 경우도 있으며, '거버넌스'를 그대로 번역하지 않고 사용하는 경우도 있다. 국정관리라는 용어는 거버넌스 자체에 국가라는 단위를 상정하고 있다. 그러나 거버넌스가 내포하는 핵심적인 요소 속에 국가라고 하는 단위가 함축되어 있지는 않으며, 현실적으로도 로컬(local) 거버넌스, 스쿨(school) 거버넌스, 산업(industrial) 거버넌스 등의 용어가 사용되고 있는 점을 볼 때 국정관리라는 표현은 부적절하다고 생각한다(최영출, 2009).

거버넌스에 대한 개념 정의를 몇 가지 살펴볼 필요가 있다. 드멜로와 바렌스타인(de Mello & Barenstein, 2001: 3)은 거버넌스란 "권한이 행사되고 공공자원이 관리되는 제도"라고 간단히 정의한다. 즉, 우리말로 간단히 줄이자면 공공 부문의 지배구조를 의미한다고 할 수 있다. 굿윈과 페인터

Goodwin & Painter, 1996)는 거버넌스는 국가의 공식적인 조직만이 아니라 제도, 개인, 민간, 자원봉사 등 다양한 공간적 범주 내에서 정책집행에 영향력을 줄 수 있는 행위자 전체를 포함한다고 보고, 지방정부를 로컬 거버넌스의 폭넓은 과정에서 하나의 구성 요소로 보면서 로컬 거버넌스를 국가의 공식적인 주체뿐만 아니라 다양한 주체들을 포함하는 광범위한 제도적 범위에 초점을 두고 언급하고 있다(Johnston & Pattie, 1996 재인용). 고스(Goss, 2001)는 거버넌스를 공식적 · 비공식적인 정치학의 관점에서 이해하고 있으며, 거버넌스는 단순히 동일한 공공기관 사이가 아니라 시민과 공공기관과 같은 각기 다른 주체 간의 발전을 유도할 수 있는 지방 수준에서의 집단적인 의사결정의 새로운 형태라고 설명한다.

스토커(G. Stoker)를 비롯한 몇몇 학자들은 거버넌스에서 네트워크와 지속적인 상호작용을 중요한 변수로 보고 있다. 구체적으로 살펴보면 스토커(Stoker, 1998)는 거버넌스란 상호의존성, 자원의 교환, 게임의 규칙과 국가로부터의 상당한 자율성을 특징으로 하는 자기조직적인 조직 간 네트워크로서, 정부조직과 비정부조직 간의 상호관계를 중요시하고 있다. 로즈(Rhodes, 1997)는 거버넌스는 정부 개입의 축소, 민간 부문의 관리 개념을 공공 부문에 적용, 공공 부문에 이윤 개념 내재화, 시장의 경쟁 원리를 구현하는 새로운 공공관리를 통해 공정하고 효율적인 정부 구현, 민주주의를 지향하는 사회적 사이버네틱스 체계, 공공, 민간 및 자원봉사조직 간의 자기조직화 네트워크 등을 포함한다고 주장한다. 로즈(Rhodes, 2000: 54-90)는 또한 거버넌스 유형을 기업 관리 방식으로서의 거버넌스, 신공공관리로서 거버넌스, 좋은 통치로서 거버넌스, 국제적 상호의존성으로서 거버넌스, 사회-사이버네틱 체제로서 거버넌스, 신정치경제로서 거버넌스, 그리고 네트워크로서 거버넌스 등 일곱 가지로 분류하고 있다.

이 밖에도 국내외 수많은 학자가 거버넌스에 대한 정의를 내리고 있으나 아직까지 우리말로 적절하게 번역된 용어는 없는 것 같다.[1] 따라서 여기에

1) 가장 근접한 용어로는 '공공 부문의 협치'라는 식으로 정의를 내려보는 것도 의미를 이해

서도 그대로 거버넌스로 사용하기로 하며 "공공 부문에서 공식적 권한이 행사되고 공공자원이 관리되는 데 정책의 이해관계자—시민단체, 기업, 인접 지방정부, 경제단체 등—들이 적극적, 소극적 파트너십을 형성하여 관리해 나가는 관리 방식"으로 일단 정의하기로 한다. 이렇게 정의할 때 다시 남는 문제는 '로컬'이라는 개념이다. 로컬(local)은 지방이라는 의미를 내포하나 그 공간적 단위면에서는 '리전(region)'보다는 작은 단위다. 외국의 경우 리전은 주로 우리나라의 도(道) 단위 정도를 넘어서는 광역성을 의미하며,[2] 로컬은 기초자치단체 규모의 작은 공간적 단위를 의미한다. 그러나 이를 일정한 면적 규모로 획일적으로 규정할 수 있는 것은 아니기 때문에 우리나라의 경우 반드시 기초자치단체 규모에 국한한다고도 볼 수는 없다. 다만, 로컬 거버넌스가 포함하는 맥락상 범위는 기초자치단체 규모 또는 범위보다 적거나 또는 그 범위를 다소 넘어서는 공간적 범위로 이해하는 것이 무난하다.

## 제 2 절 | 지역경쟁력과 로컬 거버넌스

지역경쟁력이란 용어는 학문적 영역 및 정책 과정에서 많이 사용되고 있으나 이에 대한 개념적 정의를 논의한 연구는 많지 않다.

우선 경쟁력(competitiveness)이라는 용어에 대한 개념적 정의를 하고 지역경쟁력에 대한 논의를 해 보자. 경쟁력 개념은 다의적이며 상당히 모호한 개념일 수 있다. 따라서 경제학 이론에서는 각 이론별로 경쟁력에 대한 개념 및 경쟁력을 유발하는 요인들을 서로 다르게 보고 있다(University of Cambridge, 2005). 가령 고전적 경제이론(classical theory)에서는 노동분

---

하는 데 편리할 것이다.

2) 영국의 경우 리전은 5~6개의 도(카운티)를 포함하는 권역을 의미한다. 즉, 영국 전역이 9개 권역(리전)으로 분류된다.

업이 국가 간 기술 차이를 가져온다고 하고 있으며, 이의 추진체로서는 자본에 대한 투자(가령, 기술 진보)가 노동분업(전문화)을 강화하고 이는 결국 생산성을 증대시키는 것으로 보고 있다. 신고전적 경제이론(new-classical theory), 케인스 이론, 발전경제학, 신경제성장이론, 신교역이론(new trade theory) 등에서 경쟁력에 대한 개념, 경쟁력을 유발하는 요인 등을 서로 다른 관점에서 보고 있다. 동시에 이러한 관점은 경쟁력 개념을 모두 경제적·기술적인 관점에서 보고 있다는 특징이 있다. 이러한 경제적 관점에서 일반적으로 정의되는 경쟁력 개념은 "개방된 시장 체제하에서, 하나의 국가가 국내의 실질소득을 유지하고, 증대시켜 나가면서 국제 경쟁의 시험대를 충족시킬 수 있는 재화와 서비스를 생산할 수 있는 정도"로 정의된다(University of Cambridge, 2005: 2-2). 이 역시 지극히 경제적인 관점에서의 정의라고 해석할 수 있다.

이러한 경쟁력 개념이 국가 단위로 적용될 때 이는 국가경쟁력이라고 부르는데, 국제적으로 많은 기관에서 각 국가의 국가경쟁력을 측정해서 발표해 오고 있다. 가령, 『IMD의 세계경쟁력 연감(*The IMD'S World Competitiveness Yearbook*)』, 세계경제포럼의 『세계경쟁력보고서(*The Global Competitiveness Report*)』, OCED의 『신경제보고서(*New Economy Report*)』 및 영국의 생산성 및 경쟁력 지수 등을 들 수 있다. 이러한 자료들은 대부분 경쟁력을 측정하기 위한 지표들을 구성하고, 각 지표 별로 국가의 자료를 수집하여 매년 순위를 매겨 이를 발표해 오고 있다.

지역경쟁력 개념은 정책결정자들이 많이 사용해 오고 있으나 그와 관련하여 지금까지 명확히 학문적으로 정의되어 있지는 않다. 또 지역경쟁력에 대해 일부에서는 그 개념의 무용론을 제기하는 경우도 있다(Adams et al., 2003: 19). 이들은 한 지역이 쇠퇴하면 다른 지역이 상대적으로 강한 경쟁력을 갖는 것이 아니라 다른 지역역시 쇠퇴하는 지역의 영향을 받게 되어 결국 제로섬 게임이 된다는 것이다. 왜냐하면 지역은 상호 밀접히 경제·사회적으로 연계되어 있기 때문이라고 지적한다. 그럼에도 불구하고 많은 연구 및 보고서는 도시경쟁력이 중요하다고 강조한다.

여러 기관에서 도시경쟁력의 지표를 개발해 활용해 오고 있어 이를 간접적으로 유추해서 그 의미를 이해해 볼 수 있다. 이의 대표적인 기관들은 European Commission의 Second Report on Economic and Social Cohesion, 바클레이은행의 Competing with World, 영국 산업통상부(DTI)의 Regional Competitiveness Indicators 등을 들 수 있다. 이 중 EC의 보고서에서는 지역의 고용 수준 및 생산성 수준을 포함한 여덟 개의 지표를 제시하고 있고, 바클레이은행은 전문화 능력을 포함한 네 개의 지표, 그리고 영국 산업통상부에서는 노동시장과 자본 등을 포함한 다섯 개의 지표를 제시하고 있다. 이 밖에도 지역경쟁력을 구성하는 요소들에 대한 다양한 견해들이 있으나 University of Cambridge(2005)의 보고서에서는 여러 견해들을 종합하여 <표 10-1>과 같은 지역경쟁력의 요소를 제시한다.

즉, 표에서 보는 바와 지역경쟁력이 갖춰지기 위해서는 인프라 및 접근성, 인적 자원, 그리고 생산환경 등 세 부문이 양호해야 하며, 이들 세 부문은 각각 세부적인 요소들로 구성되어 있음을 알 수 있다. 이러한 지역경쟁력 요소 역시 주로 경제적 측면에 초점을 둔 것이다. 다만, 거버넌스 수준 등이 포함되어 있는 것이 다소의 특징이라고 할 수 있으나 그럼에도 주로 경제적 측면에 초점이 주어지고 있다는 점을 간과할 수 없다.

그러나 최근에는 지역경쟁력 요소들을 단순히 경제적인 측면에 국한하지 않고 도시의 비경제적이고 질적인 측면, 특히 사회자본과 제도적 측면을 강조하는 경향이 있다. 이는 상당히 중요하다고 여겨지는 바 전자를 협의의 지역경쟁력이라고 한다면, 제도나 사회적 자본을 포함하는 경우 이를 광의의 지역경쟁력 개념으로 볼 수 있다. 이러한 광의의 지역경쟁력 개념은 1980년대부터 전세계적으로 진행되는 중앙정부 권한의 지방 이양 및 정책 과정에서 다양한 이해관계자들의 참여에 의한 방식으로의 전환과 밀접한 관계를 가진다. 이는 프리드리히와 펭(Friedrich & Feng, 2002)이 주장하는 바와 같이 공공기관의 역할 강화를 통해 지역경쟁력 강화를 도모하고자 하는 논의와 맥락면에서는 같다고 하겠다. 즉, 이들은 지역 내 경제적 측면뿐만 아니라 공공기관이 정치적으로 주민으로부터 지지를 얻어 자원

〈표 10-1〉 지역경쟁력의 요소

| 인프라 및 접근성 | 인적 자원 | 생산환경 |
|---|---|---|
| • 기본적인 인프라<br>-도로 -철도<br>-공항 -토지 | • 인구적 추세<br>-숙련 노동자들의 이주<br>-다양성 | • 환경적 문화<br>-낮은 진입 장벽<br>-위험을 감수하는 문화 |
| • 기술적 인프라<br>-ict -텔레콤<br>-인터넷 | • 첨단기술 노동력<br>-지식집약적 기술 | • 부문별 집중<br>-균형/의존 -고용 집중<br>-높은 부가가치 활동 |
| • 지식 인프라<br>-교육시설 | | • 국제화<br>-전지구적 판매<br>-투자<br>-기업문화 |
| • 지역의 질<br>-주택<br>-자연환경<br>-문화적 어메니티<br>-안전성 | | • 이노베이션<br>-특허<br>-연구개발 수준<br>-대학과 연구소<br>-기관 간 연계 |
| | | • 거버넌스 수준 |
| | | • 자본 획득 가능성 |
| | | • 전문화 |
| | | • 경쟁의 성격 |

자료: University of Cambridge(2005: 2-32).

확보를 원활히 할 수 있고 이를 통해 지역경쟁력 강화를 위한 수단으로 삼을 수 있다.

가령, 우리나라의 경우에도 지방정부에 대한 권한 이양은 지방정부의 권한 강화를 가져오고 지역 내 문제를 지역 내에서 해결할 수 있는 범위가 커지고 있다. 즉, 방폐장 설치의 경우 지역주민 투표로 유치하게 하는 방식도 지역 내 사회자본이 지역경쟁력에서 얼마나 중요한 것인가를 알게 해 준다. 기업도시의 유치, 혁신도시의 유치, 외국 기업의 유치 등에서 볼 수 있듯이 다른 지역에 비해 비교 우위를 가지기 위해서는 지역 내 주민들이 일정한 부담을 스스로 져야 하며, 그 결과는 지역 내에 대형 사업이 유치된다거나,

다른 지역이 가지지 못하는 자원과 기회를 가질 수 있게 된다는 점이다. 다른 지역에 비해 희소자원을 획득하는 데 상대적으로 강한 능력을 갖는 것이 지역경쟁력의 큰 특성인 바 이러한 의미의 지역경쟁력은 단순히 물리적 인프라나 접근성이 강하다고 강해질 수 있는 것이 아니다. 오히려, 지역 내 주민들의 높은 신뢰 수준과 협동심, 스스로 책임을 지는 책임성 등 총체적으로 사회자본 수준이 높아야 가능하다.

이러한 사회자본, 문화 등의 개념까지 지역경쟁력 요소로 포함시키는 이른바 광의의 지역경쟁력 개념은 특히 최근에 들어와서 강조되고 있는데, 이에는 제도, 기술, 혁신성, 기업가정신, 국제화, 사회자본, 지식 인프라, 문화, 인구 및 이동, 장소의 질, 환경 등이 포함된다(University of Cambridge, 2005: 2-36). 이러한 광의의 개념의 지역경쟁력은 경제적 측면의 특성에 더해 문화, 사회자본, 제도 등 질적인 측면의 특성들을 포함시키고 있다는 점이 차이라고 할 수 있다. 이 연구에서도 광의의 지역경쟁력 개념에 입각해 지역경쟁력이란 "인프라 및 접근성, 인적 자원 및 생산환경뿐만 아니라 사회자본 수준에서도 다른 지역에 비해 높음으로써 지역 발전을 위한 자원 획득에서 다른 지역에 비해 비교 우위에 있게 하는 힘"으로 정의한다.

지역 및 도시의 경쟁력과 로컬 거버넌스는 어떤 관계에 있는가? 지역경쟁력이 높아지면 로컬 거버넌스가 활성화될 것인가? 아니면 로컬 거버넌스가 활성화되면 지역경쟁력이 강화될 것인가? 아니면 두 개념 사이에 아무런 관계가 없을 것인가? 많은 학자가 지역경쟁력에 미치는 영향 요소들은 다양하며 이 가운데 거버넌스, 사회자본, 제도 등이 지역경쟁력에 영향을 미치는 요소로 보고 있다. 지역경쟁력은 상당히 포괄적인 개념이며 따라서 많은 요소를 내포하고 있다. 거버넌스는 지역경쟁력에 영향을 미치는 많은 요소 중 하나의 요소로 보아야 하며, 그 중요성에 대해 강조하는 연구들은 많이 있다. 특히, 지역혁신 체제를 연구하는 학자들은 지역경쟁력 강화를 위해서는 지역혁신 거버넌스가 중요하다고 주장한다.

외국 학자들의 예를 보면, 스미츠(Smits, 2002)의 『21세기의 혁신연구

(*Innovation Studies in the 21st Century*)』, 돌로러스와 파르토(Doloreus & Parto, 2005)의 『지역혁신 체제: 현재의 담론과 해결되지 않은 이슈들(*Regional Innovation System: Current Discourse and Unresolved Issues*)』, 쿨만(Kuhlmann, 2001)의 『유럽에서의 미래 혁신정책 거버넌스: 세 가지 시나리오(*Future Governance of Innovation Policy in Europe: Three Scenarios*)』 및 칼슨 외(Carlsson et. al., 2002)의 『혁신정책: 분석적 및 방법론적 이슈(*Innovation Systems: Analytical and Methodological Issues*)』 등이다. 이들이 주장하는 내용은 대부분 지역혁신 체제를 통한 지역경쟁력 강화에는 무엇보다도 중앙정부와 지방정부와의 역할 관계, 지방정부와 다양한 참여조직들－기업, 연구소, 대학 등 제 주체들－간의 분권적 기능 분담 등 거버넌스가 중요하다는 점을 지적한다.

도시는 지금 산업혁명에 필적하는 커다란 구조 변혁의 소용돌이 안에 있다. 이 역사적 전환기에 도시의 경쟁력은 우리 사회의 미래를 결정하는 중요한 요소이며 어떻게 하면 경쟁력을 향상시킬 수 있는가는 매우 중요한 문제로 여겨지고 있다. 세계적으로 보면 미국 보스턴과 텍사스 주의 오스틴(Austin), 영국의 런던, 프랑스의 스트라스부르, 핀란드의 오울루(Oulu), 교토(京都) 등 독자적인 매력을 가진 도시들은 단순히 산업활동이 활발한 것뿐 아니라 사람이 모여 교류하는 장으로 번영하고 있다. 탈산업화, 그에 따른 서비스화의 추세가 전반적으로 나타나고 있는 시점에서도 모든 산업도시가 쇠퇴의 길로 들어선 것도 아니며 모든 산업도시가 전통적 제조업을 포기하고 서비스업으로 이행하는 것도 아니다. 그러나 이러한 도시들의 내면을 살펴보면 도시 내부의 기업간의 상호의존성이 증대하고 산업활동의 공간조직화가 지역의 클러스터(cluster)[3]를 형성하고 있다. 또한 이러한 클

---

3) 클러스터란 기업·연구소·대학 등이 한데 모여 서로 장비·정보·인적 교류를 하면서 기술과 경쟁력을 키우는 종합단지를 말한다. '다발'이란 뜻으로 연관성 있는 산업과 대학·연구기관·공공기관 등을 한데 묶어 시너지와 부가가치를 배가시키는 산·학·연 협력 생산 시스템이다. 또한 비슷한 업종의 관련 기업과 기관들이 일정 지역에 모여 있는 곳을 말한다. 미국의 실리콘 밸리처럼 연구개발 기능을 담당하는 대학 및 연구소, 생산 기능을 담당하는 기업, 각종 지원 기능을 담당하는 금융 · 컨설팅 기관 등이 모여 정보와 지식을 공유해 시

러스터는 과거 제조업뿐 아니라 첨단산업 부문에 이르기까지 다양한 클러스터를 형성한다.

클러스터 간의 협력으로 이어지는 현재와 같은 시기에는 기존의 산업 지원 체계뿐 아니라 지역산업의 혁신을 위한 지역 거버넌스에 대한 다양한 변화를 유발하고 있다. 이러한 변화는 두 가지 측면에서 접근이 가능하다. 우선 새로운 산업정책은 개별 기업을 물질적으로 직접 지원하는 방식에서 벗어나 혁신활동을 지원하는 정책으로의 변화다. 이미 영국, 프랑스, 독일, 일본 등 주요 선진국들은 첨단 기술산업 중심의 클러스터 육성과 혁신 체계 구축을 위해 노력하고 있으며, 클러스터와 혁신 체제 구축에 요구되는 임계 규모(critical mass)를 확보하고 세계적인 지역 간 경쟁에 효율적으로 대응하기 위해 지역경제의 광역화와 분권화를 동시에 강화하고 있다(김선배, 2010).

다른 차원의 접근은 정책에 관련된 주체들과 관련되어 있다. 이러한 관점은 산업활동이 혁신활동을 목표로 했을 때 클러스터 내부에서 혁신활동 주체들 간의 상호작용이 어떻게 이뤄지고 있는가에 대한 관점이라고 할 수 있다. 기업 내·외부에 있는 다양한 행위 주체 간의 지속적인 상호작용과 학습이 산업 클러스터를 발전시키고 경쟁력을 강화할 수 있는 조건을 형성한다는 것이다. 이러한 맥락에서 관련된 기업들 간 지식의 교류와 상호작용적 학습을 채널화하는 거래 연계나 최근 연구개발(R&D) 및 기술혁신을 둘러싼 네트워크 또한 상호작용적 혁신에 밀접하게 연관되어 있다.

따라서 네트워크의 내부 행위 주체 간의 상호작용은 전통적인 중앙과 지역의 통제 방식의 변화를 가져오고 있으며, 과거 하향적·통제적 방식으로부터 지역 주체들에 의한 분권적·협력적 방식으로의 전환을 이뤄내고 있다고 평가할 수 있다. 즉 이처럼 두 차원으로 전개되고 있는 정책 패러다임의 변화에 비추어 네트워크 체계를 형성하는 공간적 구성에 부합하는 적절

---

너지 효과를 낸다. 한국에서는 포항·울산 등지에 이어 파주·탕정 등이 새로운 클러스터로 떠오르고 있다(출처: daum 전자사전).

한 시스템의 구축은 필수적인 요소라고 할 수 있으며 클러스터를 중심으로 한 지역 거버넌스의 형성에 대한 의미는 매우 중요하다(Cooke et al., 1998; Morgan, 1997). 여기서 거버넌스는 근자에 인간의 다양한 행위 조정 양식을 포괄하는 본래적 의미로부터 그 의미와 실체적 내용에서 전환이 있었다. 로즈(Rhodes, 1996)는 이렇게 전환된 의미와 내용에 대해 '새로운 거버넌스(new governance)'라 부른 뒤 그것이 스스로를 재조직화하는 특성을 지닌 최근의 다양한 네트워크 현상과 연관되어 있음을 강조했다(Kooiman, 1993). 이러한 새로운 거버넌스 방식으로의 이행이 사회 시스템 전반에 걸쳐 일고 있는데, 산업 거버넌스는 이러한 전반적인 사회 시스템 변화와 관련하여 산업 시스템의 변화와 상응하는 산업정책상의 변화를 함축하고 있다(정병순 · 신창호, 2002).

따라서 이러한 산업 거버넌스와 지역정책의 프레임에 대한 탐색이 중요하게 지적될 수 있는데 즉 광역적 산업 거버넌스의 구축과 관련하여 지역적 산업 클러스터의 형성 및 발전에 필요한 정치행정적 거버넌스, 즉 이웃하는 자치단체들 사이에, 그리고 서로 분리된 행정공간에 존재하는 다양한 지원기관들 사이에 협력적 관계의 구축이 중요하다는 것을 시사한다.

## 제 3 절 | 도시 네트워크 구조와 거버넌스

여기서 네트워크 기반의 거버넌스 구조를 더욱 공고히 하는 것은 도시 거버넌스 구조의 경쟁력 향상과 도시의 성장 발전의 중요한 축으로 자리잡을 수 있을 것이다.

네트워크 형태 구성면에서는 앨버스 등(Albors et al., 2005)의 분류에 의할 경우 네 번째인 지역 네트워크의 형태로 가는 것이 가장 바람직하다. 앨버스 등은 지역의 유관 기관들이 구성하는 네트워크 형태를 크게 [그림 10-1]과 같이 네 개로 구분한다. 이 형태들은 오른쪽으로 갈수록 발달된 형

[그림 10-1] 앨버스 등의 네트워크 형태

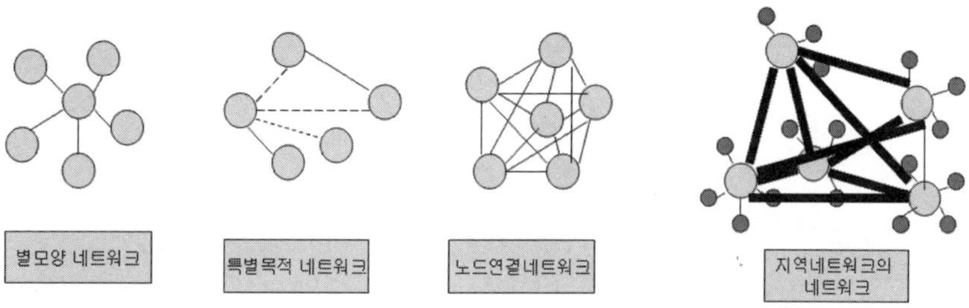


태인데 이해관계자 간의 가장 밀접한 관계가 되기 위해서는 그림에서의 네 번째 형태가 되는 것이 바람직하다는 것이다. 즉, 이 네트워크 형태는 그림에서 보는 바와 같이 각 행위자들이 그 행위자의 그룹 속에 포함되는 세부 행위자들을 연계시킬 때도 같은 방식으로 적용된다는 의미다.

이러한 사례는 우리나라는 물론 선진국의 거버넌스 네트워크 구조 속에서 실증적으로 나나타고 있으며 도시의 경쟁력 향상을 위해 네트워크의 고도화를 추진하고 있다. [그림 10-2]는 우리나라 충남지역에서 의약 바이오 관련 주체 간 네트워크에 대한 연결 현황을 진단한 것이다. 이러한 네트워크의 발전 단계를 보면, 노드 연결 네트워크를 넘어 지역 네트워크의 네트워크화가 진행되고 있음을 알 수 있다. 따라서 이러한 네트워크 형성을 위해 각각의 도시들은 도시재생의 접근법에 대한 접근과 기존 산업경쟁력 확보의 방법에 대한 역발상 등 다양한 방법을 통한 네트워크 변화와 이를 통한 거버넌스 구조의 효율성 증진에 노력해야 한다.

첫째, 주체 간 연계성을 강화하는 네트워크 전략을 추진해야 한다. 경쟁력을 가진 도시 내부 주체 간의 연계를 통해 글로벌 경쟁력을 가진 협력적 주체의 형성이 필요하다. 과거 도시 내부의 단일 기업체가 가지고 있던 세분화된 부분들을 산업 확대 및 도시의 경쟁력 재편과 재생 과정에서 주체 간 협력 체계를 강화하는 전략이 필수적이다.

둘째, 기존의 도시 거버넌스 체계를 유지하면서 이를 확대하는 단계적

[그림 10-2] 충남지역 의약 바이오 관련 주체간 네트워크 현황

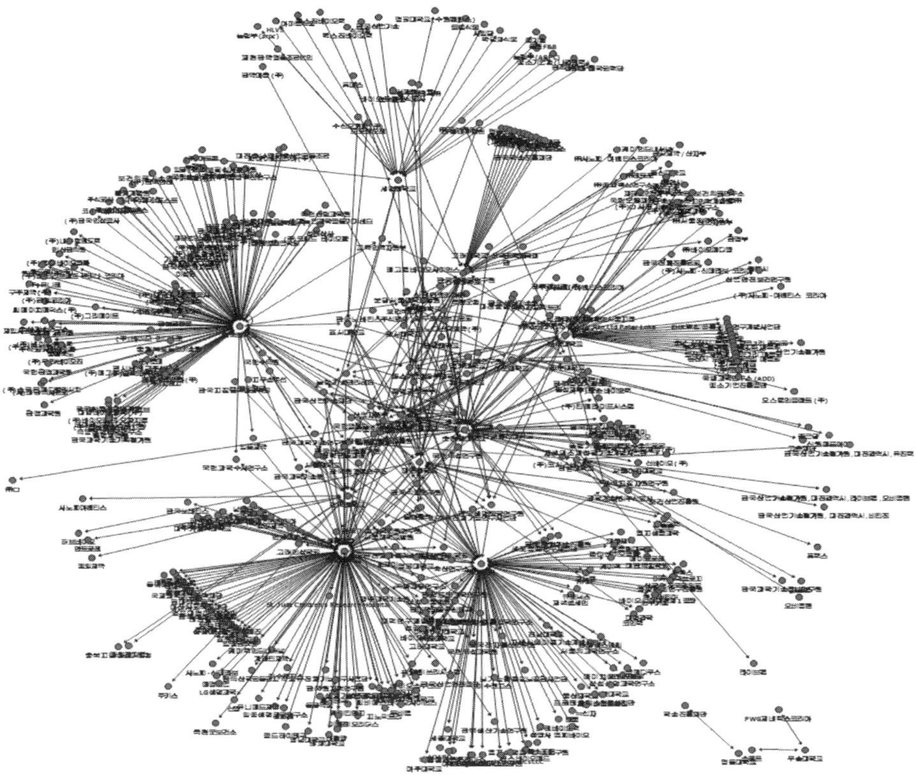

자료: 배정환 외(2010).

전략이 필요하다. 거버넌스 체계의 유지를 위해서는 도시 전체 거버넌스의 핵심 기관과 지원기관 간의 분명한 역할 분담이 선행되어야 기존의 거버넌스 체계를 유지하고 이를 발전시키는 데 효과적이다.

셋째, 도시 단위의 거버넌스 모델 정립을 통해 협력적 거버넌스의 효과성을 증진시켜야 한다. 도시 성장과 발전, 그리고 경쟁력을 강화하는 과정은 단순한 연계를 통한 협력으로는 한계를 가질 수 있으며 복잡한 협력 체계 속에서 이뤄지는 과정이다. 따라서 전략적 제휴 및 개방형 참여 촉진 방안들이 이뤄질 수 있는 도시 거버넌스 모델을 개발하여 이를 지역혁신의

기반으로 삼아야 한다.

거버넌스 모델에서는 네트워크 형태를 구성할 때 목적성을 담보해야 한다. 네트워크 형태를 어떻게 구성할 것인가를 결정하기 위해서는 참여 방식, 책임 소재, 이해관계자의 범위, 관리 주체에 대한 심도 있는 합의가 필수적이다.

넷째, 장기적으로 지역의 경쟁력 강화를 위한 체계 정립을 위해 현재 각 분야별, 예를 들어 산업과 경제로 나눠진 행정 및 지원 체계를 통합하려는 노력을 강화해야 한다. 현재는 산업기술 개발과 관련된 체계는 중앙정부 주도였으며 지방정부의 참여는 제한되어 있었다. 따라서 국가 기반산업 및 지역의 참여가 제한적인 부분을 제외하고 국가 신성장 동력과 관련된 산업 분야, 그리고 지역경제 및 정치, 사회, 문화 분야의 체계가 함께 지역경쟁력 강화를 위한 거버넌스에 참여할 수 있는 통합적 노력이 필요하다. 이를 위해서는 도시 각 분야의 협의회 통합을 통해 기능을 재조정할 필요가 있다.

# 제 11 장 지방행정의 사례연구

## 제 1 절 | 경상남도 하동군의 사례

### 1 자치단체장의 경영 이념과 철학

지방자치의 근본 이념은 민의(民意)라는 생각으로 군민(郡民)의 의사를 군정(郡政)에 반영하는 것이 무엇보다 우선되어야 할 것으로 보고 있다. 지방의회는 민의의 대표기관이지만 이는 외형적인 의미가 강하다. 따라서 군민과의 대화와 소통 창구를 마련하고 이를 통해 군민의 뜻과 의사를 군정에 반영시키는 것이 무엇보다 필요하다.

이를 위해 경상남도 하동군에서는 5대 군정 운영 원리를 마련하여 이를 군정에 반영해 나가고 있다.

첫째, 집중과 특성화의 원리다. 하동군은 지역별로 뚜렷한 다른 정체성과 문화가 있다. 이를 특성화하여 지역의 장점을 부각시킨다는 원리다. 지리산 지역, 섬진강 지역, 남해바다 지역 등 고유의 특성을 살려 다양한 지역의 문화를 창달시킨다는 원리다.

둘째, 개방과 관용의 원리다. 지역 발전의 근간은 다양성이다. 다문화 가정과 귀농인, 노인과 청소년 등 다양한 계층과 직업군을 가진 사람들이 문화의 용광로를 만들어야 한다. 이런 개방성이 지역의 발전을 이룬다.

셋째, 협력과 네트워크의 원리다. 지역 발전은 군수 혼자만의 힘으로는 불가능하다. 50만 내외 군민과 전문가, 공무원, 사회단체 등 관련된 모든 사람의 연합으로 가능하다. 이들의 협력을 이끌어 내고 실질적인 네트워크를 이뤄 군정을 수행한다는 원리다.

넷째, 성장과 도전의 원리다. 앞으로의 시대는 도시 간의 경쟁이다. 그리고 하동군은 앞으로 무한한 도전과 가능성을 가진 도시다. 특히 남해안 시대는 하동군의 성장과 도전의 기회가 될 것이다.

다섯째, 섬김과 봉사의 원리다. 군민 위에 군수가 있을 수 없다. 섬김의 원리만큼 중요한 것은 없다. 지난 기간 동안 섬김의 원리, 봉사의 자세를 견지하기 위해 노력을 다했으나 부족한 점이 많아 앞으로 이러한 원리들을 중심으로 군정을 전개해 나갈 것이다.

## 2 하동군 주요 핵심 정책 내용: 잘살기 농촌 만들기 토털 프로젝트 '천부농 만부촌사업'과 '브랜드 하동' 육성전략

### 1) 천부농 만부촌사업

#### (1) 추진 배경

농촌의 고령화, 규모화, 과학화로 인해 기존의 농정으로는 농촌의 미래가 없을 것이라는 절박감이 있었고 또한 농촌자치단체의 근간은 '잘사는 농촌'이라는 기본에 충실해야 하며, 군민 인구 70% 이상이 농어업에 종사하므로 특단의 농촌 발전 대책이 필요하다고 판단되어 추진되었다.

#### (2) 추진 정책의 중심 내용

천부농 만부촌은 2007년부터 2013년까지 7년간 연차계획으로 최종 연도인 2013년까지 연간 총수익 1억 원 이상의 농가를 1천 농가 육성하고 1만여 모든 농가의 평균 수입 4천 5백만 원을 달성하자는 프로젝트다.

2010년에는 천부농 545농가, 만부촌 3,600만 원을 달성하고자 하는 목표를 가지고 있다

#### (3) 정책사업의 정치행정적 의미

문화관광과 남해안 프로젝트라는 양대 산맥과 함께 전반적인 군민의 삶에 안정과 복지를 추구하는 것은 무엇보다 필요한 시책이다. 이는 소득이 기반이 되어야 할 것으로 군은 전국에서 유일하면서도 최초로 잘살기 농촌종합 프로젝트를 개발 추진하고 있다. 이를 통해 농업인에게는 희망을, 전반적인 사회에는 활력을 주고 있으며 3년차인 2009년까지 150% 초과 달성되고 있을 뿐 아니라 농업인이 크게 호응하는 정책으로 자리잡아 가고 있다.

이는 군정에 대한 믿음으로 돌아오게 되고 군과 농업인, 군민이 상호 신뢰하고 협력하는 상생의 밑거름이 되고 있다.

군은 2013년까지 이 시책을 완료하되, 민선 5기에도 목표 수준을 높여 지속적으로 추진해 나갈 방침이다.

### 2) '브랜드 하동' 육성전략, 네 가지 장소 마케팅 추진

#### (1) 추진 배경

지방자치단체마다 지역 이름 알리기에 열을 올리는 시점에 있다. 이와 함께 브랜드 정책도 자치단체의 주요한 숙제로 자리잡아 가고 있다. 이에 따라 하동군은 브랜드 파워 육성전략을 수립 추진할 계획이다.

#### (2) 추진 정책의 중심 내용

브랜드 육성전략은 크게 네 가지 정책으로 구성되어 있다. 이는 하동의 문화관광, 산업경제, 개발 및 안정적인 정주환경 조성과 관련되어 있으며, 어느 하나에 편중됨이 없이 균형적인 개발, 지역적인 균형개발 전략이 숨어 있다 이 네 가지를 모두 아우르는 것이 '하동다움의 창조'다.

첫째, 살고 싶은 도시 하동을 만드는 것이다.

평생학습도시를 중심으로 한 교육정책, 치유와 감동까지 선사하는 주민복지, 귀농, 귀촌, 귀향의 3귀 정책을 중심으로 한 돌아오고 싶은 고향 만들기, 살기 좋은 주거환경 조성, 섬진강 살리기 등 녹색산업과 독거노인 가구 가스 안전차단기 설치 등 노약자 세대의 안전 점검 실시, 2009년에 가입한 WHO 세계건강도시로서의 후속사업 등이 추진된다.

둘째, 쇼핑 가고 싶은 도시 하동을 만드는 것이다.

하동에서는 그 어느 고장보다 다양하고 독특한 농특산물이 생산되고 있다. 이는 하동만이 가진 청정한 환경과 온화한 기후 덕분이다. 무엇보다 안심 먹거리 생산에 중점을 둔다. 친환경 농업 인증 지역을 확대하고 벼 병해충 방제도 단 한번의 방제로 마친다. 이는 2009년에 첫 실시 후 농업인의 큰 호응을 받은 하동군의 베스트 정책으로 꼽혔다.

인터넷을 통한 농특산물 홍보 및 판촉과 대한민국 대표 브랜드인 '하동녹차'의 명품화, 대중화, 세계화를 추진한다. 임금님의 진상품으로 알려진 대봉감을 명품화하고 우수하기로 정평이 나 있는 하동 매실도 이름있는 농특산물로 키우게 된다.

또한 하동 배다구 명품화사업도 추진된다. 배다구란 남해안에서 잡은 고기를 하동의 청정자연 풍광에 말리고 독특하게 가공하여 안동 간고등어에 버금가는 명품 브랜드로 육성한다는 전략이다.

이처럼 하동에는 다양한 명품 농특산물이 있으며, 이를 하동군은 베스트 11으로 정해 홍보하고 있다. 그 현황은 다음과 같다. 하옹촌 쌀, 솔잎한우, 딸기, 양돈, 녹차, 양상추, 배, 대봉감, 취나물, 밤, 매실 순이다.

셋째, 여행 가고 싶은 도시 하동을 만드는 것이다.

문화와 관광은 하동의 대표 정책이다. 이를 뒷받침하기 위해 군은 그 어느 정책보다 다양하고도 강력한 정책을 추진하고 있다. 슬로 시티, 문학수도, 권역별 관광지 개발 등의 정책이다.

특히 2012년에 열리는 여수 엑스포를 기해서는 1천만 명의 관광객이 찾아오게 될 것으로 기대하고 있으며, 지금부터 여수엑스포 준비기획단을 발족 준비 중에 있다.

또한 하동에는 계절마다 색다른 축제가 있다. 봄을 알리는 고로쇠축제에서 시작해 벚꽃축제, 대한민국 최우수 축제인 하동 야생차 문화 축제가 봄에 열린다. 여름에는 섬진강에서 섬진강 축제, 전어 축제, 찻사발과 연꽃 축제가 열리며, 가을에는 토지문학제와 이병주 문학제, 코스모스·메밀꽃 축제, 대봉감 축제, 참숭어 축제가 열린다.

넷째, 사업하고 싶은 도시 하동을 만드는 것이다.

그간 하동의 미흡한 점으로는 기업 유치였다. 그러나 갈사만은 그 오래된 갈증을 해결해 줄 것으로 기대된다. 금년에 갈사만 기공식이 열리고 치밀하게 준비된 청사진에 의거 개발의 굉음이 남해바다를 울리게 될 것이다. 해양 플랜트, 고급 선박이 중심이 된 조선산업단지 조성, 풍력을 중심으로 한 미래 에너지 개발사업 등이 들어서게 될 것이다.

이와 아울러 농공단지 개발과 지역 소상인을 위한 시책도 지속적으로 추진될 것이다. 특히 재래시장 살리기는 하동 군정의 역점 시책으로 추진되며 문화를 시장에 접목시키기 위한 노력이 상인연합회와 함께 추진될 것이다.

#### (3) 정책사업의 정치행정적 의미

이제 자치단체도 하나의 브랜드로 자리잡아 가는 세상이다. 따라서 군은 체계적인 장소 마케팅을 추진하고 이를 위해 '명품도시 하동 브랜드 위원회'를 구성 운영하게 될 것이며, 전략적 추진을 위한 마스터플랜도 마련된다. 또한 로고체 개발, 고유 색채 개발 등도 추진되며, 군민과 오피니언 리더들의 참여를 통해 협력 토대를 구축해 나갈 방침이다.

## 제 2 절 | 전라북도 김제시의 사례

### 1 자치단체장의 경영 이념과 철학

#### 1) 비전 제시

김제시는 과거 26만에 육박하는 웅군이었고 그 위용을 되찾아 시민에게 새로운 희망으로 다가서는 매력적인 도시로 탈바꿈하기 위해 10만 김제시민에게 꿈을 주는 '활기차고 신명나는 김제'를 표방하고, "농업과 교육이 살아야 김제가 산다"는 신념 아래 "첨단 신산업도시, 대한민국 농업수도, 시민행복도시"의 3대 비전을 제시했다.

새만금 개발과 혁신도시 건설, 중국과의 교역 확대 등 지리적 이점을 최대한 활용하여 최적의 정주(定住) 여건, 교육과 문화관광 인프라 구축, 그리고 첨단산업과 물류유통산업 단지 조성 등을 차근차근 추진하면서 김제 살리기에 매진했다.

#### 2) 시정 운영 핵심 이념

첫째, 농업관광산업 개발과 첨단신산업 육성으로 활력 넘치는 도시 조성이다.

이에 대한 세부 실천전략은 다음과 같다.

- 90만 평 지평선산업단지와 30만 평 자유무역지역을 조성하여 외국인 투자 기업 유치 및 일자리를 창출하고, 문화관광자원을 개발
- 농경문화를 대표하는 최우수 지평선축제를 시민 소득과 연계한 관광산업으로 육성

둘째, 한국 농업의 중심도시 육성이다.

이에 대한 세부 실천전략은 다음과 같다.

- 김제의 최대 자산인 광활한 옥토를 가장 효율적으로 활용하여 농가소득 증대
- 쌀은 쌀대로 고급화하고 토양에 적합한 특화작목 재배로 부농의 꿈 실현
- 농·축산물 '지평선' 공동 브랜드 육성
- 경관농업과 친환경농업을 조화시켜 체류형 웰빙 농촌 모델 조성

셋째, 인재 양성과 고품격 시민교육 강화다.

이에 대한 세부 실천전략은 다음과 같다.

- 자녀 교육이 1980년대 이후 인구 감소의 가장 큰 요인으로 작용하여, 이러한 문제 해결을 위해 김제사랑 장학재단 설립과 장학사업 확대 및 지평선학당 운영
- 매주 '지평선 아카데미'와 '전 직원 핵심 역량 강화 워크숍'을 통해 공직자와 시민의식 혁신, 지식 수준 향상

넷째, 더불어 잘사는 행복한 복지공동체 구축이다.

이에 대한 세부 실천전략은 다음과 같다.

- 21세기 초고령사회를 맞아 독거 어르신들의 공동 숙식공간 '그룹 홈'을 조성하고 여성·청소년의 잠재 능력 개발과 소회계층의 맞춤복지 확대

이와같이 김제시는 "지방자치도 경영이다"라는 철학을 바탕으로 '잘사는 주식회사 김재' 슬로건을 내걸고 시정에 집중한 결과, 농공 병진정책의 기틀을 마련했다.

### 3) 경영 이념 실현

새만금사업 중심부에 위치한 김제시는 2007년 6월 정책개발 태스크포스(T/F)팀을 구성, 14대 전략사업을 발굴하여 정부에 적극적으로 정책 건의를 해 왔고, 17대 대통령직 인수위원회 백서(성공 그리고 나눔)에서는 전국 246개 자치단체 중에서 김제시를 가장 열정적인 자치단체로 소개한 바 있다.

그 노력에 힘입어 2010년 1월 28일 발표된 새만금종합실천 최종계획에

농산업클러스터, 첨단농업시험단지, 농업테마파크 등 김제시 제안사업이 반영, 확정됨으로써 새만금 중심도시 건설이 가시화되기 시작했다.

특히, 2년 여의 끈질긴 노력 끝에 지식경제부로부터 김제자유무역지역(2009. 1. 6)으로 지정됨에 따라 신산업 거점도시 도약을 위한 발판이 마련되었다. 자유무역지역은 2007년 8월에 울산 등 8개 자치단체와의 본격적인 경쟁을 시작으로, 2007년 9월 예비타당성조사 대상지에 4개 자치단체(김제, 울산, 마산, 전남 율촌)가 선정되었으나 이 중 김제시는 최하위인 4위로 통과되어 결과를 예측할 수 없는 매우 열악한 상황이었지만 40여 차례에 걸친 지식경제부, 기획재정부 등 관계 기관 방문을 통한 정보 입수, 신속한 자료 제공, 입지 여건과 사업 타당성 논리 개발 등을 통해 KDI와 중앙정부를 지속적으로 설득해 나간 결과 2008년 8월 28일 기획재정부 최종 보고회 통과에 이어 9월에는 KDI 예비타당성 조사에서 B/C(비용편익) 분석 및 AHP평가에서 1등으로 통과되는 영예를 안았다.

이 밖에도 2009년 9월 4일 지식경제부로부터 'IT융합첨단농기계종합기술지원사업'에 선정됨으로써 수출 주도형 첨단농기계 산업벨트 성장 가능성을 열었으며, 국립 청소년수련원 건립, 대규모 농어업회사 등 국책사업을 연거푸 유치했다.

또한 2010~2012년 김제시 백산면 부거리 일대 293㎡(90만 평)에 3,476억 원을 들여 조성 중인 지평선산업단지는 중소기업청으로부터 2010년 4월부터 향후 5년간 중소기업 특별 지원 지역으로 지정되어 4년간 법인세 또는 소득세 50% 감면, 취득세와 등록세 면제, 재산세 5년간 50% 감면, 지방중소기업 육성자금 우대 지원, 입주기업 생산제품 우선 구매 등의 혜택을 받게 됨에 따라 첨단기계, 첨단기술 및 부품 소재, 발광 다이오드, IT 업종의 외국인 투자기업과 수출 중심 기업들의 입주가 이어질 것으로 예상되어 '주식회사 김제' 실현에도 탄력을 받고 있다.

이와같이 첨단 신산업 육성정책에 총력을 기울여 차세대 산업의 성장 기틀을 마련한 김제시는 전형적인 농업도시의 장점과 특성을 잘 살려 농촌자원을 활용하여 새로운 문화관광산업으로 육성 발전시켰으며, 그 사례를 소개하고자 한다.

## 2 김제시 주요 핵심 정책 내용: 농촌자원을 활용한 '신문화관광산업' 육성

### 1) 추진 배경

1995년 지방자치 실시 이후 자치단체는 중앙정부의 역할이 줄어드는 반면 지방정부의 역할이 점점 커지고 있으며, 지방의 발전이 국가 전체 발전의 동력이 되고 지방의 변화가 국가의 변화를 이끌어가는 시대에 살고 있다.

또한 전국 자치단체 간 치열한 경쟁이 불가피하여 생존을 위해 몸부림치고 있으며, 무엇보다 재정 자립을 이루기 위해 전국 자치단체마다 지역의 문화 인프라와 관광자원을 활용한 특산품을 개발하는 등 다양한 수익사업을 추진하고 있다.

프랑스의 미테랑 전 대통령이 "문화산업이야말로 미래의 산업이며, 문화에 대한 투자는 곧 경제적 투자"라고 말했듯이 곧 문화에 대한 가치는 현재와 미래 사회에서 비중 있게 다뤄지고 있으며, 문화는 이미 토지, 노동, 자본 그리고 경영 등과 함께 중요한 생산 요소가 되었고, 과학기술과 더불어 경제 발전의 한 축이 되었다.

이러한 이유로 전국의 자치단체마다 고유의 정체성을 확립하고 브랜드 가치를 상승시키는 일에 행정력을 모으고 있는데, 김제시 또한 '지역 브랜드'의 창조적 발견과 가치 창출을 위해 가장 한국적인 소재인 농업, 농촌을 테마로 한 관광산업을 구상하게 되었다.

### 2) 추진정책의 중심 내용

#### (1) 김제 지평선 축제, 생산형 관광축제의 지평을 열다

한민족의 문화는 농경문화 속에서 발달해 왔고 그 넓은 호남평야의 중심에는 김제가 자리잡고 있다. 그러나 농경문화 중심지역이지만 재정자립도가 16%에 불과하며 전체 인구의 60%가 1차 산업인 농업을 주업으로 하는 김제시는 광활한 평야의 비경인 지평선을 관광산업의 새로운 테마로 개발했다.

김제시는 쌀과 농업을 주제로 지평선 축제를 개최하여 농촌 체험과 농경문화의 중심지역 이미지를 부각시킴으로써 농업과 쌀에 대한 경쟁력을 확보하고 주민 소득 증대와 지역 특성에 맞는 관광자원 개발로 관광 김제의 이미지를 부각시키고자 했다.

① 축제의 태동과 컨셉트

김제시는 전국 쌀 생산의 1/40을 생산하는 전국 최대 미곡 생산지로서 우리 민족의 먹거리를 책임질 '쌀의 곳간'이라는 명성을 회복하고 농경문화 중심 지역이라는 최대 이점을 살려 농업의 관광산업화의 시작을 알리는 축제를 기획하게 되었다.

《지평선 축제 컨셉트》

- 농경문화를 직접 느끼고, 체험하는 체험적 문화축제
- 광활한 평야에서 생산되는 지평선 쌀의 이미지 제고를 위한 쌀문화 축제
- 전통문화 유적지를 답사하여 시간 속으로의 여행을 즐기는 문화관광 축제
- 볼거리, 먹거리, 체험거리가 있는 생활문화 축제
- 최대 곡창지대에서 파생된 역사적 가치를 조명하는 역사문화 축제

② 김제인의 자존심 '지평선 축제'

1999년 국내에서는 처음으로 농경문화를 주제로 기획된 김제 지평선 축제는 하늘과 땅이 만나는 황금 물결의 비경인 지평선을 배경으로 매년 가을에 열리며, '테마의 독창성'이나 '체험 위주의 프로그램 운영'면에서 성공한 축제로 손꼽히고 있다.

지평선 축제의 가장 큰 성공 요인은 드넓은 평야, 그 속에서 찾고자 하는 농촌의 향수, 가장 한국적인 소재이며 쌀문화권을 대변한 아이덴티티의 재발견과 '하늘과 땅이 만나는 지평선'에 있었다.

지평선은 손에 잡힐 듯 잡히지 않는 그 아련함으로 하늘 아래 땅의 소중함을 일깨워 주었고, 도시민들에게는 어릴 적 농촌의 향수와 추억을 선사하는 등 다양한 한국적 이미지를 창출하면서 관광객에게 무한한 꿈과 희망을 던져 주었다.

지평선 축제는 어디서나 경험할 수 있는 일회성 축제가 아닌, 김제가 아니면 경험할 수 없는 농업 농촌을 소재로 한 체험 위주의 교육 콘텐츠와 보고 즐기는 관광 콘텐츠를 하나로 묶은 농촌 체험형 관광축제를 선보임으로써 농업과 쌀에 대한 이미지 마케팅을 통해 농업을 '황금알을 낳는 관광산업'으로 육성, 변화시켜 오고 있다.

지평선 축제가 전국 최우수 축제로 자리잡기 전까지는 김제시가 단순한 논농사 위주의 일반적인 평야지역에 지나지 않았지만 지평선 축제의 성공으로 말미암아 농경문화의 대표 도시로 급부상하는 등 유·무형의 고부가 가치를 실현했고, 더욱이 지역축제가 우후죽순처럼 난립하는 현실 속에서 농촌을 관광산업으로 성공시켜 주목받고 있으며, 특히 2009년도 대학수학능력 사회탐구 영역 한국지리 7번 문항에 '지평선'의 고장 김제가 출제되어 전국민의 관심사로 떠오르기도 했으며, 2009년도 2월에는 세계적인 축제 이벤트 전문지인 『*IE(the Business of International Event)*』 최근호에 소개되어 지평선 축제가 세계 속의 한국 대표 축제임을 확인시켜 주었다.

일례로 2009년 지평선 축제에는 10만이 사는 소도시에 130만 명이라는 관광객이 다녀갔고, 132억 원의 지역경제 파급 효과를 통해 별다른 특색이 없던 전형적인 평야지대에서 '농경문화의 중심지'로 아이덴티티를 확고히 할 수 있었다.

### (2) '벽골제' 가치 재창조, 세계적인 농경문화 산실로 자리매김

김제시는 어머니가 아기를 품고 있는 듯한 산세라는 명산 중의 명산 모악산 자락에서 발원하여 북으로는 만경강, 남으로는 동진강이 굽어 돌면서 형성된 기름진 옥토가 끝없이 펼쳐진 지평선의 고장으로 백제 비류왕 27년(330)에 축조된 벽골제의 몽리구역이 1만ha에 달하는 '징게맹갱 외에밋들'

로 불리는 넓은 들녘이 펼쳐진 풍요와 예향(藝鄕)의 고장이다.

조선 후기 이익(李瀷)의 대표적인 저술, 『성호사설』의 기록에 의하면 벽골제라는 호수(湖水) 남쪽을 호남(湖南), 서쪽을 호서(湖西), 조령(노령산맥) 동쪽을 영남(嶺南)이라 칭해 호남, 호서, 영남을 삼남(三南)이라고 하는 등 한반도 남쪽 명칭과 지역 구분의 기준이 되기도 했다.

《벽골제의 역사적 가치》

① 벽골제 규모와 기능(『동국여지승람』에 실린 "벽골제 중수 비문" 중)
- 벽골제 길이 60,843척(尺)…… 제하의 몽리 면적이 약 9,840결(結), 저수지 둘레는 77,406보(步)-약 140㎞……
벽골제에 물이 가득 찼을 때 그 면적이 5만 정보에 달했다……

② 문헌적 의의: 벽골제를 기점으로 호남, 호서, 조령(노령산맥) 동쪽을 영남→ 삼남(三南): 한반도 남쪽 명칭의 기준(이익의 『성호사설』)
▷ 벽골제 = 농업용수 = 김제 만경들녘 = 지평선 ◁

새로운 사업을 발굴하는 것만큼이나 주변 문화재를 소중하게 보존, 발전시키는 것 또한 지역 문화산업 육성을 위해 중요한 일이다. 그 때문에 온고지신(溫故知新)이란 말처럼 옛것을 바탕으로 새로운 문화와 가치를 창조하고 발전시켜 후손들에게 자랑스럽고 훌륭한 유산으로 남겨 주는 것이야말로 반드시 필요하고 보람된 일일 것이다.

프랑스 파리의 에펠탑은 하나의 철구조물에 불과하지만 연간 입장료가 1천억 원에 달한다고 한다. 오늘을 살고 있는 우리에게 선조들이 물려준 가치 있는 문화유산이야말로 커다란 자산이 아닐 수 없다. 그러나 구슬이 서 말이라도 꿰어야 보배라는 말이 있듯이 문화 재창조(再創造)는 그 지역의 역사와 특색에 맞게 이뤄져야만 진정한 자산으로 남을 수 있다.

마찬가지로 지평선 축제가 전국 브랜드로 자리잡기 이전인 1990년대에는 벽골제 다섯 개 수문 중 장생거와 경장거 수문 두 개와 일부 제방만이 국가 사적 111호로 지정되어 있을 뿐이었고, 제대로 된 평가와 조명을 받지 못했으나, 지평선 축제를 통해 재창조 공간으로 탈바꿈되었다.

### (3) '벽골제' 콘텐츠 융합형 관광산업 견인

김제시는 벽골제를 유네스코 세계문화유산으로 등록하고자 세계문화유산 잠정목록으로 등재를 마쳤으며, 13개 사업에 104억 원의 예산을 투입하여 이미 설치된 시설물과 조화를 이루면서 지역의 특색을 최대한 살릴 수 있는 초가형 체험마을 조성, 수리도작문화를 체험할 수 있는 농경사 주제관 및 체험관을 신축했다.

또한 3.24㎞의 벽골제 제방과 26만 5천 평 규모의 저수지와 수로 복원과 함께 지역 특성을 살린 친환경 체험농장과 생태공원 등 체류형 관광지를 조성하는 벽골제 종합개발을 추진하여 농경문화 중심지로서의 김제의 이미지를 부각시키고 있다.

또한 김제시는 벽골제를 수려한 자연생태는 물론 오랜 역사와 단야설화 등 역사공간으로서의 강점을 적극 활용해 경쟁력 있는 콘텐츠 및 프로그램의 도입을 통해 관광자원화함으로써 미래 농업 관광의 새로운 핵심 모델로서 가치 창출을 유도하고 있으며, 벽골제의 내재자원 특성을 살리고 자원가치를 고려한 '사람이 교류하고 역사와 문화가 만나는 역사 체험의 명소'로 발전을 거듭하고 있다.

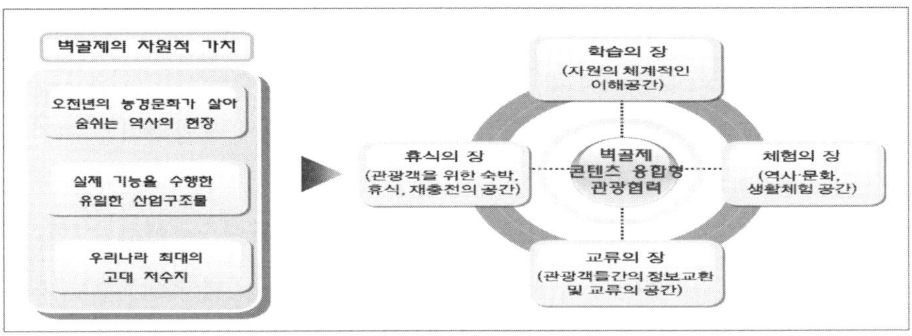


이러한 노력들이 인정을 받아 2009년 2월 벽골제가 관광지로 지정되었으며, 또한 240억의 국비가 투입되어 국립김제농업생명 청소년수련원을 벽골제 맞은편에 건립하여 사계절 체류형 관광 기반이 들어섬으로써 벽골제가 농경문화 체험관광 명소로 성장할 것으로 기대된다.

#### (4) '축제⇔지역문화⇔관광자원'이 연계된 패키지 상품 개발

지평선 축제는 잠재된 지역문화의 발전을 견임함과 동시에, 산재된 관광자원의 상호 연계를 통해 시너지 효과를 창출하고 있다.

- 천년 고찰 금산사와 연계한 산사 및 농경문화 체험 '템플 스테이',
- 전통 유고문화 학성 강당과 연계한 '선비 및 농경문화 체험 스테이',
- 외국인에게 한국의 농촌체험 테마를 구성한 '농가 홈 스테이',
- 각 마을에 조성된 쾌적한 마을회관 활용 지역민과 함께 어우러지는 '지평선 사랑방 스테이'를 운영함으로써

지역주민 중심의 지역형 관광자원으로 자리매김하여 지역경제 활성화에 기여하고 있다.

#### (5) '지평선' 농축산물 공동 브랜드 발굴 및 가치 상승

대부분의 지자체들은 품질이 우수한 맛좋은 농산물을 생산하고도 상품 디자인과 브랜드 마케팅의 부재로 제대로 된 평가를 받지 못하고 있는 실정이다. 김제지역 또한 예외가 아니어서, 김제지역의 대표적인 농산물인 쌀마저도 서로 다른 브랜드가 난립하여 김제 쌀의 이미지는 물론 경쟁력을 잃어가고 있었다.

이러한 문제점을 해결하고 농업을 고부가 가치를 창출하는 산업으로 재창조하여 김제지역 농산물의 우리나라 최고의 청정지역이자 최고의 평야지역에서 생산되는 믿을 수 있는 고품질 농산물이라는 인식을 심어 주기 위해서는 고품격 단일 공동 브랜드가 필요했으며, 이를 위해 김제시를 상징하는 대표적 이미지 중의 하나인 '지평선'에 대한 무형자산 확보 및 대외경쟁력을 제고하고자 통합 브랜드 '지평선' 로고 및 캐릭터를 개발해 2006년 12월 '지평선' 브랜드 상표 등록을 마쳤다.

이후 농가로 하여금 포장재에 대한 보조금을 지급함으로써 통합 브랜드 사용을 권장하여 연합 마케팅을 통해 시너지 효과를 창출해 나갔으며, 품질 개선을 위한 지원 및 교육을 지속적으로 실시하고 철저한 품질공정 관리 및 포장지 개발을 통해 규격 출하를 시행했다.

특히 지평선 쌀의 경우 종자 공급에서부터 출하까지 엄격한 관리를 통해 김제시장 인증의 품질 인증제를 실시함으로써, 소비자로 하여금 믿고 먹을 수 있다는 신뢰를 형성해 나갔으며, '드넓은 평야'–'지평선'–'생명농업의 메카'–'김제지역'이라는 지역 브랜드 명품화 사업에 주력함으로써 농업경쟁력 또한 한층 높아졌다.

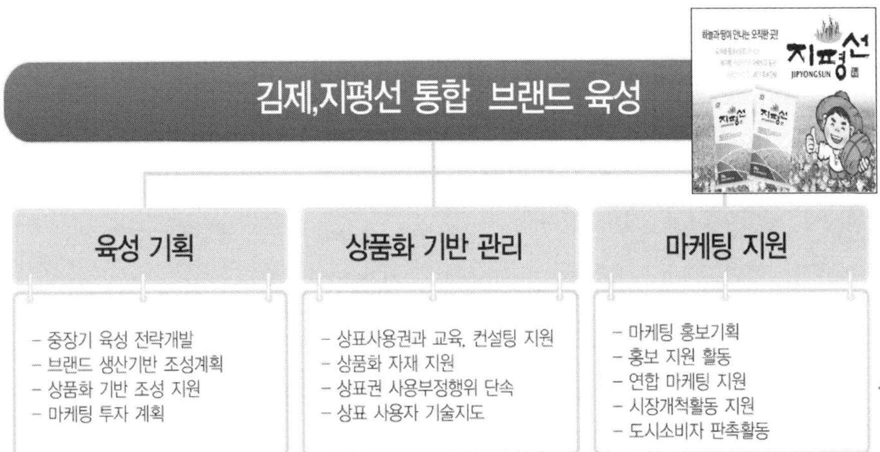


### 3) 정책사업의 정치행정적 의미

김제시는 한반도 유일의 지평선이 보이는 광활한 평야지대의 이미지 마케팅에 성공한 자치단체로서, 지역축제의 대표격인 '지평선 축제'를 통해 농축산물 판로 개척, 관광객 유입 등 지역경제 활성화를 이끌었다.

지평선 축제는 여느 자치단체에서도 볼 수 없었던 농업·농촌을 소재로 한 교육과 관광을 한꺼번에 체험할 수 있는 체험 위주의 차별화된 프로그램을 선보임으로써 미래 관광산업의 새로운 지평을 열었다.

'농업=김제=지평선'이라는 농업과 관광을 융합한 농업관광산업을 성공적으로 조화롭게 추진함으로써 지역축제가 지향해야 할 모범을 제시하고 있다.

### 4) 정책 효과

농업을 주테마로 한 관광산업은 다음과 같은 효과를 거뒀다.

첫째, 관광의 취약지 김제가 농촌 테마학습의 신관광지로 급부상되어 벽골제 관광지 지정 승인, 벽골제 복원 및 세계문화유산 등록을 추진하고 있다.

둘째, 지평선 축제는 6년 연속 대한민국 최우수 문화관광 축제로 선정되었다.

셋째, 김제를 상징적으로 떠올릴 수 있는 '지평선' 대외 명품 브랜드 창출했다.

넷째, 한국 농업의 우수성을 축제상품으로 선보임으로써 다른 지자체 및 해외 농업국가 벤치마킹 대상이 되었고, 국제 축제 및 이벤트협회(IFFA)와 아시아축제협회 회장이 내방하는 등 세계적인 축제로 도약했다.

### 5) 정책결정과 집행 과정에서 중점 관리전략

#### (1) 정책결정 과정에서 중점 관리전략

① 민의 수렴 측면

지역과 주민의 일체감 형성은 지역 발전을 위한 거시적인 응집력으로 나타났고, 이 점이 바로 성공적인 축제의 밑거름이 되었다.

지평선 축제는 각계 주민을 대표하는 지평선축제제전위원회가 중심이 되어 축제를 직접 기획하고 운영하고 있다는 점이 크게 주목할 만하다. 지평선축제 제전위원(350명), 시민자원봉사 회원(500명)이 주축이 되어 체험행사를 직접 시연하거나 관광객 안내를 위한 봉사를 했다. 축제의 프로그램 구성에서부터 인터넷 홍보, 자원봉사, 포스터 디자인 등 축제 관련 모든 것들을 민의 수렴 과정을 통해 적극적으로 추진함으로써 시민들의 자발적인 참여와 협조를 이끌어내고 있다. 과거 체육대회 형태의 시민의 날 행사를 축제에 통합하여 행사를 단일화함으로써 예산 절감은 물론 시민의 자율적인 축제 참여로 주민 공감대가 형성되었으며, 관광객을 위한 음식 부스를 19개 읍・면・동별 부녀회・생활개선회 등 주민 중심으로 운영함으로써 주민참여 활성화 및 주민 소득 증대로 연결시켰고, 또한 민속놀이 재현 지역을 중심으로 해당 주민에게 간담회, 설명회 등을 통해 지속적으로 노력한 결과 '벽골제사', '쌍용놀이', '입석줄다리기', '만경들노래 시연' 등 잊혀졌던 지역문화를 해당 주민이 직접 참여하여 민속놀이의 뿌리를 계승했다는 자긍심을 갖게 했다.

② 다른 정책과의 연계성 전략

농경문화 관광상품에 대한 통합 브랜드화 및 지속적인 홍보 마케팅을 실시함으로써 농경문화 일번지의 이미지를 정착시켰으며, 김제시의 '지평선' 고유 명품 브랜드는 잊혀져 가는 소중한 보고(寶庫)를 산업으로 연결시킴으로써 글로벌 문화산업 육성의 중심축을 형성했다.

또한, 수도작 중심의 1차 산업에서 탈피해 2~3차 산업 응용 분야인 농기계산업으로 영역을 넓혀 지평선 산업단지 내에 2008년부터 2013년까지 총 885억 원이 투입되는 "첨단 농기계 클러스터 구축사업"을 추진하고 있다. 지식경제부의 499억 원 규모의 IT융합 첨단농기계 종합기술지원사업 공모에 선정됨으로써 농업 생산과 이를 가공하기 위한 가공시설, 농업유통 설비와 관련 장비는 물론이고 식품산업이 서로 연계 관계를 형성하여 농업 관련 산업의 인프라 구축을 위한 준비가 완료되었으며, 농업과 식품산업 그리고 관광산업을 연계한 농경식품 문화 관광산업의 활성화를 기대할 수 있게 되었다.

2009년 5월부터 국비 240억 원을 투입해 건립 중에 있는 국립김제농업생명 청소년수련원과 연계하여 프로그램, 전통 및 농경문화 상설 체험 프로그램을 운영함으로써 우리 민족농업의 뿌리와 미래를 한눈에 알아볼 수 있는 체류형 관광 시대의 지평을 열었다.

또한, 소설 『아리랑』의 주무대("김제 들판은 한반도 땅에서 유일하게 지평선을 이루어내고 있는 곳이었다" — 소설 『아리랑』 중에서)인 아리랑 문학 마을 등 13개 지점을 연결하는 "아리랑 기행벨트 등 근대 역사 탐방 코스"를 조성해 글로벌 문화관광도시로의 면모를 갖춰 나가고 있다.

③ 예산 확보 측면

지평선 축제는 다른 자치단체와는 차별화된 농촌 체험형 축제로 경쟁력을 검증받아 6년 연속 최우수 문화관광축제로 선정됨에 따라 매년 국·도비 3.5억 원씩을 지원받고 있으며, 공동 브랜드의 활성화, 캐릭터 상품 개발 등 279억 원의 지역경제 유발 효과를 내고 있는 생산형 축제다.

벽골제의 경우 2009년에 관광지 개발 승인이 완료되어 총 126억 원의 국비를 확보해 사업 추진에 탄력을 받고 있으며, 민선 4기 이후 새만금지구 내 농산업 클러스터 조성, 대규모 농어업 회사 설립 등 첨단농산업 관련 국책사업을 잇달아 대거 유치함으로써 열악한 재정 여건에도 불구하고 차질 없이 추진하고 있다.

#### 6) 정책집행 과정에서 중점 관리전략

##### (1) 이해 당사자 간 갈등 해소 문제

시민의 자발적인 자원봉사 참여, 축제 기간 선정, 포스터 제작, 인터넷 홈페이지 개설, 운영 등을 통해 자발적인 협조를 끌어냈으며, 특히 읍·면·동별 부스 운영 및 특산품 판매 계기로 삼는 등 발전적인 운영에 힘을 모음으로써 서로 간의 갈등 요인을 최소화할 수 있었다.

또한 '지평선 축제'를 통해 '지평선' 브랜드 마케팅을 실시함으로써 지역별 특산품 등이 시너지 효과를 거둘 수 있었으며, 지역 주민의 소득 증대 및 유대에서 서로 간의 상생 전략으로 작용하고 있다.

##### (2) 부서 간 협조 체제 문제

지역축제를 담당하는 관광축제팀과 공동 브랜드 육성부서 유통식품과 인터넷 쇼핑몰 운영팀 등 관련 부서 모두가 '지평선' 브랜드 가치 향상을 위해 상호 협조 체제를 구축해 사업을 추진하고 있다. 축제 기간에는 자원봉사센터 주관으로 관련 부서 모두가 장애우 안내, 행사장 설명, 무료 차(茶) 시음 등을 자원봉사로 지원하고 있으며, 김제 관광 전반에 대해 200여 명의 시민 모니터링단을 구성, 운영해 이를 통해 접수된 제안 사항 등을 보완하고 발전시켜 나가고 있다. 앞으로는 외국인을 위한 언어별 전문 통역원을 배치해 외국인의 방문뿐만 아니라 국외적 홍보 효과를 가져올 수 있는 전문인력을 확보하고 화장실, 휴식공간, 숙박시설 등의 확충을 통해 관광객 불편 사항을 점차 해결해 나갈 계획이다.

#### (3) 환경 변화에 대한 대응성

① 지역 관광자원 연계 행사로 경제 효과 창출

지역축제의 관광객 흡인력을 높이기 위해 지역축제와 지역 내의 다른 관광자원을 연계시키는 관광 마케팅 활동을 강구했고, 축제 기간 중 각종 관광자원과 지역축제를 서로 연계시킨 패키지 관광상품을 개발하고 운영함으로써 지역축제의 관광자원화를 촉진할 수 있었으며, 지역주민의 관광 소득 향상에도 크게 기여할 수 있었다.

② 지속적이고 독창성 있는 주제 반영형 축제

지역의 축제가 독창성을 유지하기 위해서는 그 지역 고유의 특수성을 축제에 반영해야 하고, 축제를 성공적으로 정착시키기 위해서는 지역적 축제 요소를 발굴해야 하는데, 지평선 축제야말로 이러한 자연환경, 풍습, 문화예술 등 인적·물적 자원이 최적으로 융·복합되어 지역축제의 모범이 되고 있다.

그러나 축제의 주제가 주민들의 열망을 반영한 것인지 방문객들의 기호에 부합한 것인지 또는 지방화 시대의 지역 특성을 충분히 살리고 있는지 등 환경적 변화 요인에 얼마나 잘 대응하고 있는가에 대한 꾸준한 모니터링이 필요하고, 변화에 대해 능동적이고도 치밀한 대처 능력을 키울 수 있는 노력이 필요하다.

#### (4) 축제를 통한 관광산업 발전을 위한 방향과 견해

지역축제는 지역 고유의 문화를 계승 발전시키고 관광자원의 상품화를 통해 주민 소득 증대는 물론 지방재정과 자치단체의 이미지 제고에 기여할 수 있는 전략으로 자치단체의 최대 관심사 중의 하나다. 전국에서 개최되고 있는 지역축제 중 상당수가 문화관광축제를 표방하며 지역경제 발전을 꾀하고 있다.

그러나 지역축제를 개발하고 추진하는 과정에서 각 지방자치단체들이 지역의 특성과 지역이 가지고 있는 관광자원 및 특산물을 바탕으로 지역에 특화된 축제 및 관광산업을 추진해야 함에도 불구하고 지역별로 차별화되지 못한 지역축제 및 관광산업을 추진하고 있는 것이 현실이다.

특히, 지역 차원에서 접근이 용이한 문화행사의 하나인 지역축제는 지역의 고유문화를 대내외적으로 표출함으로써 지역의 브랜드를 고양하고, 지역민의 애향심 고취와 더불어 지역경제를 활성화시키는 역할도 수행한다.

따라서 이러한 문제점들을 개선하고 성공적인 지역축제를 위해서는 다음과 같은 사항을 충분히 인식하고 행사를 기획해야 할 것이다.

첫째, 목표를 명확하게 하고 대상을 구체적으로 잡아야 하며, 둘째 '참여'라는 직접 체험할 수 있는 시스템 구성과 고객을 '주역'으로 하는 내용의 충실성과 셋째 일과성으로 끝나지 않는 장기적인 관점에서 계획을 수립, 기획하고, 넷째 지자체 및 민간 등이 파트너십에 의한 공동 주최 등 협력체제를 강화해야 하며, 다섯째 글로벌한 발상과 지역다운 연출, 독창성이 넘치는 지역축제로 기획해야 하며, 여섯째 최소 비용으로 최대의 효과를 거둘 수 있도록 축제의 운영에서 경영 마인드가 필요하다.

김제 지평선 축제의 경우 또한 더 나은 생산적인 지역축제로 발전되기 위해 민간 추진 역량을 배양하여 주민들의 자발적인 참여를 적극 유도하고 축제와 연계할 지역 관광자원을 좀 더 적극적으로 개발함과 동시에 전통음식과 전통 문화상품과의 융·복합화를 시도해 나갈 계획이다.

# 제 3 절 | 서울특별시 구로구청의 사례

## 1 자치단체장의 경영 이념과 철학

| 비 전 | 서남권의 중심지 일류 구로 |
|---|---|
| 캐치프레이즈 | 변화와 희망을 열어가는 활기찬 구로 |
| 구정 실천전략 | 디지털구로, 클린구로, 교육·문화구로, 건강·복지구로 |

## 2 비전 제시

구로구는 서울 변두리의 쇠퇴한 도시의 모습을 벗어나기 위한 변화가 필요했으며 혁신적인 도시 발전 체계를 구축하는 것이 가장 중요하다.

이를 위해 구로구에 미래의 희망을 불어넣고 주민의 힘을 하나로 모으는 데 주력했으며, 구로구를 더 이상 서울의 변두리가 아니라 서울 서남부 지역과 서남부 수도권 중심의 일류 도시로 만들어 나가기 위해 구로구의 비전을 '서울 서남권의 중심지/일류 구로'로 제시했다.

아울러 '변화와 희망을 열어가는 활기찬 구로'라는 캐치프레이즈를 내걸고 '디지털구로', '클린구로', '교육·문화구로', '건강·복지구로'를 구정의 실천 전략으로 설정했다.

## 3 구정 운영 핵심 이념

무한 경쟁 시대인 요즘, 경쟁의 대상도 국가 간 경쟁에서 도시 간의 경쟁 체제로 변화되고 있어 경쟁력이 없는 도시는 생존하기 어려운 시대가 되었다. 도시가 경쟁력을 갖기 위해서는 도시의 구성원이 실현 가능한 비전을 공유하고 이 비전을 달성하기 위한 구체적인 실천전략이 제대로 갖춰져야 한다. '도시경쟁력 창조'는 구로구의 비전을 완성하기 위한 구정 운영의 핵심 이념으로 다섯 가지의 구체적인 개념으로 구성된다.

첫째, 구로구에 가장 적합한 도시 발전 모형을 창출하여 적용한다.

구로구의 도시 발전 모형은 독창적인 도시재생사업을 근간으로 하며 4대 권역별 개발을 통해 지속 가능한 친환경도시를 건설한다.

둘째, 지역 특화와 네트워크 구축으로 도시의 위상을 높여 나간다.

디지털, 클린, 글로벌 등 뉴 구로구의 이미지에 맞는 지역차별화 전략을 수립하여 시행하고 국내·외 도시 간 네트워크를 형성한다.

셋째, 교육·문화 기반을 조성하여 미래의 도시경쟁력을 확보한다.

지역의 교육·문화·예술의 수준 향상을 위해 하드웨어와 소프트웨어를 함께 구축하여 도시의 수준을 높이고 균형과 조화를 유지한다.

넷째, 주민 만족과 성과관리에 입각하여 구정(區政)을 운영한다.

주민을 최우선으로 하는 주민 만족의 구정을 펼쳐나가고 내부조직에 경쟁 시스템을 적용하여 창의적이고 효율적인 행정을 구현한다.

다섯째, 사회적 약자를 배려하는 따뜻한 복지 시스템을 완성한다.

사회적 약자인 복지 클라이언트를 위한 제도의 개선과 지원 시스템 구축을 통해 합리적인 복지 모델을 창출하여 적용한다.

## 4 실천전략

구로구의 비전 '서남권의 일류구로'를 달성하기 위한 전략과 실천계획을 수립하여 체계적으로 추진한다.

### 1) 디지털구로 이미지로 지역의 정체성 확립

'디지털구로'를 구로구의 대표 이미지화하여 첨단 디지털단지로의 변화를 꾀함으로써 구로구의 경제를 더욱 성장시키는 전략을 추진하며, 첨단 디지털과 IT를 구정 전 분야에 적용하여 지역경제 활성화는 물론 행정의 효율화와 주민 편의 향상에 주력한다.

### 2) 지역 특성을 살린 균형 개발로 미래형 도시 건설

구로구를 미래형 도시로 건설하기 위해 서울의 서남권으로 국한하지 않고 서울과 수도권을 포함하는 지역의 중심으로 하는 개념을 적용한다. 이를 위해 4대 권역 개발계획을 수립해 지역 특성에 맞게 도시를 재창조하고 균형과 조화를 이룰 수 있도록 개발한다.

### 3) 주거환경의 획기적 개선, 광역 개념의 도시재생

과거의 구로구는 쪽방·벌집촌 등 노후·불량주택이 밀집한 지역이 많기에 소규모 재건축 등 난개발을 억제하고 도시 전체의 기초 현황조사를 통한 체계적인 개발 기준을 마련해 시행하는 뉴타운식 광역개발 개념을 적용하여 도시를 재생한다.

### 4) 구로디지털단지를 동양의 실리콘 밸리로 육성

구로디지털단지에 R&D센터, 벤처 캐피털, 창업 보육 등 산업 클러스터를 구축하고 IT벤처기업 중심의 동양 실리콘 밸리로 육성한다. 이를 위해 국제 디지털 행사를 개최하고 해외시장 개척단 파견 등 국제 마케팅을 확대한다.

#### 5) '클린구로'를 통한 맑고 푸른 도시 건설

'클린구로'는 공장지대로 인한 먼지 많은 구로, 공해 많은 구로라는 오명을 벗고 친환경적인 도시를 건설하고자 하는 구로구의 핵심 실천전략이며, 이를 통한 녹색환경과 청결 도시 조성사업을 집중적으로 추진한다.

#### 6) 교육과 문화 수준의 업그레이드 추진

도시 전반의 수준 향상을 위해 교육・문화 인프라를 확충하고 신교육・신문화 도시를 추구하여 지역의 교육 경쟁력을 높이고 디지털과 환경・글로벌을 조화시킨 퓨전문화를 창출한다.

#### 7) 따뜻한 복지・건강도시 조성

첨단 IT기술을 복지 행정에 접목해 저소득층, 만성 질환자를 효율적으로 보살피고, 구로 희망 복지재단, 자원봉사의 체계화를 통해 복지 수요에 대응하는 도시・복지 인프라를 확충한다.

이상과 같이 구로구는 자치단체장의 경영 이념을 바탕으로 43만 구민과 함께 '서남권의 중심지 일류구로'의 목표 달성을 위해 균형과 조화로운 미래형 도시, 첨단 디지털 도시, 교육・문화・예술이 숨쉬는 도시로의 변화를 거듭하고 있다. 이제 창의적 혁신을 계속하는 구로구의 주요 사업 중에서 도시정책과 도시재생을 위한 각기 다른 유형의 세 가지 추진사업을 제시 설명하고자 한다.

## 5 구로구 주요 핵심 정책 내용

### 1) 구로구 고유의 뉴타운식 광역 개발

#### (1) 추진 배경

그동안 추진한 주거환경 개선 분야 개발 실태는 중·소규모 단위의 재개발·재건축사업 및 현지개량사업으로 기반시설의 확충 미비, 주변 지역과의 연계성 결여 등 난개발 현상을 벗어나지 못했다.

이에 구로구에서는 주거환경이 열악한 노후·불량주택지역에 대한 기초 현황조사를 실시해 개발 가능 시기 및 정비사업의 유형을 분석하고 광역생활권 단위의 도로·공원 및 문화·복지시설 등의 도시기반시설 정비·확충을 위한 도시계획을 사전 수립 후 재개발·재건축사업 등으로 주거환경을 개선하는 구로구 고유의 '뉴타운식 광역개발'을 구상하게 되었다.

#### (2) 추진 정책의 중심 내용

뉴타운식 광역개발계획에 의한 추진 방안으로 노후·불량주택지역 12개 광역·중·소규모지역 4,868,290㎡에 대한 노후도, 호수 밀도, 과소 필지, 접도율 등 기초 현황조사를 2006년도부터 1, 2, 3차에 걸쳐 시행하여 2009년 6월까지 완료했다.

기초 현황조사 결과에 의한 일단의 구역별 개발 가능 시기와 정비사업의

〈표 11-1〉 기존 정비사업과의 비교

| 현 정비사업 | | 뉴타운식 광역 개발 |
|---|---|---|
| • 소규모 단위 재개발·재건축 사업으로 난개발<br>• 도시 기반시설의 정비·확충 미비<br>• 주민의 삶의 질 향상 저조 | ↔ | • 동일 생활권역의 광역적 개발<br>• 도시 기반시설의 정비·확충을 통한 도시 기능 회복<br>• 주거 중심형 광역단지 형성으로 주민의 삶의 질 향상 |

### 〈표 11-2〉 단계별 추진 과정

| | |
|---|---|
| **1단계** | ○ 노후·불량주택지역 광역 구분하여 기초 현황조사 실시<br>- 조사 내용: 노후도, 과소 필지, 호수 밀도, 접도율 등<br>※ 개발행위 허가 제한 시행(건축 허가, 토지 분할) |

↓

| | |
|---|---|
| **2단계** | ○ 구역별 개발 가능 시기 및 정비사업 유형 분석<br>○ 광역적 도시 기반시설 및 토지이용계획 수립<br>○ 주거환경 개선, 뉴타운식 광역개발계획 수립 |

↓

| | |
|---|---|
| **3단계** | ○ 중·장기 주거환경 개선계획에 따른 연차적·단계적 순환개발<br>- 기본계획 수립 반영(도정법)<br>- 재정비촉진지구 지정 병행 추진(특별법) |

### 〈표 11-3〉 기초 현황조사 추진 현황

| 연번 | 구분 | 지역 | 면적(㎡) | 비고 |
|---|---|---|---|---|
| 계 | | 총 12개 지역 | 4,868,290 | 주거지역<br>약 68.8%<br>※ 주거지역<br>7,080,000㎡ |
| 1 | 광역<br>지역 | 구로2동, 가리봉동 일대 | 725,500 | 1차 완료<br>(2006.12<br>2008.2) |
| 2 | | 개봉1동, 고척1·2동 일대 | 656,000 | |
| 3 | | 오류1동, 개봉1동, 궁동 일대 | 567,590 | |
| 4 | | 구로2·3·4동 일대 | 606,400 | 2차 완료<br>(2008.5~<br>2008.12) |
| 5 | | 구로5동 일대 | 348,000 | |
| 6 | | 고척2동, 개봉1동 일대 | 474,700 | |
| 7 | | 오류2동 147번지(오류역 남측) 일대 | 287,200 | |
| 8 | | 개봉2·3동 일대 | 728,000 | 완료<br>(2008.10~<br>2009.7) |
| 9 | | 궁동 170번지 일대(연세중앙교회 북측 포함) | 263,900 | |
| 10 | 중·소<br>지역 | 오류2동 213번지 일대(오남중학교 주변 일대) | 40,600 | |
| 11 | | 고척1동 52번지 일대 | 103,100 | |
| 12 | | 온수동 80번지 일대 | 67,300 | |

유형을 분석하고, 도로·공원 등 광역적 도시기반시설의 정비·확충을 위한 토지이용계획을 수립했다. 아울러 '도시 및 주거환경정비법'에 의한 기본계획 및 '도시재정비 촉진을 위한 특별법'에 의한 재정비촉진지구 지정요건 검토 등 중·장기 주거환경개선 종합계획을 수립하고, 법적 요건이 우선한 구역부터 서울시 도시 및 주거환경정비 기본계획(재개발, 재건축) 수립에 반영되도록 요청(1, 2, 3차 64개 구역)했으며 그 결과에 따라 연차적·단계적으로 순환 개발에 의한 주거환경정비사업을 추진할 계획이다.

### (3) 시범지역 추진 사례

2007년 제1차 기초 현황조사를 시행·완료한 3개 지역 중 구체적인 청사진이 그려진 제2지역(구로구 개봉1동, 고척1·2동 일대) 656,000㎡에 대한 광역개발 사례를 소개하고자 한다.

이 지역은 주간선도로(남부순환로, 경인로), 보조간선도로(강서로, 고척동길, 경서로), 국철 경인선(남측 200m)이 접하고 있어 교통접근성이 용이하고, 서울 서남권의 관문 지역이나 도로가 협소하고 노후·불량주택 및 저지대 상습침수지역 등 주거환경 개선이 절실한 지역이다. 당시 재해관리구역과 재건축·재개발 구역 등 '도시 및 주거환경정비법'에 의한 중·소규모 단위의 각 구역별 개별 정비사업이 각기 다른 사업 주체가 조직되어 추진되고 있어 난개발이 크게 우려되는 지역이다.

이에 구로구에서는 이 지역에 대한 기초 현황조사를 우선적으로 시행하고, 인근 지역과 구역 간의 연계성을 최대한 고려한 종합적인 도시기반시설 계획 수립을 위해 전문가의 자문 및 관계 부서 실무검토회의를 수차례 실시하고 각 구역별 사업 주체인 추진위원회와의 협의 조정을 통해 2007년 5월 30일 광역개발계획을 확정하게 되었다.

특히, 이 지역을 서울 서남권의 중심지역 개발이라는 뜻에서 '경서지구 뉴타운식 광역개발'사업으로 이름붙이고, 총 13개 구역(재건축 10, 재개발 3)과 9개의 관리구역(자율 정비 4, 존치 5)으로 나눠 시범 추진 중에 있으며, 현재 정비사업 시행 또는 구역지정 단계에 있는 구역들은 2014년경 개발이 완료될 것으로 예상하고 있다.

경서지구 뉴타운식 광역 개발이 완료되면 이 지역은 약 10,000여 세대에 27,000여 명이 거주하는 친환경적 대단위 고품격 주거단지로 변할 것이며, 인접한 고척동 교정시설 이적지 복합 개발을 포함한 개봉역세권 개발까지 완료되면 서남권의 생활중심지로 발전될 것이다.

구체적인 토지이용계획은 ① 경인로의 교통 체증 해소를 위해 경서로와 고척동길 연결 도로를 현재 8m에서 20m로 일부 신설 및 확폭, ② 간선도로의 원활한 소통을 위해 경서로를 기존 20m에서 25m로 확폭, ③ 장기적으로 고척동길 20m에서 30m로 확폭, ④ 폭 6m 보행녹도 신설, 걷고 싶은 거리 조성, ⑤ 토지효율성 제고를 위해 구역별 불합리한 경계를 조정, ⑥ 주요 결절부에 공공공지, 공원용지 집중 배치 및 공공문화복지시설 3,400㎡ 확보를 통해 주민커뮤니티센터, 다목적 주민 편의시설 등 유치, ⑦ 고척근린공원~박박산~개봉공원을 연계한 남북간 생활 녹지축 형성 등의 내용이 담겨 있다.

### (4) 정책사업의 정치 행정적 의미

구로구도 뉴타운사업에 의한 개발을 선호하지만 서울시의 후보지 선정에도 한계가 있어 구로구는 지역 주민의 개발 욕구에 부응하고자 뉴타운식 광역개발을 구상하게 되었으며, 제1차 기초 현황조사 단계부터 지역주민의 개발 욕구 증대로 전 지역으로 확대하여 3차에 걸쳐 시행했으며, 연차적·단계적으로 정비사업이 추진 완료하게 되면 뉴타운사업과 같은 효과를 기대할 수 있다고 본다.

### (5) 정책 효과 및 한계점

뉴타운식 광역 개발 추진은 지역간 또는 구역 간 연계성을 갖는 도시 기반시설을 정비·확충하는 정비사업 시행으로 난개발 예방과 도시 기능 회복 및 생활권 단위의 문화·복지 등 주민 편의시설을 확충해 주민의 삶의 질 향상 및 합리적인 구역경계 조정으로 토지효율성 제고에 크게 기여할 것이다.

그러나, 주택 정비사업을 시행할 때 기초자치단체로서의 많은 한계 및

〈표 11-4〉 뉴타운식 광역 개발 전·후 사업 비교

| (사업 전) 개별 정비사업 추진 현황 | (사업 후) 경서지구 뉴타운식 광역개발계획 |
|---|---|
| 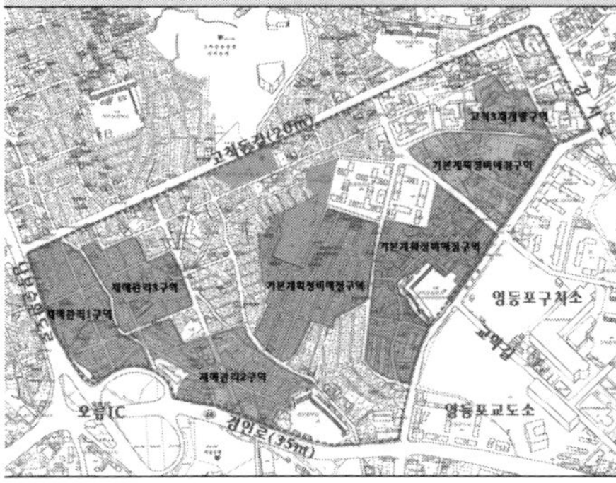 | 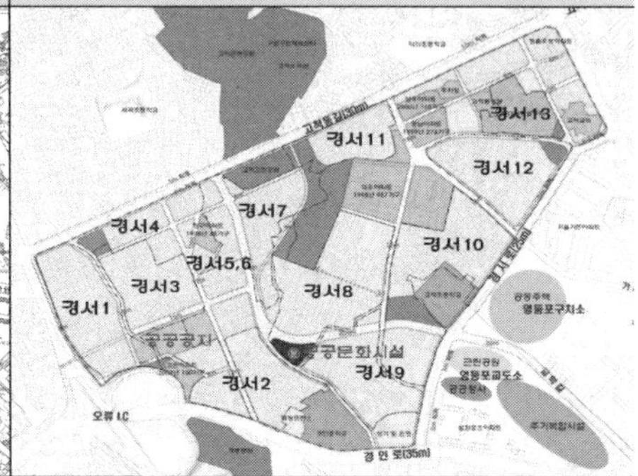 |
| - 중·소규모의 개별사업으로 양질의 광역단지 조성 곤란<br>- 도로·공원 등 도시기반시설 미확보로 지역생활권 연계성 결여<br>- 문화·복지 등 주민 편의시설 확보 곤란<br>- 불합리한 구역경계로 토지의 비효율성 | - 광역적 개발로 도시 균형 발전 도모<br>- 도로·공원 등 도시 기반시설 정비·확충으로 도시 기능 회복<br>- 문화·복지 등 주민편의시설 확보<br>- 합리적인 구역경계 조정으로 토지 효율 제고<br>- 도로 선형 조정, 확폭, 신설로 교통난 해소<br>- 단절된 녹지 연결 체계 구축 |

기반시설 확보 문제 등 법적·제도적 정비 및 지원이 절실한 게 현실이며, 그 무엇보다도 주택을 투기 대상이 아닌 거주 개념의 사회적 인식이 필요하다.

### 2) 가리봉 도시환경 정비사업

#### (1) 추진 배경

가리봉 도시환경 정비사업은 과거 제조업 중심의 구로공단이 IT, 벤처산업 등 최첨단 IT산업단지로 변모한 구로디지털산업단지를 배후 지원·육성하여 '고품격 첨단 비즈니스 시티'로 개발하기 위한 국내 최대 규모의 기성시가지 도시재생사업이다.

구로디지털산업단지는 3개 단지 총 면적 198만㎡로서 현재 8천여 개의 벤처업체가 입주, 10만여 명의 벤처인이 종사하고 있으며, 장래(5년 이내)에 12,000여 개의 벤처업체 및 16만 명의 종사자가 근무할 것으로 전망된다.

이러한 벤처기업 등 입주 업체의 급증에도 불구하고, 현재까지 최첨단 산업단지를 배후 지원 및 투자를 유치할 수 있는 호텔, 컨벤션, R&D시설 등 산업지원시설과 산업단지의 젊은 종사자들이 거주할 수 있는 주거시설이 전무한 실정이다.

가리봉 도시환경 정비사업은 3개 디지털산업단지의 중앙에 위치한 가리봉동 지역 약 332,929㎡에 비즈니스호텔, 컨벤션, R&D시설 등 산업 지원시설과 산업단지 종사자의 직주 근접 및 원주민을 위한 질 좋은 주거시설을 도입하여 구로디지털산업단지의 배후지로서 산업 지원은 물론 서울시 지역 간 균형 발전을 도모하는 데 있다.

### (2) 추진정책의 중심 내용

가리봉 도시환경 정비사업은 정비구역을 크게 4개 블록으로 나눠 개발할 계획이다.

디지털단지로의 서측에 위치한 대상지의 중앙인 A블록은 구로디지털산업단지를 지원하는 전략 비즈니스 거점으로 육성하기 위해 호텔, 소규모 컨벤션, 업무지구, R&D센터 등이 입지되고, 산업단지로의 지속적인 고급인력의 공급 및 양성을 위한 특수 교육기관 및 창업보육센터 등을 유치할 계획이며, 디지털 산업단지에서 생산되는 생산품의 판매, 시연, 전시, 홍보를 위한 공간을 조성할 계획이다. 또한, 랜드마크 타워를 입지시킴으로써 가리

[그림 11-1]　가리봉동 도시환경 정비사업 건축계획도 및 조감도

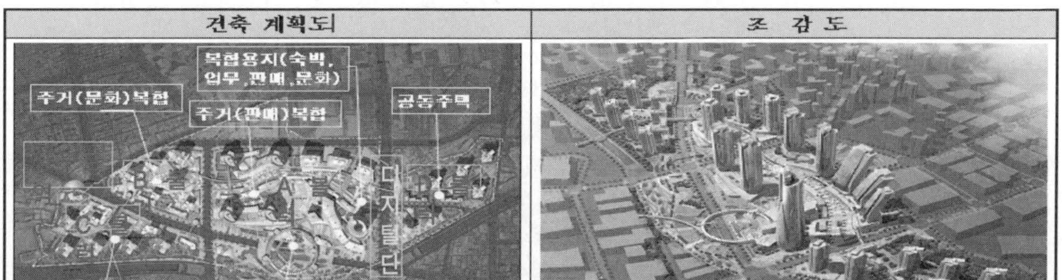

봉동이 서울 서남권 지역을 대표하는 지역이 될 수 있도록 할 계획이다.

남구로역 남측의 B블록은 가리봉 도시환경 정비구역뿐 아니라, 남구로 역세권 일대의 생활문화 거점으로 육성될 계획이며, 남구로역 서측의 C블록과 디지털단지로 동측의 D블록은 낙후된 주거지역에서 쾌적한 도심형 주거단지로 조성되어 산업단지 종사자의 직주(職住) 근접의 편리성을 도모하고, 개방 공간(open space)을 최대한 확보하여 삶의 질 향상을 꾀할 것이다.

또한 현재 고가구조 및 5거리 체계로 인해 도시 미관을 저해하고 교통 체증을 유발하고 있는 남부순환로를 지하화하여 교통 소통을 완화함은 물론, 구로·금천 지역 간의 단절을 해소하고 지역의 이미지를 개선할 수 있도록 할 계획이며, 지하차도 상부에는 26,217㎡의 대규모 중앙공원을 조성해 지역주민 및 산업단지 종사자들의 여가 선용 등 삶의 질 향상을 도모할 계획이다.

특히 가리봉 도시환경 정비구역에 대해 토지 이용 효율을 높이기 위해 주거와 상업의 복합, 상업과 업무의 복합, 주거와 업무의 복합, 정비구역 곳곳에 개방공간과 광장 조성, 산업단지와 연계한 녹지·보행 네트워크의 구축, 원활한 보행 동선 체계의 구축 등을 통해 여유 있고 푸른 환경 도시로 재편할 계획이다.

### (3) 정책사업의 정치행정적 의미

서울시는 강남북 지역 간 격차 해소 및 주택시장 안정화를 골자로 하는 서울시정 운영 4개년 계획(2002~2006)을 수립하고, 뉴타운사업과 균형발전촉진지구사업을 도입하여 지역 간의 불균형 해소에 적극 대응하고자 했다.

이의 실현을 위해 자치구별 중심 거점지역을 균형발전촉진지구로 지정·육성하여 도심 및 강남 중심의 서울 도시공간 구조를 실질적인 다핵화로 전환함으로써 지역별 자력 성장 기반을 조성하고 주민소득이 지역 내에서 소비되는 공간구조를 구축하여 교통·주택·환경 등 각종 도시문제의 근본적인 개선을 도모하고자 한다.

구로구는 이러한 정책적인 움직임과 더불어 낙후된 가리봉동 지역 주민의 오랜 숙원 사항인 지역 개발 요구 및 지역적 여건 등을 고려하여 서울시에 균형발전촉진지구로 지정할 것을 정책적으로 건의한 결과, 2003년 11월 18일 시범 균형발전촉진지구로 지정받고 본격적인 도시재생사업을 착수하게 되었다.

### (4) 정책의 효과 및 한계점

구로구에서는 지역 주민들의 삶의 질 향상을 위해 '서울 서남권의 중심지-일류 구로'라는 새로운 비전과 목표하에 4대 권역인 '시계지역 신시가지 개발, 구로·신도림 역세권, 영등포 교정시설 이전 및 개봉생활 중심권, 가리봉 재정비촉진지구' 등 주요 거점지역을 연계한 복합개발사업을 적극적으로 추진해 이미 정책의 효과가 현장에서 나타나고 있다.

대부분 기성 시가지의 도시재생사업이 주로 수용 방식의 도시개발사업으로 이뤄지는 반면, 가리봉 도시환경 정비사업은 주민참여형 공공 시행에 의한 관리처분 방식의 국내 최대 규모 도시재생사업으로서, 향후 낙후된 대규모 기성 시가지의 선계획-후개발의 도시계획 원칙에 입각한 도시재생사업의 새로운 정책적 모델을 제시할 것으로 기대된다.

한편, 저소득층의 주된 생활 기반이 되고 있는 기성 시가지는 원주민 재정착의 필요도가 높음에도 불구하고 조합 등 사업 시행자의 사업성 위주의 정비사업 추진과 주민의 부담 능력 등을 고려하지 않은 주택 건설, 개발이익 획득을 목적으로 하는 조합원들의 분양권 전매 등으로 아직까지는 도시재생사업에서 충분한 원주민 재정착을 기대하기 어려운 실정이다.

이는 재개발·재건축사업, 도시환경 정비사업 등 기성 시가지 도시재생사업이 주로 토지 등 소유자로 구성된 조합 등이 사업 주체가 되는 점에서 어느 정도 정책적 한계를 가지고 있으므로 이에 대한 해결 방안은 공공기관 주도의 도시재생사업 시행과 국가 등 기관의 세제 및 금융 지원 등의 노력이 필요하다.

### 3) 영등포 교정시설 이전 신축사업

#### (1) 추진 배경

구로구 고척동 100번지 일대에 위치한 영등포 교정시설은 1949년 부천형무소로 건립되어, 낡고 협소해 재소자들의 인권 보호를 위해 새로운 시설이 절실히 요구된다. 서울의 서남권지역인 개봉역세권 개발을 위한 이전이 불가피하여 소관 부처인 법무부와 이 지역 정치인들이 서울시 외곽으로의 이전을 지난 십수 년간 추진해 왔으나, 해당 지역 자치단체 및 주민들의 강력한 반발에 부딪쳐 이전계획이 무산됨에 따라, 다른 지역으로의 이전이 불가능하게 되자 법무부에서는 현재의 고척동 부지에 재건축을 하겠다고 2001년 9월 구로구에 최종 통보해 왔다.

이에 구로구에서는 영등포 교정시설이 구로구의 생활권 중심인 현 부지에 재건축되는 것은 구민의 전체적인 이익과 장기적인 발전을 저해할 것으로 판단하여, 같은 지역 내 외곽지역이면서 관내의 개발제한구역인 천왕동을 교정시설 이전 부지로 건의하여 법무부로부터 2003년 8월 5일 부지 선정을 최종 승인받았다.

#### (2) 추진 정책의 중심 내용

구로구는 천왕동 교정시설 이전 후보지를 도시계획으로 확정하기 위해 개발제한구역 관리계획 변경, 도시계획시설(공공청사) 결정, 농지전용 승인 등 제반 법적 절차를 추진하여 건설교통부 장관, 서울특별시장으로부터 2005년 8월 천왕동 120번지 일대를 도시계획시설(공공청사)로 승인받게 되었다.

구로구가 주도하여 도시계획시설 결정을 했으나 약 4천억 원에 달하는 사업비 확보가 난관에 부딪치게 되었다. 사업의 여건상 국비・지방비의 예산 확보가 불가능한 도시계획시설사업으로서 이를 해결하기 위한 많은 연구와 노력 끝에 외자 유치 방안을 기본적으로 구상하고, 사업 시행 방식 및 시행 대행자 결정을 위해 구로구와 법무부 간 토의와 협의를 거듭한 끝에 2006년 9월 최종 합의함에 따라 본격적인 교정시설 신축사업을 추진할 수 있는 근거를 마련했다.

이어 사업 시행 대행자 결정을 위한 자문위원회를 구성하고 공기업(SH공사, 대한주택공사, 한국토지공사)을 상대로 신축사업 참여 의사 및 제안서를 제출받아 검토와 자문을 거친 결과, 이 사업을 추진하는 데 가장 적합한 조건을 제시한 한국토지주택공사(LH)를 사업 시행 대행자로 2007년 4월 최종 결정하고, 2007년 11월 구로구와 법무부, 구로구와 한국토지주택공사 간 각각 합의 각서를 체결하게 되었다.

한편, LH는 영등포 교정시설 신축 및 이적지 개발 PF사업의 원활한 시행을 위해 구로구와 LH 간 체결된 합의 각서에 의거하여 민간사업자를 공모했다. 우선협상 대상자로 SK컨소시엄을 선정해 2009년 4월 LH · SK컨소시엄 간 사업 협약을 체결하고, 영등포 교정시설 PF사업 특수목적법인(SPC)인 (주)비채누리를 설립 완료함에 따라 본격적으로 사업을 추진할 수 있게 되었다.

따라서 구로구는 2010년 완공을 목표로 2008년 3월 도시계획시설사업 실시계획인가를 위한 열람 공고를 시작으로, 실시계획(작성)인가 고시, 보상계획 공고, 감정평가업자 선정, 손실보상 협의 및 수용 재결 등 제반 법

[그림 10-2] 영등포 교정시설 현황도

| 위치도 | 현 영등포 교정시설 |
|---|---|
| 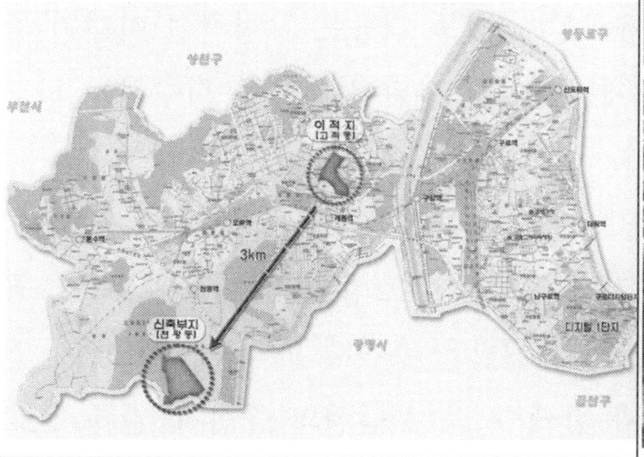 |  |

적 절차를 이행했으며, 재결에 따른 공탁 및 소유권 이전, 주민 이주 및 지장물 철거를 2009년 8월 중 마무리하고 2009년 하반기 공사를 착공할 수 있게 되었다.

(3) **정책사업의 정치행정적 의미**

구로구는 개봉생활권 중심부에 위치한 교정시설에 대해 이전계획을 수립하고 관련 부처 간 수차에 걸친 업무 협의와 행정절차 이행, 전문가 자문, 사업비 확보를 위한 공기업 유치, 기관장 간 최종 합의 등 국가시설인 교정시설 이전에 따른 어려운 난제를 기초자치단체장의 확고한 의지와 추진력으로 극복하고 2010년 완공을 목표로 적극 추진함으로써, 국가시설을 기초자치단체가 주관하여 시행하는 최초의 사례라고 할 수 있다.

(4) **정책 효과**

구로구는 법무부 · 구로구, 구로구 · LH 간 합의 각서에 따라 외자 유치를 통해 국비나 지방비를 전혀 투입하지 않고 영등포 교정시설 신축 · 이전사업을 추진할 수 있게 되었으며, 주민의 숙원 사항인 교정시설 이전사업을 추진함으로써 개봉생활 중심권 개발에 더욱 박차를 가할 수 있게 되어 일석이조의 효과를 창출하게 되었다.

이에 따라 사업시행 대행자인 LH가 선투자 공사를 시행하고 건립한 천왕동 대체 교정시설을 영등포구 명의로 이전 완료하면, 영등포구는 법무부 소관 재산인 고척동 영등포 교정시설 부지와 교환해 이를 LH에 대물변제 방식으로 제공하고, LH는 제공된 고척동 영등포 교정시설 이적지 개발에 대한 지구단위계획을 수립·개발하여 투자된 선비용을 회수하는 방식이다.

고척동 이전지는 개봉역세권과 연계한 특별계획구역으로 계획 수립, 주거 · 업무 · 상업 · 유통 등이 어우러진 복합단지 조성 및 근린공원, 도로, 공공시설 등 도시 기반시설 확충 등 복합 개발을 추진해 고척동 돔 야구장 건립, 경서지구 뉴타운식 광역개발과 함께 '서울 서남권의 중심지-일류 구로'를 위한 개봉생활 중심권 개발의 기틀을 마련하게 되었다.

## 6 정책결정과 집행 과정에서 중점 관리전략

### 1) 정책결정 과정에서 정책 관리전략

#### (1) 민의 수렴의 측면

기초자치단체에서 시행하는 사업의 대부분은 주민들의 생활에 직접적인 영향을 끼치기 때문에 주민의 의지 및 동의가 없이는 사업 추진이 불가능하다. 따라서 현재 추진 중인 뉴타운식 광역 개발, 가리봉 도시환경 정비사업, 영등포 교정시설 이전 신축사업은 물론 기타의 사업에 대해서도 주민 의견 수렴 및 추진 사업에 대한 정확한 정보 전달을 위해 주민설명회를 개최하고 사업 관련 안내 자료를 수시 배포하고 있다.

#### (2) 정책 목표의 타당성과 적합성

그동안 중 · 소규모의 재개발 · 재건축사업 등 주거환경 정비사업을 추진하면서 도시 기반시설이 충분히 확보되지 못한 난개발 현상을 초래하게 되었다. 이에 따라 뉴타운식 광역 개발을 구상하게 되었으며, 먼저 도시 기반시설 확보 계획을 수립하고, 후 정비사업 추진으로 문제점을 해결할 수 있게 되었다.

가리봉동 일대는 노후 · 불량주택 밀집지역, 열악한 상업 환경, 도시 기반시설 미비 등 매우 낙후된 지역이다. 또한 구로디지털산업단지의 중앙에 위치하고 있으나 다양한 계층의 소비활동 증가에 따른 배후 지원 서비스 수요에 부응하지 못하고 과거 구로공단 이미지를 벗어나지 못하는 열악한 지역이다. 이에 2003년 11월 18일 가리봉 균형발전촉진지구로 지정받았으며 이를 통해 낙후된 지역경제 활성화 및 주민들의 삶의 질 향상을 기대할 수 있게 되었다.

또한, 구로구 생활권 중심부에 위치한 영등포 교정시설을 개발제한구역인 천왕동 지역으로 이전함으로써, 교정시설이 이전된 이적지를 구로구 중심지로서의 역할에 맞도록 복합 개발할 수 있게 되었다.

(3) **예산 확보 측면**

뉴타운식 광역 개발에 의한 주거환경 정비지역은 개별적 정비사업이 진행될 때 도시 기반시설을 정비·확충하기 때문에 도시 기반시설 확충을 위해 별도의 예산 확보는 필요치 않다.

가리봉 재정비촉진지구 내의 기반시설 설치는 관계 법상 사업 시행자의 전액 부담이 원칙이나 전략도시 계획시설인 디지털단지로(구 공단로) 확장공사의 경우 사업비(110억) 전액은 서울시에서 보조받았으며, 이 사업과 병행 추진되는 남부순환로 지하화 사업비는 서울시와 1년 이상의 협의 끝에 총 사업비 1,120억 원의 70%를 서울시에서 보조받고, 30%는 사업 시행자 부담으로 추진해 공·사익의 균형을 도모했다.

영등포 교정시설 이전사업은 사업 시행 대행사인 LH에서 사업비 전액을 부담하고 법무부와 구로구가 재산 교환한 후, 구로구가 토지공사에 대물변제하는 방식으로 국가·지자체의 예산 지출은 없으며, 구로구가 지출한 타당성 검토 용역비는 정산 시 회수하게 된다.

### 2) 정책집행 과정에서 정책 관리전략

(1) **이해당사자 간 갈등 해소 문제**

뉴타운식 광역 개발, 가리봉 촉진지구 도시환경정비사업, 영등포 교정시설사업 추진과 관련해 주민설명회 및 공청회 개최, 안내책자 제작 배부, 인터넷 홈페이지 개설·운영, 구의회 설명회 개최 등을 추진했다. 특히 촉진지구사업 관련 1,800여 명의 토지 등 소유자에 대한 주민 워크숍 수시 개최 및 안내문 제작 개별 우송 등 사업 관련 이해관계인에 대한 이해와 설득으로 갈등을 해소하고 민원을 최소화하고 있다.

(2) **부서 간 협조 체계 문제**

뉴타운식 광역개발 추진 관련 부서 간 현안 사항 실무회의, 가리봉 촉진지구사업에 따른 사업 시행자인 LH와 매월 2회 이상의 실무협의, 서울시의 월 2회 이상 간부급 공정회의, 영등포 교정시설 신축사업 관련한 법무부 · 구로구 · LH 및 SPC 주관사 간 실무추진협의회를 구성해 매월 정례 실무협의 등 사업과 관련한 현안 사항에 대해 수시 · 정기적으로 유기적인 협조체계를 구성해 사업 추진에 만전을 기하고 있다.

(3) 국정 지표에의 기여도

뉴타운식 광역 개발은 도시 기반시설 정비 · 확충을 위해 도시계획을 사전 수립 후 정비사업을 추진하는 '선계획-후개발' 체제로 국정지표와 부합된다 할 것이다.

《제4차 국토종합개발계획의 도시관리 · 토지 이용 부문》

- 도시 기반시설 확충과 기존 시가지 정비
  - 노후 불량주택지역에서 재개발 · 재건축사업의 개발행위 관리
  - 공원녹지 확충을 위해 도시녹화 수준 제고
  - 도시생활권별 체육 및 문화 관련 기반시설의 정비
- 난개발 방지와 친환경적 국토관리의 '선계획-후개발' 체제 정착
  - 토지 이용 관리 체제의 선진화
  - 도시 기본계획 등을 도시공간구조 개편과 환경보전, 교통, 토지 이용 등의 부문 계획을 포함할 수 있는 실효성 있는 계획으로 재정비

가리봉 촉진지구 도시환경 정비사업은 구로디지털산업단지 배후지로서 전문인력의 유입 정착 촉진 및 사업지구 내 현 거주민용과 신생활 중심지로서 주거지를 형성하기 위해 공급 주택의 유형을 다양화할 계획으로, 주택 규모 선호도 조사를 실시 세입자 및 산업단지 종사자의 소득 능력 수준과 신혼부부 등을 위한 주택 공급을 고려하여 주택 규모별 공급계획을 수립하고 1~2인 가구 수요를 충족하기 위해 재정비촉진사업 중 최초로 도시형 생활주택(원룸형 · 기숙사형)을 남구로 역세권에 계획함으로써 정부정책에 기여한다고 볼 수 있겠다.

(4) 환경 변화에 대한 대응성

뉴타운식 광역 개발을 통한 도로, 공원 등 기반시설을 충분히 정비·확충하게 됨으로써 친환경적 고품격 주거지역으로 변모될 것으로 예상하며, 녹지공간이 없는 쪽방촌인 가리봉 촉진지구는 흉물스러운 남부순환로 고가도로를 지하화하고 지상의 1만여 평은 광장공원으로 조성할 계획이다.

천왕동 교정시설 이전과 관련 자연환경이 훼손되지 않는 친환경적인 교정시설이 될 수 있도록 기존의 녹지를 최대한 존치하고 천왕도시자연공원과 연계해 녹지축을 연결할 수 있는 녹지공간을 조성할 계획이며, 고척동 이전지는 고척동 돔구장 건설, 개봉역세권 개발과 연계한 주거, 공원, 상업·문화·공공시설 등 다양한 시설이 어우러진 복합 개발을 추진할 계획이다.

# 참고 문헌

## 국내 문헌


경기개발연구원.(2005). "재래시장 경영현대화 지원사업 추진 방안 연구."

———.(2006). "경기도 내 구도심 상권 위축 실태와 대응 방안 연구."

계기석.(2003). "기성시가지 중심상업 업무지역의 활성화." 대한국토・도시계획학회 「국토」.

교육과학기술부.(2009). 「광역경제권하에서 R&D 재원 배분 방식 및 지원체계 설계와 개편 방안 연구」. 한국정책분석평가학회.

국토해양부.(2009). 「2009년도 국토의 계획 및 이용에 관한 연차보고서」.

국회예산정책처.(2009). 「2009 통계로 보는 재정」.

김민주・송희령.(2010). 「시티노믹스」. 서울: 비즈니스맵.

김번웅.(1997). 「한국 행정개혁의 새로운 비전: 개방과 경쟁의 패러다임」. 김번웅 외. 한국행정개혁론. 서울: 법문사.

김병준.(1997). "정부간 관계의 의의." 정세욱 편, 「정부간 관계: 이론과 실제」. 서울: 법문사.

———.(2000). 「한국지방자치론」. 서울: 법문사.

김석준 외.(2000). 「뉴거버넌스 연구」. 서울: 대영문화사.

김선배.(2010). "광역경제권 시대의 지역산업 육성전략과 주요 과제." 산업연구원 「산업경제」, 2010년 2월호.

김수태.(2009). "기성상업지 내 가로환경 정비사업의 특성에 관한 연구: 전주시 동문거리 조성사업을 중심으로." 전북대학교대학원 건축도시공학과 석사학위 논문.

김영기・김승희・南部繁樹.(2009). 「도시재생과 중심시가지 활성화」. 서울: 한울아카데미.

김용학.(2004). 「사회 네트워크 분석」. 개정판. 서울: 박영사.

———.(2004). 「사회 연결망 이론」. 개정판. 서울: 박영사.
김운식.(2007). 「정부간 관계」. 서울: 대왕사.
김정렬.(2000). “부의 미래와 거버넌스: 신공공관리와 정책네트워크.” 「한국행정학보」, 34(1).
김정렬 · 김시윤.(2003). “거버넌스와 행정국가.” 「대한정치학회보」, 10(3): 23-44.
김지연.(2007). “지역커뮤니티 중심공간으로서의 재래시장 활성화 방안.” 동의대학교대학원 유통관리학과 석사학위 논문.
김태룡.(1999). “한국과 미국의 행정개혁에 대한 비교: 체제론적 관점에서 기획예산위원회와 NPR의 개혁활동을 중심으로. 「한국행정학보」, 33(1).
김해동.(1978). “한국 관료 행태의 전통문화적 제 요인,” 서울대행정대학원, 「행정논총」, 16-1.
우에타 가즈히로 외 저, 나주몽 외 역.(2009). 「도시경제와 산업살리기」. 서울: 한울출판사.
문병기.(1999). “지방정부 간 경쟁과 협조의 조화: 미국 재정분권화정책의 교훈.” 「한국지방자치학회보」, 11(4): 125-143.
문인수 · 이종열.(2002). 「거버넌스 패러다임으로서 파트너십 전략의 활용 방안」.
민경세 · 이성규 외.(2005). 「대전지역 전략산업 IT분과 육성계획」. 대전전략산업기획단.
박경원.(2003). “지역 발전을 위한 거버넌스 구축-협력적 계획모형을 중심으로.” 「월간 국토」, 265호. 국토연구원.
박용치.(1992). 「현대 행정학원론」. 서울: 고려원.
박우서.(2002). “지역 발전과 민간협력형 거버넌스 운영 방안.” 「월간국토」, 국토연구원.
배유일.(2003). “지방 거버넌스와 제도주의적 시각: 이론, 유형 및 비교연구.” 「정부학연구」, 9(2): 297-335.
백완기.(1980). 「한국의 행정문화」. 서울: 박영사.
———.(1996). 「행정학」. 서울: 박영사.
백인수.(2005). “중소유통업의 현황과 지역 상권 활성화 방안.” 「KIET산업경제」, 39-48.
서금성.(2007). “재래시장 활성화 방안에 관한 연구.” 단국대학교 경영대학원 석사학위 논문.
서왕진.(2003). “21세기 새로운 물관리 체제로서의 거버넌스.” 「월간국토」, 259호. 국토연구원.
서용구.(2005). “영국 지역상권 활성화 정책: 영국TCM과 BID.” 한국유통학회 추계 학술대회.
서태성.(2002). “지역 발전과 주민참여형 거버넌스 체제 구축 방안.” 「월간국토」,

252호. 국토연구원.

서홍석.(2005). "국가정보화 환경 변화와 u-Korea로의 도전." 「*Telecommunications Review*」, 15(1).

손동원.(2002). 「사회 네트워크 분석」. 서울: 경문사.

———.(2008). "한국 하이테크 지식 네트워크 해부: 반도체와 바이오를 중심으로." 복잡계 네트워크. 제3회 복잡계 컨퍼런스. 서울: 연세대학교.

손동원 외.(2006). 「한국형 지역혁신 체제의 모델과 전략 : 지역혁신의 유형과 발전 경로」. 서울: 과학기술정책연구원.

송호근 · 김우식 · 이재열.(2004). 「한국 사회의 연결망 연구」. 서울: 서울대학교출판부.

오석홍.(2000). 「행정학의 주요 이론」. 서울: 법문사.

오성호.(1992). "지방공무원제도의 기본 이념과 법체계에 관한 고찰." 「지방자치연구」.

오재일.(1993). "중앙 · 지방 관계의 모델에 관한 연구: 일본의 예를 중심으로." 「한국행정학회보」, 27(2), 381-399.

유환종 외.(1999). 「현대 도시의 변화와 정책」. 서울: 푸른길.

윤영진.(2008). 「재무행정론」. 서울: 대영문화사.

윤재선 · 김병국.(2007). 「지방정부의 조직 · 인사혁신론」. 춘천: 한림대학교출판부.

이규환.(2006). 「한국지방행정학: 이론과 실제」. 서울: 법문사.

이은구 외.(2003). 「로컬 거버넌스」. 서울: 법문사.

이정희.(2005). "미국 지역상권 활성화 정책 및 사례연구." 한국유통학회 추계학술대회, 443-462.

이종범.(1998). 「국민과 정부관료제」. 서울: 고려대출판부.

이종원.(1999). "레짐이론의 발전과 과제." 「정부학연구」, 5(2): 137-156.

이학수.(2006). 「지방정부와 행정」. 서울: 도서출판 아름다운 생각.

이현길.(2004). "지방의 지역전략산업 활성화 방안." 「지방자치」, 195: 91-95.

임석준 · 이승종.(2005). "전자민주주의와 지방자치 역량." 「대한정치학회보」, 13(1).

임양선.(2008). "재래시장 활성화를 위한 지원제도 개선 방안에 관한 연구." 경기대학교 행정대학원 석사학위 논문.

자치정보화조합.(2006). 「지역정보화 관련 법제화 연구 착수회의 자료집」.

정병순 · 신창호.(2002). 「서울산업의 경쟁력 강화를 위한 지역혁신체제 구축 방안」. 서울시정개발연구원.

정성훈.(2002). "정부간 거버넌스체제의 구축: EU 접경지역 발전 프로그램을 중심으로." 「월간국토」, 252호. 국토연구원.

정준호 외.(2008). "자동차산업의 생산 방식의 변동과 지역 거버넌스의 차별적 전개." 「한국경제지리학회지」, 11(3).

조선일.(2005). 총액인건비제도에 기초한 조직 및 인사관리시스템 구축 방향. 「한국 거버넌스학회보」, 12(2): 71-94.
조창현.(1993). 「지방정부의 조직과 인력관리 방안: 정부의 조직과 인력관리 이대로 좋은가?」. 한국행정연구원.
조형제.(2009). 「산업과 도시」. 서울: 후마니타스.
중소기업연구원.(2006). "중소유통업 발전을 위한 지역상권 활성화 방안."
중소기업청.(2007). "시장·상점가·상업지역 활성화를 위한 지역상권개발제도 도입계획."
차미숙 · 박형서 · 정윤희 외.(2003). 「지역 발전을 위한 거버넌스 체계 구축 및 운용 방안 연구」. 국토연구원.
———.(2003). "지역 발전을 위한 거버넌스 체계 구축 및 운용 방안 연구." 국토연구원.
최영출.(2009). "지역전략산업의 네트워크 구조분석," 한국정책분석평가학회, 「정책분석평가학회보」, 19(2).
최영출 외.(2006). 「지역경쟁력 강화와 로컬 거버넌스」. 서울: 대영문화사.
최장호 · 윤현덕.(2007.) "중심시가지 상권 화성화를 위한 정책과정모형 수립에 대한 연구." 「유통연구」, 12(5): 105-124.
최준영.(2006). "유비쿼터스 정보기술과 지역정보화." 「지역정보화」, 제38권.
최홍석.(2008). "지역 산업군집 정책에 있어서 지방정부 역할에 관한 비교연구." 「정부학연구」, 14(4).
충북테크노파크.(2008). 「국가연구개발사업 총람」.
탁승문.(2006). "철강산업에서의 전략적 기술제휴의 진화와 특징." 「POSRI 경영연구」, 6(1).
하원규.(2003). 「유비쿼터스 IT혁명과 제3공간: 물리공간과 전자공간의 융합」. 서울: 전자신문사.
한국지방자치학회.(2008). 「한국 지방자치의 이해」. 서울: 박영사.
한국행정연구원.(2005). 「과천시 행정기구 조직진단」. 과천시.
한세억.(2007). 「u-City 서비스모델 확대 발전 방안 연구」. 한국정보사회진흥원.
한세억 외.(1997). 「지역정보화정책의 이론과 실제」. 한국정보문화센터.
행정안전부.(2007). 「2008년도 지방자치단체 사업예산 운영규정」.
———.(2009a). 「지방세외수입연감 2009」.
———.(2009b).「지방세정연감 2009」.
———.(2009c). 「지방자치단체 행정구역 및 인구 현황」.
———.(2009d). 「2009년도 보통교부세 산정 내역」.
———.(2009e). 「2009년도 지방자치단체 예산 개요」.
———.(2009f). 「2009년도 지방채발행계획 수립 기준」.
———.(2009g). 「2010년도 지방자치단체 예산편성 운영 기준 및 기금운용계획 수

립 기준」.

———.(2009h). 「2008년 행정안전 통계연보」.

———.(2009. 4). 「지방자치단체공무원 인사통계」.

홍성호 · 배정환 · 이만형.(2009). “충청권 지역혁신사업의 사회 네트워크와 구조 분석 : 지역전략산업을 중심으로.” 도시행정학회, 「도시행정학보」.

황윤원 · 김성철(2007). 「재무행정론」. 서울: 법문사.

국가과학기술종합정보서비스 홈페이지. www.ntis.go.kr

국토기본법(법률 제9774호).

국토의 계획 및 이용에 관한 법률(법률 제10272호).

국토해양부. http://www.mltm.go.kr

도시개발법(법률 제10272호).

자치법규정보시스템 http://www.elis.go.kr/

통계청. http://www.kostat.go.kr

한국은행. http://www.bok.or.kr

행정안전부 홈페이지. http://mogaha.go.kr

## 국외 문헌

Achibugi, D.(1992). “Patenting as Indicator of Technological Innovation: A Review.” *Science and Public Policy*. 19.

Adams, J., P. Robinson, & A. Vigor.(2003). *A New Regional Policy for the UK*. London: IPPR.

Albors, J., E. Sweeney, & A. Hidalgo.(2005). “Translational Technology Transfer Networks for SMEs.” *Production Planning & Control*, 413-423.

Alter, C. & J. Hage.(1993). *Organizations Working Together*. Newbury Park: Sage.

Badamdorj, Chinbat.(2010). “Some Issues of Urban and Regional Planning Policy of Korea and Mongolia.” 「한몽수교 20주년 발표 논문집」.

Balfour, D. L.(1997). “Reforming the Public Service: The Search for a New Tradition.” *Public Administration Review*, 57(5).

Baran, Paul.(1964). *Introduction to Distributed Communication Networks*. Santa Monica: RAND Coporation.

Bingham, Richard D. et al.(1991). *Managing Local Government*. Newbury Park: SAGE Publications.

Bole, S. P. & A. S. McFarland.(1993). "The Concept of Regime: Urban Politics, International Relations, and Policy Studies." Paper presented at the *1993 Annual Meeting of the ASPA*, Washington D.C.(Sept. 2-5).

Burt, R. S. (1992). *Structural Holes: The Social Structure of Competition*. Cambridge: Harvard University Press.

Carrington, Peter J., John Scott & Stanley Wassereman. (eds.)(2007). *Models and Methods in Social Network Analysis*. Cambridge: Cambridge University Press.

Castells, M.(1996). *The Rise of the Network Society: Economy, Society and Culture*. Cambridge: Blackwell Publishers.

Cisneros, Henry G. (ed.)(1993). *Interwoven Destines: Cities and the Nation*. New York: W. W. Norton & Company.

Cook, Brian J. W.(1998). "Politics, Political Leadership and Public Management." *Public Administration Review*, 58(3).

Cooke, Philip, et al.(1998). *Regional Innovation Systems: The Role of Governances in a Globalized World*, London: UCL Press.

———.(2001). "Regional Innovation System, Clusters, and the Knowledge Economy". *Industrial Corporate Change*, 10(4): 945-974.

Davidoff, Paul & Thomas A. Reiner.(1962). "A Choice Theory of Planning." *Journal of the American Institute of Planners*, 28.

DeHoog, Ruth Hoogland, David Lowery, & William E. Lyons.(1990). "Citizen Satisfaction with Local Governance: A Test of Individual, Jurisdictional and City-Specific Explanations." *Journal of Politics*, 52(3). August.

de Mello & Matias Barenstein.(2001). *Fiscal Decentralization and Governance: A Cross-country Analysis*, Washington, D.C.: International Monetary Fund.

DiGaetano, Alan & J. S. Klemanski.(1993). "Urban Regime Capacity: A Comparison of Birmingham, England and Detroit." *Journal of Urban Affairs*, 15(4): 367-384.

Dimock, M.(1936). "The Criteria and Objectives of Public Administration." in J. Gaus & L. White & M. Dimock.(eds.). *The Frontiers of Public Administration*, University of Chicago Press.

Dye, Thomas R.(2007). *Understanding Public Policy*. Prentice-Hall.

Emirbayer, Musafa, & Jeff Goodwin.(1994). "Network Analysis, Culture, and the Problems of Agency." *American Sociological Review*, 99: 1414.

Fisher, Ronald C.(1987). *State and Local Public Finance*. Glenview, Illinois:

Scott, Foreman and Company.

Frederickson, H. G.(2000). "The Respositional of American Public Administration." Paper presented at the Special Seminar in the Ewha Womans University.

Friedrich & Feng(2002), *Internet Technologies, Applications and Societal Impact*, Boston, MA: Kluwer Academic Publishers.

Glendinnning, Caroline, Martin Powel, & Kirstein Rummery.(eds.)(2002). *Partnerships: New Labour and the Governance of Welfare*. The Policy Press.

Goodwin, M. & J. Painter(1996). *Reconstructing Urban Regime Theory: Regulating Urban Politics in a Global Economy*. Thousand Oaks, Ca.: Sage.

Goss, Sue.(2001). *Making Local Governance Work*. New York: Palgrave.

Harding, Alan.(1991). "The Rise of Urban Growth Machine, U. K. Style?." *Government and Policy*, 9(3): 295-317.

Hirsh, Werner Z.(1970). *Economics of State and Local Government*. New York: McGraw-Hill.

Jessop, B.(1998). "The Rise of Governance and the Risks of Failure: The Case of Economic Development." *International Social Science Journal*, 55: 29-46.

John, Peter.(2001). *Local Governance in Western Europe*. London: SAGE Publications.

Johnston, Ron J. & Charles J. Pattie.(1996). *Contemporary British Conservatism*, New York: St. Martin's Press.

Jones, C., W. S. Hesterly., & S. P. Borgatti.(1997). "A General Theory of Network Governance: Exchange Conditions and Social Mechanism." *Academy of Management Review*, 22(2): 911-945.

Kettl, D. F.(1994), "Deregulating at the Boundaries of Government: Would It Help," in John DiIulio, Jr.(ed.), *Deregulating the Public Service: Can Government Be Improved?,* Washington D. C.: The Brookings Institution.

Kickert, W. J. M., E. H. Klijn, & J. F. M. Koppenjan.(1997). *Managing Complex Networks: Strategies for the Public Sector*. London: SAGE.

King, D. N.(1984). *Fiscal Tiers: The Economics of Multi-Level Government.* London: George Allen & Unwin.

Kooiman, Jan.(1993). "Social-Political Governance: Introduction," in Jan Kooiman(ed.). *Modern Governance: New Government-Society Interactions*, London: SAGE Publications: 1-6.

Kulckhohn, Clyde.(1964). "Culture," in J. Gould & W. Colb(eds.), *Dictionary of Social Science*. N.Y. Free Press of Glencoe.

Leach, Robert & Janie Percy-Smith.(2001). *Local Governance in Britain*. New York: Palgrave.

Logan, J. R. & H. Molotch.(1987). *Urban Fortunes: The Political Economy of Place*. Berkeley, CA: University of California Press.

Morgan, Gareth.(1997). *Images of Organization*. Thousand Oaks, Calif.: SAGE.

Nohria, N. & C. Garcia-pont.(1991). "Global stratiegic linkages and industry structure." *Strategic Management Journal*, 12.

OECD.(2005). *Citizens as Partners: Information, Consultation and Participation in Policy Making*. Paris: OECD.

One Northeast.(2005). *Social Capital and Economic Development in the North East of England*. Newcastle upon Tyne: One Northeast.

Osborne, David & Ted Gaebler.(1992). *Reinventing Government: How the Entrepreneurial Spirit in Transforming the Public Sector*. New York: Addison-Wesley. 삼성경제연구소(역)(1994). 「정부혁신의 길」. 서울: 삼성경제연구소.

Ostrom, Vincent, Robert Bish, & Elinor Ostrom.(1988). *Local Government in the United States*. San Francisco, California: Institute for Contemporary Studies Press.

Penan, H.(1996). "R&D Strategy in a Techno-economic Network: Alzheimer's Disease Therapeutic Strategies," *Research Policy*, 25.

Peters, Guy B. & Jon Pierre.(1998). "Governance without Government? Rethinking Public Administration." *Journal of Public Administration Research and Theory*, 8(2): 223-243.

──.(2000). "Governance and Comparative Politics," in Jon Pierre(ed.). *Debating Governance*. Oxford: Oxford University Press.

Pierre, Jon.(1999). "Models of Urban Governance: The Institutional Dimension of Urban Politics." *Urban Affairs Review*, 34(3): 372-396.

──.(2000). "Conclusion: Governance beyond State Strength," in Jon Pierre(ed.). *Dabating Governance*. Oxford: Oxford University Press.

Plein, L. Christoper, Kenneth E. Green, & David G. Williams.(1998). "Organic Planning: A New Approach to Public Participation in Local Governance." *Social Science Journal*, 35(4).

Porter, M. E.(1985). *Competitive Advantage: Creating and Sustaining Superior Performance*, New York: The Free Press.

———.(1990). *The Competitive Advantage of Nation*. New York: Free Press.

Powel, W. W.(1990). "Neither Market or Hierarchy: Network Forms of Organization," in G. Thomson, J. Frances, R. Levacic & J. Mitchell(ed.)(1991). *Markets, Hierarchies and Networks: The Coordination of Social Life*. London: SAGE Publications.

———.(1981). *Control and Power in Central-Local Government Relations*. London: SAGE Publications.

———.(1997). *Understanding Governance: Policy Networks, Governance and Accountability*. Buckingham: Open University Press.

Rhodes, R. A. W.(1996). "The New Governance Governing Without Government." *Political Studies*, 44(4): 652-667.

———.(2000). "Governance and Public Administration," in Jon Pierre(ed.). *Dabating Governance*. Oxford: Oxford University Press.

RIBA.(2005). *RIBA Constructive Change: A strategic Industry Study into the Future of the Architects's Profession*.

Rohe, William M. & Lauren B. Bates.(1985). *Planning with Neighborhoods*. University of North Carolina Press.

Schumpeter, J. A.(1934). *The Theory of Economic Development*. Cambridge: Harvard University Press.

Scott, John.(2000). *Social Network Analysis: A Handbook*. Newbury Park: SAGE Publications.

Simon, H. A., D. W. Smithburg, & V. A. Thompson.(1973), *Public Administration*, A. A. Knopf.

Stoker, Gerry.(1988). "Governance as Theory: Five Propositions." *International Social Science Journal*, 50.

———.(1998). "Public-Private Partnership and Urban Governance," in J. Pierre (ed). *Partners in Governance: European and American Experience*. London: Macmillan.

———.(2000). "Urban Political Science and the Challenge of Urban Governance," in Jon Pierre(ed.). *Debating Governance*. Oxford: Oxford University Press.

Stone, Clarence N.(1989). *Regime Politics: Governing Atlanta, 1946-1988*. Lawrence: University of Kansas Press.

Swanstrom, Todd.(1985). *The Crisis of Growth Politics: Cleveland, Kucinich, and the Challenge of Urban Populism*, Philadelphia. PA: Temple University Press.

University of Cambridge.(2005). "A Study on the Factors of Regional Competitiveness." A draft final report for The EC Directorate-General Regional Policy.

Whelan, Robert K.(1987). "New Orleans: Mayoral Politics and Economic Development Politics in the Postwar Years, 1945-1986," in C. N. Stone & H. T. Sanders(eds.). *The Politics of Urban Development*. Lawrence: Universiy Press of Kansas, 216-229.

Woodard, Omar T.(2007). *Rural Governors, Urban Presidents: Carter and Clinton's Quest for a National Urban Policy*. Presidential Administrative Fellowship Program.

Wright, Deil S.(1978). *Understanding Intergovernmental Relations*. Duxbury Press.

———.(1990). "Federalism, Intergovernmental Relations, and Inter-governmental Management: Historical Reflections and Conceptual Comparisons." *Public Administration Review*, 50(2).

http://www.downtowndevelopment.com/pdf/BIDForward.pdf

南部繁樹.(2000).「TMOとは－理念・組織・活動・未來」, 株式會社都市構造硏究センター.

大森彌.(1986). '比較視座における地方政府の硏究'. 大森彌·佐藤誠三郞.「日本の地方政府」. 東京: 東京大學出版會.

東崎正哲.(2003). "米英における地域活性化手法に關する硏究." 高知工科大學大學院 修士論文.

西尾勝.(1990).「行政學の基本槪念」. 東京: 東京大學出版會.

水口憲人.(1985).「現代都市の行政と政治」. 東京: 法律文化社.

信金中央金庫總合硏究所.(2003). "タウンマネージメント組織の現狀と信用金庫の役割."

辻淸明.(1976).「日本の地方自治」. 東京: 岩波新書.

天川晃.(1983). '廣域行政と地方分權',「ジュリスト增刊總合特集」.

———.(1986). '變革の構想: 道州制論の文脈.' 大森彌・佐藤誠三郞.「日本の地方政府」. 東京: 東京大學出版會.

秋月謙吾.(2001).「行政・地方自治」. 東京: 東京大學出版會.

通産産業省.(1998).「タウンマネージメント組織の現狀と信用金庫の役割」.

株式會社都市構造硏究センター http://www.usrc.co.jp/

# 찾아보기

ㅈ

ㅊ



ㅋ



ㅌ



ㅍ



ㅎ

## 저자 소개

(가나다 순)


**권영주**

현재 서울시립대학교 행정학과 교수
행정안전부 정책자문위원
한국정책과학학회 부회장
한국지방자치학회 국제위원장

**김용철**

현재 부산대학교 행정학과 교수
대통령 부패방지위원회 전문위원
서울특별시 의회 입법고문
행정고등고시 출제위원

**배정환**

현재 한서대학교 행정학과 교수
충북 테크노파크 전략기획단 선임연구원
한국지방자치경영연구소 책임연구원
한국반부패정책학회 총무위원장

**안성수**

현재 창원대학교 행정학과 교수
행정안전부 지방자치단체 평가위원
한국행정학회 교육취업위원
행정고등고시 출제위원

**양대웅**

전 서울특별시 구로구청장
서울시 구청장 협의회장
국가정보화 전략위원회 위원
세계도시간대화(GCD) 부의장

**이건식**

현재 민선 4, 5기 전북 김제시장
금만 농어촌발전연구소 이사장
한마음회 고문
안전생활실천 시민연합 전북공동대표

**조유행**

현재 민선 3, 4, 5기 경남 하동군수
경남 진해시 부시장
경남 산청군 부군수
아·태지역 반부패 지도자 포럼 고문

**주정연**

현재 창원대학교 행정학과 교수
민주평화통일 자문회의 자문위원
한국정치학회 부회장
중앙노동위원회 심판위원

**진종순**

현재 명지대 행정학과 교수
한국인사행정학회 연구이사
한국행정연구원 부연구위원
일본 쓰쿠바대 교환연구원

**천대윤**

현재 행정안전부 중앙공무원교육원 교수
한국행정학회 운영이사
한국노동교육원 초빙교수

**한세억**

현재 동아대학교 행정학과 교수
국무조정실 정보화 평가위원
부산시 정보공개 심의위원
한국정보화진흥원 자문위원

# 지방행정론

펴낸날 / 제1판 제1쇄 2010년 8월 20일
지은이 / 김용철 외 10인
펴낸이 / 임춘환
펴낸곳 / 도서출판 대영문화사
주소 / 서울 용산구 청파동 1가 178-2 ㊅ 140-869
등록 / 1975년 12월 26일 제3-16호
전화 / (02)716-3883, (02)714-3062
팩시밀리 / (02)703-3839
우체국 온라인 / 011353-02-009106


ISBN 978-89-7644-345-8

〔값 11,000원〕